本书为河北省社会科学基金项目"现代法理学视野下的春秋决狱"（项目编号：HB17FX027）的最终成果

张晋藩 主编
法律溯源丛书

河北省社会科学基金项目

现代法理学视野下的春秋决狱

◎ 续晓梅 著

中国政法大学出版社
2019·北京

声　明　1. 版权所有，侵权必究。
　　　　2. 如有缺页、倒装问题，由出版社负责退换。

图书在版编目（ＣＩＰ）数据

现代法理学视野下的春秋决狱/续晓梅著. —北京：中国政法大学出版社，2019.12
ISBN 978-7-5620-9214-8

Ⅰ.①现… Ⅱ.①续… Ⅲ.①司法制度—法制史—研究—中国—汉代 Ⅳ.①D929.34

中国版本图书馆CIP数据核字(2019)第203043号

书　名	现代法理学视野下的春秋决狱 XIANDAI FALIXUE SHIYEXIADE CHUNQIU JUEYU
出版者	中国政法大学出版社
地　址	北京市海淀区西土城路25号
邮　箱	fadapress@163.com
网　址	http://www.cuplpress.com（网络实名：中国政法大学出版社）
电　话	010-58908466(第七编辑部) 010-58908334(邮购部)
承　印	北京中科印刷有限公司
开　本	720mm×960mm　1/16
印　张	11
字　数	180千字
版　次	2019年12月第1版
印　次	2020年5月第2次印刷
定　价	45.00元

总　序

中国是世界著名的文明古国之一，法制的历史不仅悠久而且辗转相承历4000余年而迄未中断，其连续性、系统性、典型性为世界法制历史之最。中国也因此而被公认为中华法系，自立于世界法系之林，其影响及于东方世界。

中国古代的法律体系发展至唐代已经基本定型并日趋成熟，内含刑事立法、行政立法、民事立法、经济立法、诉讼立法等内容，是一套诸法并存的相当完备的法律体系。不仅如此，在古代重伦常关系的传统影响下，调整尊卑伦常秩序的礼的规范不断入律，形成了"德礼为本，刑罚为用"互相结合的特殊的法制发展规律，成为中华法系的主要表征。

4000多年的中国法制历史，蕴涵了古圣先贤杰出的理性的法律思维，并且综合了儒法墨道诸子百家的学说，为中国法制发展奠定了深厚的文化基础。

4000多年的中国法制历史，也凝聚了治国理政的丰富经验，它是一座宏大的智库，为我们建设法治中国储备了最丰富的资源。

古代中国是以农立国的政治经济文化发展不平衡的统一多民族的大国，在这样的国情下，中国法制历史的发展与国情息息相关，带有深刻的国情烙印，形成了独立的发展传统。但历史的发展是不能斩断的，尽管世易时移，固有的国情的因子仍与当代中国有着千丝万缕的联系。所以，我们要尊重法制历史的传统。

总之，中国法制历史有着极其深厚的法文化积淀，也有着在治国理政上可为当代借鉴的史鉴价值,同时还为我们建立当代的中华法系提供了参考。

  基于此,我们编辑了"法律溯源丛书",选取法律史学杰出的中青年才俊的著作,编辑成书,期望在法学这个春天的花圃中,植下一株新葩,借以弘扬中华传统法文化,开启一个新的智库之门,以有裨于依法治国的宏大事业。切盼法史界的学者共同维护滋养这株新葩,使其茁壮成长。

张晋藩

2016 年 12 月 3 日

序

晓梅的著作《现代法理学视野下的春秋决狱》就要出版了，作为她的导师，我由衷地替她高兴。2009~2010年，晓梅作为教育部高等学校青年骨干教师访问学者来中国人民大学进修。一年的时间中，晓梅积极参加法学院的学术活动与讲座，并经常与我分享教学科研的心得，她对学术的认真态度与领悟能力给我留下了深刻的印象。一年的学习成果集中体现在她的两篇论文中：《传统法律中"罪家长"制度研究》（发表于《现代法学》2011年第1期）和《探究古文字"狱"》（发表于《河北法学》2011年第2期）。进修结束后，晓梅回到原单位，我们仍然经常保持联系。大约也就是进修结束不久，她对我说，想深入研究中国历史上的春秋决狱。应当说这是一个需要勇气的选题，因为对于春秋决狱，前辈史学大家如程树德、沈家本、瞿同祖、杨鸿烈等先生都曾有过深入研究，当代很多著名法史学家也在著作中多有探讨，作为一个中国法律史学中的基础问题，后来者要想在此突破前人的研究成果绝不是一件易事。但是，学术正是从这样的勇气和锲而不舍中获得发展动力的。

当晓梅的书稿摆在我面前，我阅读书稿时，脑海中不断闪现着那句世人皆知的俗语"功夫不负有心人"。本书的独到之处在于运用现代法理学的理论对中国历史上的春秋决狱进行了分析，对原心定罪与现代犯罪构成理论和春秋大义与法律原则进行了比较，这些内容都带有时代的烙印。作者认为春秋决狱以儒家的思想为基本价值取向，力争使判决达到天理国法人情的统一，这一司法理念对现时代的司法改革实践具有积极的借鉴意义。

法史学研究的基本方法是史学求真与法学分析的结合。

真实是史学的生命，也是法史学的意义之所在。春秋决狱作为影响中国

现代法理学视野下的春秋决狱

传统法制发展的历史现象,是任情司法还是平恕为本,其在历史上的作用到底是积极的还是消极的,学界褒贬不一。作者没有拘泥于他人的观点,也没有对春秋决狱简单地定性,而是实事求是地以大量案例为基础,区别了"循吏"与"酷吏"对春秋决狱的不同运用和影响,区别了春秋决狱对普通案件与政治性案件的不同作用,对春秋决狱作出了符合客观事实的评价。在求真的基础上,法史学研究还要考察历史的演进。要考察一个制度或事件的形成、沿革、发展和终结,这其中就会涉及制度的演变、文化的演变、政治的演变和人们观念的演变。作者立足历史资料,运用发展变化的观点,考察了春秋决狱在历史上的萌芽、发展、经律合一直至近代司法排斥经义时期。每一阶段的分析都在详实的资料基础上,考虑到了政治、文化甚至官员个人对于春秋决狱的影响,探讨了春秋决狱在历史上产生的客观条件,对于导致春秋决狱发生偏离董仲舒本意的原因也进行了务实的分析。

法史学研究不是史料的堆积,而是要探求史料所蕴含的历史规律、精神理念和价值追求。虽然古今中外各国法制的发展各有其特色,然而历史的发展有其普遍规律可循,不同时期、不同地域法制的发展也有其相通相似之处。古代社会有纠纷,现代社会同样也有纠纷。中国有罪与刑,西方也有,只是看问题的角度、表达的方式和解决方法不同罢了。晓梅在详细研读《春秋公羊传》和《春秋繁露》的基础上,总结了指导春秋决狱的"大义"所包含的原则,对于春秋决狱适用的情形、春秋决狱适用的相关原则发生冲突时的处理做了探讨,分析了春秋决狱中蕴含的天理国法人情相统一的理念。

法史学研究的意义在于把真实的历史赋予现代的价值和价值观,用梁启超的话说就是"赋予它新价值和新意义"。当我们从浩瀚的资料中弄明白了中国古代法的真相,再用现代社会的思维方式或理念去阐释那些真相的时候,过去的历史便具有了现实的价值,传统法便会在兼容并蓄的中国式法治体系中有了应有的地位,中国式法治也将因为有了传统的平台和传统的支持而日臻完善。因此用现代法理学的观点对传统法律进行研究也是必要的。作者对此进行了有益的尝试,运用法律原则的理论对春秋决狱到底是政治原则还是法律原则进行了分析,运用犯罪构成理论指出董仲舒春秋决狱"本其事而原其志"就是主客观相统一,运用法律推理理论得出春秋决狱中存在形式推理和实质推理的结论,运用证据理论证明亲亲相隐的合理性,运用法律解释理论说明董仲舒在司法中存在扩充解释和限制解释的做法。

序

春秋决狱兴盛于汉，汉代秦政，仍沿用秦制。秦制的特点是刻薄少恩。在意识形态中，汉人对秦人的观念进行了批判，自此形成儒家思想与法家制度的矛盾。因而在司法实践中，断狱者常常碰到情法无法两全的难题。为解决这一难题，董仲舒提出春秋决狱的主张。春秋决狱将重点放在"原心"上，即考虑犯罪动机是否符合礼教所倡导的人情。春秋决狱实际上就是以人情决狱。情是中国古代法律的核心，也是立法与司法的依据。当情与法相抵牾时，人们习以为常的做法是以情变法，因为在人们的观念中情重于法。情是永恒的，而法则是可以变通的。作者在分析传统司法中天理国法人情统一理念的基础上，指出现代司法中也不可避免地存在天理国法人情的统一。只不过其中的"天理"不再是上天的理，而是天赋的人权、朴素的公平正义观。至于人情，"法律不外乎人情"，当然此处所说的人情指的是人与人之间的天然之情，并非在案件以外影响独立公正司法的"人情关系"。作者通过我国近年来发生的有影响力的真实案例，分析了"人情"在不同情形下对司法的影响。作为一名法史学研究者，这一点难能可贵，这也充分说明法史学研究和法理学研究、部门法学研究结合的重要性。

当然，作为一部研究春秋决狱的作品，该书也存在一些不足，在浩瀚的史料中包含大量体现春秋决狱精神的案例，作者在书中所运用的大多是学术界已知的案例，在史料的挖掘和取舍方面尚待进步，对于春秋决狱规律的总结也有待深化。但是瑕不掩瑜，有了良好的开端和求实的态度，相信晓梅在以后会取得更大的成绩，我也希望她能够继续对古人留给我们的宝贵的法律文化遗产进行深入研究，以实现古今的连接，发掘中国古代法文化的当代价值，以贡献于社会。

马小红
2019 年 5 月 25 日

目 录

总　序	/ 1
序	/ 3
引　言	/ 1

第一章　研究现状　　　　　　　　　　　　　　　　　／4
　　一、近代学者的研究评价　　　　　　　　　　　　　／4
　　二、当代学者的研究评价　　　　　　　　　　　　　／7

第二章　春秋决狱产生的历史背景　　　　　　　　　　／11
　　一、法律背景：汉初继承秦朝法律制度　　　　　　　／11
　　二、思想原因：儒家思想地位逐步上升　　　　　　　／12
　　三、人才储备：大量儒生执掌司法权力　　　　　　　／14
　　四、终极目的：维护封建君主集权权力　　　　　　　／16
　　五、实现途径：以司法实现法律儒家化　　　　　　　／17

第三章　春秋决狱的司法过程　　　　　　　　　　　　／18
　　一、春秋决狱的适用依据　　　　　　　　　　　　　／18
　　二、春秋决狱的适用情形　　　　　　　　　　　　　／25

三、摒弃春秋决狱的情形 /27
  四、春秋决狱的步骤 /29
  五、影响春秋决狱的消极因素 /33

第四章　春秋决狱的司法原则　/42
  一、春秋决狱的基本原则 /42
  二、春秋决狱的具体原则 /49
  三、法律原则冲突时的处理 /72

第五章　春秋决狱的历史发展阶段　/82
  一、经义决狱萌发时期 /82
  二、经义决狱产生发展时期 /85
  三、儒家经义入律时期 /88
  四、经律合一时期 /90
  五、经义决狱遗风 /97
  六、司法排斥经义时期 /100

第六章　对春秋决狱的评析　/106
  一、维护中央权力集中统一 /106
  二、影响封建法律制度 /112
  三、天理国法人情相互结合 /130
  四、减缓封建刑法的严酷 /133
  五、春秋大义限制君权滥用 /133

第七章　对春秋决狱的现代法理分析　/135
  一、儒家经义精神的性质 /135
  二、现代司法中的"天理国法人情" /137
  三、以犯罪构成理论解释原心定罪 /148

四、以证人资格制度解释亲亲相隐 / 152
五、以法律推理过程观察司法技术 / 154
六、以法律解释视角观察法官释法 / 157

参考文献 / 161
后　记 / 164

引 言

"春秋决狱"一词,最先是用作书名而被提出的,见于南朝宋人范晔所撰的《后汉书》。《后汉书·应劭传》载:"故胶西相董仲舒,老病致仕,朝廷每有政议,数遣廷尉张汤亲至陋巷问得失。于是作春秋决狱二百三十二事。动以经对,言之详矣。"[1]可知董仲舒本人撰写了《春秋决狱》一书。《汉书·艺文志六艺略》录《公羊董仲舒治狱》16卷,《隋书·经籍志》《旧唐书·艺文志》均载有《春秋决狱》10卷。《春秋决狱》的主要内容已经失传,《经典集林》从《太平御览》《白孔六帖》《野客丛书》等书中共钩稽出六则判例故事,取名《春秋决事》。其中《野客丛书》著录的二则亦被《通典》著录。

后沈家本先生考证,"春秋决狱"亦称"春秋断狱"。他在《历代刑法考》中说:"《春秋断狱》当即董仲舒之《春秋决狱》,诸《志》书名各不同。《崇文总目》作《春秋决事比》十卷,《宋志》作《春秋决事》,一本作'决狱',然则'春秋决狱'其本名也。《困学纪闻》云,《春秋决狱》,其书今不传,是南渡时已亡[2]……惟《唐志》称《春秋决事》,而白氏唐人,乃称《春秋决狱》,《御览》亦称《春秋决狱》,而《宋志》亦称《春秋决事》,是一书而二名也。"[3]故沈家本先生将关于"春秋决狱"之事的一章,定名为"春秋断狱"。

程树德先生在《九朝律考》中考证:"考《汉志》有《公羊董仲舒治狱》十六篇;《七录》作《春秋断狱》五卷;《隋志》作《春秋决事》十卷,董仲舒撰;《唐志》作《春秋决狱》;《崇文总目》作《春秋决事比》,并十卷。是书宋初尚存,后不知佚于何时……王应麟《困学纪闻》云:'仲舒《春秋决狱》,其书今不传,《太平御览》载二事,《通典》载一事,所谓二百三十二

---

[1]《后汉书》卷四八《杨李翟应霍爰徐列传》,中华书局2010年版,第1088页。
[2](清)沈家本撰:《历代刑法考》,中华书局2006年版,第1770页。
[3](清)沈家本撰:《历代刑法考》,中华书局2006年版,第1772页。

事,今仅见三事而已。'朱彝尊《经义考》云:'《艺文类聚》有引决狱君猎得麑事,是尚存四事也。'(按《类聚》六十六所引,系《韩非子》,朱盖误记。《玉函山房辑本》引作《白帖》,卷二十六)今存者有王谟《汉魏遗书》、马氏《玉函山房》、黄氏《汉学堂丛书》诸辑本,然皆寥寥数则,不足以餍阅者之意。按汉时大臣,最重经术,武帝且诏太子受《公羊春秋》。《盐铁论》谓:'春秋之治狱,论心定罪,志善而违于法者免,志恶而合于法者诛。'故其治狱,时有出于律之外者。古义纷纶,迥异俗吏,固不独仲舒如是也。兹篇所辑,于仲舒《决狱》佚文之外,又得若干条,两汉春秋决狱之事,略具于斯,匪独仲舒一家之说,抑亦治汉律者所必不可缺也。作《春秋决狱考》。"[1]

根据沈家本、程树德两位先生的考证,"春秋决狱""春秋断狱""春秋决事""董仲舒治狱"所指其实均为一事,只是"春秋决狱"使用更加广泛。"春秋决狱"的断狱方式,后来发展为广泛引用儒家经典著作中的思想,作为司法官吏认定犯罪的依据,并按照儒家思想解释和适用法律。可以说,"春秋决狱"实际是"引经决狱"或"经义决狱"的概括称谓。"引经决狱"即以儒家经典中的故事和"微言大义"作为依据来处理政治和司法的问题。儒家之经典主要是《诗》《书》《礼》《易》和《春秋》,称为五经,决事之经典以孔子笔削的《春秋》为主,而董仲舒所作《春秋决狱》又是"经义决狱"的典型,故法学界往往用"春秋决狱"这一名词。

春秋决狱与引用《春秋》大义两者不同,阎若璩笺注《困学纪闻》收录春秋决狱一条:"武帝外事夷狄而民去本,董仲舒说上曰:'《春秋》他谷不书,至于麦禾不成则书之。以此见圣人五谷最重粟麦。'"沈家本先生对此评价认为:"此条之文见《食货志》,乃仲舒说上之语,与《决狱》无涉。"[2]因此,并非引用春秋大义的史实就是春秋决狱,必须其内容事关案件定性才能称为春秋决狱,也才能成为本书研究对象。

程树德先生在《九朝律考》中收录了董仲舒春秋决狱的六则案例,为方便研究,本书按照顺序将其全文收入,在以后的行文中不再引用案例全文,而以案例编号代替。

---

[1] 程树德:《九朝律考》,中华书局2003年版,第160页。
[2] (清)沈家本撰:《历代刑法考》,中华书局2006年版,第1773页。

案例一　父子相隐案：时有疑狱曰："甲无子，拾道旁弃儿乙养之，以为子，及乙长，有罪杀人，以状语甲，甲藏匿乙，甲当何论？"仲舒断曰："甲无子，振活养乙，虽非所生，谁与易之。《诗》云，螟蛉有子，蜾蠃负之。《春秋》之义，父为子隐。甲宜匿乙而不当坐。"

案例二　乙伤己父案：甲有子乙以乞丙，乙后长大，而丙所成育。甲因酒色谓乙曰："汝是吾子。"乙怒，杖甲二十。甲以乙本是其子，不胜其忿，自告县官。仲舒断之曰："甲生乙，不能长育，以乞丙，于义已绝矣。虽杖甲，不应坐。"

案例三　大夫纵麑案：君猎得麑，使大夫持以归。大夫道见其母随而鸣，感而纵之。君愠，议罪未定。君病恐死，欲托孤，乃觉之，大夫其仁乎。遇麑以恩，况人乎？乃释之，以为子傅。于议何如？仲舒曰："君子不麛不卵，大夫不谏，使持归，非义也。然而中感母恩，虽废君命，徙之可也。"

案例四　盗武库兵案：甲为武库卒，盗强弩弦，一时与弩异处，当何罪？论曰："兵所居比司马，阑入者髡，重武备、责精兵也。弩蘖机郭，弦轴异处，盗之不至，盗武库兵陈。"论曰："大车无輗，小车无軏，何以行之？甲盗武库兵，当弃市乎？"（董仲舒）曰："虽与弩异处，不得弦不可谓弩。矢射不中，与无矢同，不入与无镞同。律曰，此边鄙兵所盗臧值百钱者，当坐弃市。"

案例五　子误伤父案：甲父乙与丙争言相斗，丙以佩刀刺乙，甲即以杖击丙，误伤乙，甲当何论？或曰："殴父也，当枭首。"论曰："臣愚以父子至亲也，闻其斗，莫不有怵怅之心，扶杖而救之，非所以欲诟父也。《春秋》之义，许止父病，进药于其父而卒，君子原心，赦而不诛。甲非律所谓殴父，不当坐。"

案例六　夫死再嫁案：甲夫乙将船，会海风盛，船没溺流死亡，不得葬。四月，甲母丙即嫁甲。欲皆何论？或曰："甲夫死未葬，法无许嫁。以私为人妻，当弃市。"议曰："臣愚以为《春秋》之义，言夫人归于齐，言夫死无男，有更嫁之道也。妇人无专制擅恣之行，听从为顺，嫁之者归也。甲又尊者所嫁，无淫行之心，非私为人妻也。明于决事，皆无罪名，不当坐。"

第一章
研究现状

"春秋决狱"在司法实践中产生后，历代学者对之都有一些评价，既有否定性的评价，也有肯定性的评价。在不同的法制史教材中，对之评价也不一致，这在一定程度上影响了人们对董仲舒和春秋决狱的理解。为系统分析春秋决狱，必须先从学者的研究观点着手进行梳理。

董仲舒本人解释春秋决狱时说："《春秋》之听狱也，必本其事而原其志。志邪者不待成，首恶者罪特重，本直者其论轻。"与其同时代的汉朝，在《盐铁论·刑德》中有一句话常被后世引用，即"故《春秋》之听狱，论心定罪。志善而违于法者免，志恶而合于法者诛"，从而将春秋决狱与论心定罪联系在一起，这也成为后世否定春秋决狱学者的主要观点来源。仔细分析，《盐铁论》中贤良文学派的观点和董仲舒的表述具有明显的区别："志恶而合于法者诛"的提法将主观动机与定罪量刑直接挂钩，片面强调了主观动机的作用，这与董仲舒的本意是不一致的。董仲舒本人的提法是"本其事而原其志"，贤良文学派的观点显然忽略了董仲舒表述中的"本其事"。

一、近代学者的研究评价

近代学者对于春秋决狱的评价大致可以分为肯定说与否定说。持肯定说的代表性人物有沈家本、董康等，持否定说的代表性人物有刘师培、章炳麟等。

（一）肯定说的观点

沈家本先生评价说："今观《决狱》之论断极为平恕，迥非张汤、赵禹之残酷可比，使武帝时治狱者皆能若此，《酷吏传》何必作哉。"[1]张汤、赵禹

---

[1] （清）沈家本撰：《历代刑法考》，中华书局2006年版，第1776页。

均为汉武帝时人。张汤为御史大夫、赵禹为廷尉,均为当时有名的酷吏,杀了很多人,沈家本先生认为,董仲舒春秋决狱极为平恕,与汉武帝时期的张汤、赵禹之辈截然不同。沈家本先生这一评价对我们极有参考价值,即在研究春秋决狱时要注意把董仲舒所倡导的春秋决狱和酷吏歪曲引用《春秋》随意出入人罪分别研究。

民国时期的著名法律家董康把董仲舒以《春秋》经义来论狱断案与西方现代刑法制度进行了对比。他说,所谓董仲舒传《公羊》之学,"所撰《春秋繁露·精华篇》,论《春秋》听狱,有云'志邪者不待成',即发明未遂罪之原始"。又《春秋繁露·精华篇》的"首恶者罪特重","是春秋之于共犯,分别首从也"。[1]董康先生不仅从传统文化的角度称赞了董仲舒《春秋》论狱断案的平恕从轻,还将其与现代刑法学中的共同犯罪原理与犯罪未遂理论结合起来,认为董仲舒春秋决狱在世界刑法史上也应占据一定的地位。平心而论,董仲舒自然没有提出现代的刑法理论,但是对于犯罪及司法所具有的客观规律,在汉朝时,董仲舒就已经认识到了一些,从而在司法中有意识地对主犯和从犯有所区别,对于未遂犯罪考虑到其主观恶性予以惩罚。

坚持"肯定说"的瞿同祖先生认为:"董仲舒不但在理论上表现其对于德刑不偏废的态度,而且事实上他以《春秋》决狱,是以儒家的经义应用于法律的第一人,以儒为体,以法为用,实是真正沟通德治、法治,融汇儒法两家思想于一的实行家,与儿宽异曲同工。"[2]。

其他在研究中涉及经义决狱的学者还有很多,比如吕思勉先生认为:"汉人每有援经义以折狱的。现代的人,都以为奇谈。其实这不过是广泛的应用习惯。广义的习惯法,原可包括学说的。当时儒学盛行,儒家的学说,自然要被应用到法律上去了。"[3]皮锡瑞先生认为:"(西汉)元、成以后,刑名渐废。上无异教,下无异学。皇帝诏书,群臣奏议,莫不援引经义,以为据依。"[4]

(二) 否定说的观点

近人刘师培在其著作《儒学法学分歧论》中认为:"及考其所著书(指董仲舒《春秋决事》),则又援'公羊'以傅今律,名曰引经决狱,实则便于

---

[1] 董康:《董康法学文集》,中国政法大学出版社2005年版,第276~277页。
[2] 瞿同祖:《瞿同祖法学论著集》,中国政法大学出版社2004年版,第355页。
[3] 吕思勉:《中国文化史》,新世界出版社2008年版,第146页。
[4] (清) 皮锡瑞:《经学历史》,中华书局2008年版,第103页。

酷吏之舞文……儒生者，高言经术者也。掇类似之词，曲相符合，高下在心，便于舞文，吏民益巧，法律以歧，故酷吏由之，易于铸张人罪，以自济其私。"[1]章炳麟更是严词厉斥："独董仲舒为春秋折狱，引经附法，异夫道家儒人所为，则佞之徒也……后之廷尉利其轻重异比，上者得以重秘其术，使民难窥；下者得以因缘为市，然后弃表埻之明，而从縿游之荡。悲夫，经之几虮虱，法之秕稗也。"[2]刘师培和章炳麟对董仲舒春秋决狱都持批判态度，其主要原因在于春秋决狱导致"酷吏舞文""铸张人罪"。这一观点与沈家本先生不同，其区别在于司法实践中酷吏出入人罪应否归结于春秋决狱？应否归责于董仲舒？由于董仲舒春秋决狱二百三十二事，而流传下来的只有六则，我们无法得知董仲舒春秋决狱的全貌，但是从流传下来的六则案例分析中不难看出，其中贯穿了"平恕"的思想。

近代著名法史学者杨鸿烈先生赞同章炳麟、刘师培对经义决狱的批判，他自己也认为："这样真是牵强附会，无所不至。"[3]"这样同一案件可以傅会绝不相同的经义，所以经义是不可恃为断狱的准绳。"[4]"章、刘两氏痛揭儒者假仁义德化的以经义治狱的黑暗事实，真算得是'诛心'之论。尤其刘氏能'探本寻源'，指出儒者深刻的理由，使读者不能不相信司法专业化的重要。这也可从董仲舒说汉武帝罢黜百家使儒者独霸以后在法律上因'越俎代庖'而生弊害的一斑了。"[5]

陈顾远先生在《汉之决事比及其源流》一文中认为"春秋决狱"实为汉代决事比之一种，是"律令无正条时，始取其近似者比附之"的类推做法。陈顾远先生对"春秋决狱"评价道："讼之兴也，往往基于理而曲法，本诸义而不罪。如汉魏之依经义断狱，即所认为以'理'而为之，本诸天道也。董仲舒喜言天人之征，故其《春秋》折狱亦著于时。其实依《汉书·高帝纪》七年令'执见不同，据经义论者听'，已显然以儒家之理为法律之一元素。且汉自武帝以后，引儒生以补法言，援古义以断今狱，习为故事，至六朝而始衰；即不啻将其所谓天地间自然规则见诸实用耳。然而现实法之精神破坏无

---

[1] 刘师培：《刘申叔遗书》，江苏古籍出版社1997年版，第1517页。
[2] 章太炎：《章太炎全集（三）》，上海人民出版社1984年版，第436页。
[3] 杨鸿烈：《中国法律思想史》（下册），商务印书馆1998年版，影印本，第61页。
[4] 杨鸿烈：《中国法律思想史》（下册），商务印书馆1998年版，影印本，第62页。
[5] 杨鸿烈：《中国法律思想史》（下册），商务印书馆1998年版，影印本，第66页。

余矣!"[1]从中可见,陈顾远先生认为春秋决狱之本为"理",类似于"自然规则",春秋决狱破坏了现实法之精神。陈先生之评价春秋决狱与现实法,类似于西方法理学中之"自然法"与"实在法"。

二、当代学者的研究评价

当代,研究者在继承前人成果的基础上又有不断创新和发展,但总体上还是分为肯定说和否定说。

(一) 当代肯定说的观点

饶鑫贤先生对春秋决狱的含义进行了界定:"引据儒家经典中的微言大义,作为司法审判过程中分析案情、认定罪责和适用刑罚的依据。由于所引儒经通常为《诗》《书》《礼》《易》《春秋》五经,而五经中又以《春秋经》为主,故又称'春秋决狱'"。[2]张晋藩先生认为:"公孙弘、董仲舒等人提倡以《春秋》决狱,进一步把儒家思想引到司法领域中来。"对于春秋决狱的积极作用,张晋藩先生认为:"通过对文意深奥的经书的解释,宣扬了儒家的法律理念,迎合了统治者建立大一统的中央集权制度的需要,同时也给予严酷的司法活动涂上一层仁政的色彩。在这个过程中儒家经典法典化了,伦理道德也法律化了,成为强制约束人们实际生活的行为规范,并且开辟了引礼入法的通道。"同时张晋藩先生也指出了春秋决狱的消极作用:"由董仲舒首倡的春秋决狱,其发展所带来的任意比附,破坏了法律的稳定性,冲淡了援法断罪的严肃性,缩小了法律发挥作用的空间,特别是由于司法之官贤愚不齐而发生的种种谬误,也促进了司法机关的腐朽。"[3]张晋藩先生对春秋决狱的评价比较全面客观,尤其是对于其消极作用,明确指出是由于"发展"带来的,这样就把董仲舒与春秋决狱的消极影响区别开来。

乔伟先生认为:"春秋决狱,是以《春秋》这部书的内容作为判决案件的基本依据,故是一种特殊的法律形式。"[4]武树臣先生认为:"所谓引经决狱(或春秋决狱),是指遇到义关伦常而法律无明文律定,或虽有明文却有碍纲

---

[1] 陈顾远:《中国文化与中国法系——陈顾远法律史论集》,中国政法大学出版社2006年版,第243页。
[2] 饶鑫贤:《中国法律史论稿》,法律出版社1999年版,第103页。
[3] 张晋藩:《中华法制文明的演进》,中国政法大学出版社1999年版,第195~197页。
[4] 乔伟主编:《中国法制通史》第3卷,法律出版社1999年版,第30页。

常的疑难案件，则引用儒家经典中所记载的古老判例或某项司法原则对案件作出判决，这实际上等于确认儒家经义具有高于现行法律的特殊地位，从而为儒学向司法领域的渗透打开一条通道。"[1]吕志兴认为，"随着'春秋决狱'和'引经注律'盛行，儒家的精神原则不断地融入法律中去，中国古代关于犯罪构成的理论也日益趋于完善"，并从六个方面论述了它在历史上所起的积极作用。[2]在另一篇文章《春秋决狱与中国古代法制的真实关系》中，吕志兴认为："《春秋》决狱制度是与制定法并列的判例法制度，是中国古代法制的有机组成部分。《春秋》决狱一方面受制定法的严格规制，另一方面对制定法有补阙纠偏的功能，是法律缺陷的修补机制，对中国古代法制的完备化起着重要的推动作用。"[3]

梁治平在《寻求自然秩序中的和谐》中，以较多笔墨探讨了"春秋决狱"的相关内容。梁治平认为："当然，说董仲舒引经决狱是着意要解决法律适用过程中的问题，并不排斥另一种判断，即他同时也是改造成法，重建古代法的伦理结构。"[4]江必新认为："'春秋决狱'是我国汉以后封建统治者用儒家经典《春秋》之义断疑难案件的一种方法。""它改变了中国封建秩序的结构，确定了封建统治阶级划分罪与非罪的基本界限，确立了以儒家伦理为中心的刑事政策和刑罚制度，并因而对中华法系的形成起到了重要作用。"[5]

刘广安先生在著作中从法理学角度对董仲舒春秋决狱进行了评价："董仲舒引经决狱、论心定罪的主张，强调定罪量刑应当考虑行为人的主观动机，这与法家的'轻罪重刑'、客观归罪的思想相比，有一定的合理性。""在西方近代法制中有衡平法原则，即法律没有明文规定时可以根据法理对个案进行处理。如果引经决狱的原则应用得当，是有可能提高中国传统法律思想水准的。但由于董仲舒本人未能从法理学意义上进行更多的论述，汉代统治者提倡引经决狱的目的与董仲舒的主张也有差距，引经决狱未能走上追求公平

---

[1] 武树臣等：《中国传统法律文化》，北京大学出版社1994年版，第382页。
[2] 吕志兴："'春秋决狱'新探"，载《西南师范大学学报（人文社会科学版）》2000年第5期。
[3] 吕志兴："《春秋》决狱与中国古代法制的真实关系"，载《政法论坛》2016年第3期。
[4] 梁治平：《寻求自然秩序中的和谐》，中国政法大学出版社2002年版，第270页。
[5] 江必新：《中国法文化的渊源与流变》，法律出版社2003年版，第88页、第91~93页。

正义的法理学之路。"[1]刘广安先生的观点从法理学上客观地对春秋决狱进行了评价,而且明确指出汉代统治者的主张和董仲舒的主张之间存在差异。

马小红先生在著作中对春秋决狱的本质进行了探讨,她认为"汉儒董仲舒提出春秋决狱的主张,这一主张是将儒家的经典著作《春秋》所宣扬的'大义'置于法条之上,违法而合于《春秋》之义者不但不绳之以法,而且要给予表彰","将《春秋》大义置于法律之上,作为定罪量刑的最高标准,目的在于以人情改造法律","春秋决狱实际上就是以人情决狱"。[2]这一观点指明了春秋决狱中法律与人情之间的关系。

姚中秋先生的《儒家宪政论申说》指出"春秋决狱"最重要的意义在于,在政府颁布的律令之上,引入和设置了一套"高级法",即五经大义;"春秋决狱"清楚地表明了以董仲舒为代表的汉儒之宪政主义政治立场。是从自然法的角度,充分肯定儒家经典之于实证法律体系的根本指导地位,从而视"春秋决狱"为实证法律体系的宪政审查者。[3]

(二) 当代否定说的观点

杨鹤皋先生对春秋决狱基本持否定评价:"这种动机论在司法实践中是有害的,因为封建统治者可以任意以动机的'善'或'恶'来判断案件,它既可以任意将有罪说成无罪,为剥削者开脱罪责;也可以把无罪说成有罪,肆意残害无辜的劳动人民。然而,我们也应该看到,董仲舒引经决狱在客观上有减轻对劳动人民的刑罚的一面。"[4]张国华先生在著作中认为:"从董仲舒等开始,就不断有人以春秋决狱。《春秋》经义不但可以补法律之不足,甚至其效力往往高于法律。董仲舒等在决狱中还提倡论心定罪的动机论……故其治狱,时有出于律之外者,从而为罪刑擅断大开方便之门,并使法律从属于经义……不过在引经断狱之中也有可取者,如'春秋之义,恶恶止其身,善善及子孙'的'恶恶止其身',就曾不断有人引来反对族诛连坐。"[5]俞荣根先生认为,"春秋决狱"的"议事以制""论心定罪",导向了罪刑法定与非法

---

[1] 刘广安:《中国法律思想简史》,高等教育出版社2011年版,第91页。
[2] 马小红:《礼与法:法的历史连接》,北京大学出版社2017年版,第337页。
[3] 姚中秋:"儒家宪政论申说",载《天府新论》2013年第4期。
[4] 杨鹤皋主编:《中国法律思想史》,北京大学出版社2000年版,第242页。
[5] 张国华:《中国法律思想史新编》,北京大学出版社1998年版,第179页。

现代法理学视野下的春秋决狱

定的合和,导致了中华法系的"君权至上""人主权断"和允许比附类推。[1]朱宏才先生在《"春秋决狱"研究述评》一文中提出的观点更倾向于"否定说",他认为"春秋决狱是传统文化发展史上的一个奇怪却又极其正常的现象",指出《春秋》决狱对传统文化的危害表现在四个方面:第一,参与司法活动的主体借《春秋》之名,行私利之实,使法律的公正性、严谨性难以体现;第二,模糊了法律与道德之间的界限,使法律屈从于道德;第三,加剧了人情对法律的干预,使人治问题更加突出;第四,从一个侧面加重了文化专制。[2]董仲舒"所大力倡导并且躬耕亲行的'春秋决狱',给中国历史的发展带来了深远影响,甚至是灾难。这个问题不容小视"。[3]

余英时先生从春秋决狱的目的出发对"春秋决狱"提出了自己的见解。例如,他说:"汉代的'经义断狱'比戴东原所说的还要可怕,人不但死于法,而且同时又死于理。这才是'更无可救药'……其实,法律只能控制人的外在行动,'经义断狱'才能深入人的内心。硬刀子和软刀子同时砍下,这是最彻底的杀人手段。"[4]余英时先生指出,"春秋决狱"不仅仅"杀人",而且"杀心",在春秋决狱之下,法律完全成了实现统治阶级目的的手段和工具。同时,在"儒学的法家化"这一标题之下,余先生对"春秋决狱"的历史发展,甚至春秋决狱产生的心理原因都提出了自己的见解。[5]余英时先生的论述涉及"理"与"法"的关系,在更深层次上还涉及"法律工具主义"的问题。从现代法理学的角度分析,法律当然只能调整行为,而不能调整思想,所以余英时先生对于经义决狱深入人心的批评表面上具有一定的合理性。但在后文的论述中我们将强调,经义决狱认识到了犯罪构成中的主观客观相统一,也认识到了主观方面的作用,实际上并没有偏向于主观,更不是秉持"主观犯罪构成",因此谈不上通过春秋决狱刻意调整思想。余英时先生的观点与《盐铁论》中贤良文学派的观点如出一辙。与之类似的观点还有"《春秋》之学喜欢'诛心',实在也免不了流弊"。[6]

---

[1] 俞荣根:《文化与法文化》,法律出版社2003年版,第128~143页。
[2] 朱宏才:"'春秋决狱'研究述评",载《青海社会科学》2005年第6期。
[3] 朱宏才:"董仲舒与'春秋决狱'",载《攀登》2015年第4期。
[4] 余英时:《中国思想传统及其现代变迁》,广西师范大学出版社2004年版,第303~304页。
[5] 余英时:《中国思想传统及其现代变迁》,广西师范大学出版社2004年版,第310页。
[6] 顾颉刚:《汉代学术史略》,人民出版社2008年版,第54页。

第二章
春秋决狱产生的历史背景

一、法律背景：汉初继承秦朝法律制度

秦朝法律之严酷，是导致秦末农民起义的原因之一。秦自商鞅以来便厉行以法治国，法治的经验不可谓不丰富。可是，秦法存在两个很严重的缺陷：一是法律太严酷，特别体现在刑罚手段上；二是执法太僵化，客观归罪现象普遍存在。所谓客观归罪，就是只要某人的外在行为符合某一法条的规定，法官就可以直接套用法条来判案了，而不必考虑行为人的主观心态以及其他客观环境的影响。这种执法方法，不但导致大量案件得不到公正处理，更严重的是存在重大现实危险，甚至直接敲响了秦帝国覆灭的丧钟：公元前209年发生了导致秦朝覆灭的大泽乡起义，这次起义发生的一个重要原因就是，正如起义领袖陈胜所说，根据秦朝法律，失期就是死罪，它不管你失期的具体原因是什么，是主观惰怠还是客观不能。所以一旦误了日子，陈胜吴广们就只有死路一条。就这样，秦王朝用自己锋利的法治之剑，不但割伤了天下，也杀死了自己。[1]

汉初统治者鉴于秦亡的教训，改弦更张，采用黄老之术，无为而治，约法省禁。高祖初入关，尽弃秦苛法，与民约法三章，即：杀人者死，伤人及盗抵罪。但由于约法三章过于简单，根本不足以惩治犯罪行为，所以汉朝在统治稳固下来后，旋即开始建立法律体系。汉朝初期的法律由于没有其他法律可资借鉴，事实上沿袭秦律，因此同样体现了法家精神。从《汉书·刑法志》的记载来看，汉高祖时，"四夷未附，兵革未息，三章之法不足以御奸，于是相国萧何攗摭秦法，取其宜于时者，作律九章"，"叔孙通益律所不及，

---

[1] 柴春元："春秋决狱的法学价值"，载《检察日报》2012年4月13日，第6版。

《傍章》十八篇，张汤《越宫律》二十七篇，赵禹《朝律》六篇"。这些加起来便是以《九章律》为核心的汉律六十篇，其内容与秦律一脉相连。这些法律基本制定于高帝、武帝两代，两汉前后共沿用了近四百年之久。汉朝法律内容大部失传，根据《汉书·刑法志》记载，汉朝"至高后元年，乃除三族罪、祅言令"，孝文二年，除收律、相坐法，孝文十三年，废肉刑。刑法志所载说明汉初制定法律时继承了秦朝的法律，其中包括秦朝的一部分严刑酷法。所以，《晋书·刑法志》直言"汉承秦制，萧何定律"。所以汉朝初年的治国方略和法律内容，实际是存在一定矛盾的。最高统治者采用的是黄老的无为之术，但是法律的内容由于沿袭秦朝，体现的是法家的思想，表现在具体刑罚制度上非常残忍。由于不具备大规模变更秦朝法律的条件，这种指导思想与法律内容不一致的情况一直延续，其间也进行了一些对法律的修改，废除了一些残忍的刑罚，但是并没有形成"新的具有汉朝特色的法律体系"。到汉武帝时，统治者在治国方略上不满于消极的黄老之术，遂采纳董仲舒的建议"罢黜百家，独尊儒术"，此时体现法家思想的法律内容与采用儒家思想的治国方略之间的矛盾就日益严重。

二、思想原因：儒家思想地位逐步上升

儒家学说诞生以后，其创始人孔子一直希望能得到统治者的采纳，但终孔子之世，由于未能适应当时诸侯争霸的局面，儒家学说也没有得到当权者的青睐。秦朝统一以后，奉行法家主张的秦王朝"焚书坑儒"，使儒学受到沉重打击。但是儒家的思想并没有消失，儒家学者或将儒家著作藏之于壁，或通过师生相传使之不致消亡。实际上在秦律中，也并非完全摒弃儒家，其中有的规定也体现了儒家"孝"的思想。儒家思想主张建立君臣尊卑上下有序的秩序，有利于维护"大一统"的局面；在治国方面，主张礼乐教化和刑罚措施相辅相成，实际上是符合统治阶级的利益的。当汉朝的统治稳定以后，一些儒生开始反对沿袭秦朝的严刑峻法，而建议采用较为宽缓的法律来治理天下，以安定民心、稳定统治。贾谊说"秦王置天下于法令刑罚，德泽亡一有"，[1]"曩之为秦者，今转而为汉矣。然其遗风余俗，犹尚未改"。[2]董仲

---

[1]《汉书》卷四八《贾谊传》，中华书局2010年版，第1730页。
[2]《汉书》卷四八《贾谊传》，中华书局2010年版，第1723页。

舒基于对秦王朝速亡教训的深沉思考,认为秦朝灭亡的主要原因是:"师申商之法,行韩非之说,憎帝王之道,以贪狼为俗,非有文德以教训于下也。诛名而不察实,为善者不必免,而犯恶者未必刑也。是以百官皆饰虚辞而不顾实,外有事君之礼,内有背上之心,造伪饰诈,趣利无耻,又好用憯酷之吏,赋敛亡度,竭民财力,百姓散亡,不得从耕织之业,群盗并起。是以刑者甚众,死者相望,而奸不息,俗化使然也。"[1]董仲舒对秦朝灭亡原因的分析很全面,他认为,汉朝建立之初,吸取秦朝灭亡的教训,同时为了休养生息,采用黄老之术情有可原,然而数十年来,随着社会生产力的恢复与发展,外部社会条件已发生了显著的变化,因而统治政策也应随之变化。既不能采用法家思想,也不宜采用道家学说。

儒家思想的上升,需要合适的政治环境。汉朝初年,汉高祖马上得天下,看不起儒生,对儒生极尽侮辱之事,"沛公不好儒,诸客冠儒冠来者,沛公辄解其冠,溲溺其中,与人言,常大骂"[2],后来的最高统治者或好法家,或好黄老之学,"孝惠、吕后时,公卿皆武力有功之臣。孝文时颇征用,然孝文帝本好刑名之言。及至孝景,不任儒者,而窦太后又好黄老之术,故诸博士具官待问,未有进者"。[3]汉武帝开始重视儒生,"元年,汉兴已六十余岁矣,天下艾安,搢绅之属皆望天子封禅改正度也,而上乡儒术,招贤良。赵绾、王臧等以文学为公卿,欲议古立明堂城南,以朝诸侯。草巡狩封禅改历服色事未就。会窦太后治黄老言,不好儒术,使人微伺得赵绾等奸利事,召案绾、臧,绾、臧自杀,诸所兴为皆废"。[4]公元前180年,"窦太后崩,武安君田蚡为丞相,黜黄老、刑名百家之言,延文学儒者以百数,而公孙弘以治《春秋》为丞相封侯,天下学士靡然乡(向)风矣"。[5]汉武帝时,董仲舒在对策中提出建议:"《春秋》大一统者,天地之常经,古今之通谊也。今师异道,人异论,百家殊方,指意不同,是以上亡以持一统;法制数变,下不知所守。臣愚以为诸不在六艺之科孔子之术者,皆绝其道,勿使并进。邪

---

[1]《汉书》卷五六《董仲舒传》,中华书局2010年版,第1910页。
[2]《史记》卷九七《郦生陆贾列传》,中华书局2010年版,第2079页。
[3]《史记》卷一二一《儒林列传》,中华书局2010年版,第2370页。
[4]《史记》卷二八《封禅书》,中华书局2010年版,第1181页。
[5]《汉书》卷八八《儒林传》,中华书局2010年版,第2666页。

辟之说灭息，然后统纪可一而法度可明，民知所从矣。"[1]汉武帝采纳了董仲舒在贤良对策中提出的建议，"罢黜百家，独尊儒术"，设立五经博士。从此儒家思想成为封建社会的正统思想。建元五年春，汉武帝在"罢黜百家，独尊儒术"的基础上，正式以《诗》《书》《礼》《易》《春秋》五部书籍为"法定"经典，并设立博士。自此，儒家经典取得了法定的权威性，博士之职为儒家垄断，他们对"经"的解释即成为权威的解释，这就使援引儒家经义决断案件成为了可能。董仲舒以后，研究公羊学的大多是董仲舒的弟子或者再传弟子，对西汉的政治影响很大。"罢黜百家，独尊儒术"结束了先秦百家争鸣的状况和秦朝法家思想占据主导地位的局面，从国家治理方略、理论基础和官方权威方面都确立了儒家的统治地位，儒家经典从理论上才有可能成为断狱的依据。不可否认的是，在汉武帝之前，儒家思想在统治阶级治国方略中也有一定影响，个别案件的司法过程也体现了儒家思想的要求。如后文所言，汉武帝本人在有关案件中也曾根据儒家思想提出断案建议。但之前的经义断狱，只是儒家思想在个别案件中的反映，缺乏国家制度层面的保障，只有在汉武帝以后，经义决狱在制度方面才获得了国家的认可。

在谈到儒家思想法律化的进程时，陈顾远先生十分明确地提出儒家思想在汉代的上升，从统治者的态度中可以确切感知："盖自叔孙通定朝仪，严君臣之分，汉一变其辱儒之态度，而渐容纳其说。"在此之后，"当时最使礼与律相合而为一者，莫若依经义折狱一事。吕步舒决淮南狱，以《春秋》之义正之，天子皆以为是；张汤为廷尉，以兒宽为奏谳掾，依古法义决狱，汤甚重之。他如董仲舒及以后应劭之《春秋决狱》更盛称于儒林也"。[2]

三、人才储备：大量儒生执掌司法权力

在董仲舒提出独尊儒术的建议之前，汉武帝已经采取措施重视儒生。他在第一次命令举"贤良"的时候，丞相卫绾奏："所举贤良，或治申、商、韩非、苏秦、张仪之言，乱国政，请皆罢。"[3]汉武帝表示同意，在以后所举的

---

[1]《汉书》卷五六《董仲舒传》，中华书局2010年版，第1918页。
[2] 陈顾远：《中国文化与中国法系——陈顾远法律史论集》，中国政法大学出版社2006年版，第175页。
[3]《汉书》卷六《武帝纪》，中华书局2010年版，第111页。

贤良中，非儒家的人，都已被淘汰了。[1]董仲舒之前虽有"引经决狱"的零星事例，但董仲舒是春秋决狱的开创者却毫无疑问。董仲舒的学生中也有多人担任官员，如嬴公担任谏议大夫、褚大担任梁相、吕步舒担任丞相长史等。当时，董仲舒虽身居陋巷，但朝廷大员遇有疑难案件总要上门请教。而董仲舒的同僚好友和学生门徒引经折狱之事，史书所见比比皆是。"武安君田蚡为丞相，黜黄老、刑名百家之言，延文学儒者以百数，而公孙弘以治《春秋》为丞相封侯，天下学士靡然乡（向）风矣。"[2]"公孙弘以春秋之义绳臣下、取汉相。"[3]"是时上方乡（向）文学，汤决大狱，欲傅古义，乃请博士弟子治《尚书》《春秋》，补廷尉史，平亭疑法。"[4]"上思仲舒前言，使仲舒弟子吕步舒持斧钺治淮南狱，以春秋谊颛（专）断于外，不请。既还奏事，上皆是之。"[5]"时张汤为廷尉，廷尉府尽用文史法律之吏，而宽以儒生在其间……汤由是乡（向）学，以宽为奏谳掾，以古法义决疑狱，甚重之。"[6]上述诸司法官员中，公孙弘、张汤为董仲舒同僚，吕步舒、儿宽可谓仲舒之弟子，他们很受朝廷重视，"春秋决狱"在他们的推动下，蔚然成风。

除了上述司法官员外，普通官员中儒生出身的也越来越多。汉武帝创立太学以后，随着统治阶级对儒学的倡导，更多青年学子转向儒学，太学规模日益壮大，为官员队伍提供了充分的人才储备。"昭帝时举贤良文学，增博士弟子员满百人，宣帝末增倍之。元帝好儒，能通一经者皆复。数年，以用度不足，更为设员千人，郡国置《五经》百石卒史。成帝末，或言孔子布衣养徒三千人，今天子太学弟子少，于是增弟子员三千人。岁余，复如故"。[7]当然，这与学习儒学能带来的仕途是分不开的，班固在《儒林传》末评论道："自武帝立《五经》博士，开弟子员，设科射策，劝以官禄，讫于元始，百有余年，传业者浸盛，支叶蕃滋，一经说至百余万言，大师众至千余人，盖禄利之路然也。"[8]

---

[1] 冯友兰：《中国哲学史新编》（中），人民出版社2004年版，第50页。
[2] 《汉书》卷八八《儒林传》，中华书局2010年版，第2666页。
[3] 《汉书》卷二四《食货志》，中华书局2010年版，第972页。
[4] 《汉书》卷五九《张汤传》，中华书局2010年版，第2002页。
[5] 《汉书》卷二七《五行志》，中华书局2010年版，第1094页。
[6] 《汉书》卷五八《公孙弘卜式儿宽传》，中华书局2010年版，第1995页。
[7] 《汉书》卷八八《儒林传》，中华书局2010年版，第2668页。
[8] 《汉书》卷八八《儒林传》，中华书局2010年版，第2684页。

现代法理学视野下的春秋决狱

四、终极目的：维护封建君主集权权力

汉朝初年，虽然汉高祖在形式上统一了中国，但中央集权的统治仍面临着诸多威胁，这些威胁主要来自于六国的旧贵族以及和汉高祖一同起事的异姓诸王。为了消除统一的隐患，汉高祖将六国旧贵族迁往长安附近，又先后消灭了韩信、英布等异姓诸王。同时在借鉴秦朝灭亡教训的基础上，分封刘姓子弟为诸侯，取代原先的异姓诸王，用以保卫中央王朝。但分封制下，无论是异姓王还是同姓王，都不可能永远与皇帝同心，这些同姓王很快成为中央集权的新威胁，他们有的"不听天子诏""出入拟于天子"，有的甚至发动叛乱，汉景帝时的"七国之乱"直接威胁到了天子的统治。汉武帝即位后，采取诸多措施加强中央集权，政治上逐渐削减诸王的权力，法律上对试图谋反的王室成员进行制裁，思想上确立儒家的统治地位以加强全国的统一。

在中央集权统治之下，任何一种未经统治者许可的思想，都不可能在思想界占据主导地位。春秋战国时期，诸子百家竞相游说诸侯，为的也是获得最高统治者的青睐。而统治者在选择治国理念和指导思想时，更多考虑是否有利于其统治，考虑其实际功用。尽管"罢黜百家，独尊儒术"是从汉武帝时确立的，但汉武帝选择儒家思想，并非基于个人偏好，主要还是基于儒家思想能在政治上为其大一统和中央集权提供帮助。正如循吏汲黯指出的那样："陛下内多欲而外施仁义，奈何欲效唐虞之治乎。"[1]而汉武帝阳儒阴法的态度给儒家思想和儒学大师的命运都带来了不可忽视的影响。对于儒家思想，汉武帝更多地是借重它的粉饰政治的作用。"孝武之世，外攘四夷，内改法度，民用凋敝，奸轨不禁。时少能以化治称者，惟江都相董仲舒、内史公孙弘、儿宽，居官可纪。三人皆儒者，通于世务，明习文法，以经术润饰吏事，天子器之"[2]从中可以看出，汉武帝看重董仲舒等人的原因是他们能用经文润饰吏事，而非儒家思想本身的光芒吸引了他。

"春秋决狱"作为汉朝司法实践中的一种指导理念，在普通的刑事案件中，体现出了其重视教化和轻刑平恕的一面，但是一旦涉及政治案件，也无法摆脱政治因素的影响，君主个人的意志在其中发挥了决定性的作用，而所

---

[1]《史记》卷一二〇《汲郑列传》，中华书局2010年版，第2362页。
[2]《汉书》卷八九《循吏传》，中华书局2010年版，第2687页。

有的案件最终以维护"大一统"为根本目的,对于经义的选择和刑罚结果的轻重取决于个案中当事人是否会威胁到皇权的稳固。廷尉为汉时的最高司法官员,从廷尉的断案可直接看出当时司法的基本状况。张汤为廷尉时,常常亲访董仲舒问治狱之事,并"请博士弟子治《尚书》《春秋》",但这一切归根结底并非为了以礼治狱,他只是"乡上意所便,……所治即上意所欲罪,予监吏深刻者;即上意所欲释,予监吏轻平者"[1]。杜周为廷尉,"其治大抵放(仿)张汤,而善候司。上所欲挤者,因而陷之;上所欲释,久系待问而微见其冤状"[2]。这里的"善候司"即善于观望天子之意。

五、实现途径:以司法实现法律儒家化

在统治阶级推崇儒学的背景下,原来承袭秦朝法律的汉律,因为蕴含了法家精神,与新的统治观念发生了矛盾,此时最好的解决方法是彻底修改原先的法律。但修改法律显然非一日之功,即便是统治阶级有这样的想法,也难以在短时间内建立起以儒家思想为指导的法律制度。时代给了汉朝儒家大显身手的机会:一方面,在司法的过程中,儒家出身的官员运用儒家经义,弥补法律的不足和漏洞,此即著名的经义决狱;另一方面则是在解释法律的过程中,把儒家的思想贯穿进去,从而在避免对法律大修大补的情况下,达到事实上重新解释法律的目的。引经注律的盛况从《晋书·刑法志》中的记载可见:"后人生意,各为章句。叔孙宣、郭令卿、马融、郑玄诸儒章句十有余家,家数十万言。凡断罪所当由用者,合二万六千二百七十二条,七百七十三万二千二百余言,言数益繁,览者益难。天子于是下诏,但用郑氏章句,不得杂用余家。"[3]由于在解释法律和司法的过程中,都以儒家思想为指导,从而开始了中国法制史上著名的"法律儒家化"的进程,儒家经义既成为立法的指导,又成为司法的准绳。

---

[1]《汉书》卷五九《张汤传》,中华书局2010年版,第2002页。
[2]《汉书》卷六〇《杜周传》,中华书局2010年版,第2017页。
[3]《晋书》卷三〇《志第二十》,中华书局2010年版,第600页。

第三章
春秋决狱的司法过程

一、春秋决狱的适用依据

春秋决狱的主要依据是儒家的经典作品，其中代表性的有《春秋》《诗经》《书经》《易经》《仪礼》等。因引用《春秋》较多，后世称为春秋决狱。

《春秋》是孔子晚年修订的一部编年史，根据鲁国的历史而作。关于孔子编写《春秋》的目的，后世儒家多有论述。孟子曾说："世衰道微，邪说暴行又作，臣弑其君者有之，子弑其父者有之。孔子惧，作《春秋》。《春秋》，天子之事也。"孔子的弟子子夏曾说："有国家者，不可不学《春秋》。不学《春秋》，则无以见前后旁侧之危，则不知国之大柄，君之重任也。故或胁穷失国，掩杀于位，一朝至尔。苟能述《春秋》之法，致行其道，岂徒除祸哉！乃尧舜之德也。"[1]司马迁说孔子，"因史记作《春秋》，上至隐公，下讫哀公十四年，十二公。据鲁，亲周，故殷，运之三代，约其文辞而指博"；"《春秋》之义行，则天下乱臣贼子惧焉"。[2]《春秋》笔法精妙，其文字特点比较隐晦，记载的文辞不同，表示的褒贬就不同，从而给后世留下了解释的空间。例如，《春秋》隐公四年二月，"卫州吁弑其君完"，九月，"卫人杀州吁于濮"。州吁弑了卫国国君，然后"卫人"杀了州吁，《春秋》记载该事件时为什么用"卫人"？表明人人都可以杀他，说明了孔子对卫国人杀掉州吁这一行为的肯定。再如，《春秋》宣公二年，晋国正卿赵盾的族弟赵穿攻杀晋灵公，史官董狐认为赵盾负有责任，直书"赵盾弑其君"。亲手杀晋灵公的是赵穿，并非赵盾，为何如此书写？按《春秋》的笔法，国君被杀，赵盾作为臣子，

---

[1]（汉）董仲舒撰：《春秋繁露》之《俞序第十七》，张世亮、钟肇鹏、周桂钿译注，中华书局 2012 年版，第 183 页。

[2]《史记》卷四七《孔子世家》，中华书局 2010 年版，第 1563 页。

没有讨贼，而是逃走，回来后又不声讨弑君者，在孔子看来，赵盾似乎与弑君者有某种牵连，因此也是有罪的。另外一部史书《左传》中也说赵盾"亡不越境，反不讨贼，非子而谁"。这些都证明，《春秋》用词极其精简，但"微言"中蕴含了"大义"。

后世经义决狱主要的依据是《春秋》，选择春秋的主要原因是有利于维护中央集权。在儒家著作中，《春秋》"上明三王之道，下辨人事之纪，别嫌疑，明是非，定犹豫，善善恶恶，贤贤贱不肖，存亡国，继绝世，补敝起废，王道之大者也"。[1]总之，《春秋》力主君主集权。汉朝初年，先有异姓王封侯，后有同姓王叛乱，地方豪强也称霸一方，君主深感加强权威的迫切需要，要巩固大一统的专制王朝，其最合适的理论依据就是《春秋》。所以为人君者为了维护君主集权，为人臣者为了避免陷于不义，都应该学习《春秋》。《史记·太史公自序》对此评价："……故有国者不可以不知《春秋》，前有谗而弗见，后有贼而不知。为人臣者不可以不知《春秋》，守经事而不知其宜，遭变事而不知其权。为人君父而不通于《春秋》之义者，必蒙首恶之名。为人臣子而不通于《春秋》之义者，必陷篡弑之诛，死罪之名……故《春秋》者，礼仪之大宗也。"[2]

董仲舒是西汉时代著名的政治思想家和政治哲学家。他"少治春秋，孝景时博士""兼通五经""为群儒首"。汉武帝"诏举贤良方正，检言敢谏之士"，他以"天人三策"应对，提出"推明孔氏，抑黜百家"的建议，主张"奉天法古"，兴教化，以巩固中央集权，因而得到汉武帝的重视。他曾任大中大夫、江都相、胶西相，晚年居家著书，但仍以顾问形式参与朝廷政议和狱讼之事，董仲舒上承孔子，下启朱熹，对儒学的发展起了关键作用。

董仲舒相信，《春秋》是先贤留给后世君主用以治国安邦的大法。"《春秋》正是非，故长于治人。"[3]《春秋》通过特殊的写法来寓褒贬，定是非，因而可以成为指导政治活动的法典。董仲舒认为："《春秋》二百四十二年之

---

[1]《史记》卷一三〇《太史公自序》，中华书局2010年版，第2491~2492页。
[2]《史记》卷一三〇《太史公自序》，中华书局2010年版，第2492页。
[3]（汉）董仲舒撰：《春秋繁露》之《玉杯第二》，张世亮、钟肇鹏、周桂钿译注，中华书局2012年版，第36页。

文,天下之大,事变之博,无不有也。"[1]只要精通《春秋》经义,现实生活中的政治法律问题,都可以从中找到解决办法;"论罪源深浅,定法诛,然后绝属之分别矣;立义定尊卑之序,而后君臣之职明矣"。[2]春秋根据犯罪程度的深浅决定惩罚的轻重,确定尊卑次序,因此有关法律和礼制的规则均可以参考春秋;"《春秋》之道举往以明来。是故天下有物,视《春秋》所举与同比者,精微眇以存其意,通伦类以贯其理。天地之变,国家之事,粲然皆见,亡所疑矣"![3]当遇到疑难的政治法律问题时,可以根据《春秋》对类似问题处理的原则来决断疑狱。

汉武帝时期,由于春秋决狱的做法适应了当时加强中央集权的政治形势,因而也就得到了统治者的肯定。董仲舒运用春秋对法律的解释之所以能够被统治者采纳是因为他精通公羊学,并且注意研究律文。公羊学即《公羊春秋》,战国时期公羊高撰,是专门阐释《春秋》大义的儒家经典,由于公羊学适应了中央集权的封建专制政权的需要,汉武帝时公羊学取得独尊的地位。公羊派认为,孔子删诗书,定礼乐,赞周易,作春秋,前五书是三代官学,是三代王朝的历史档案,在西汉时期有史的价值,但无法适应汉代新王朝新法制的需要。孔子在编写《春秋》时通过对具体事例的褒贬阐述了自己对理想制度的追求,而这种理想的君主制度被汉武帝所推崇,从而使《春秋》获得了高于其他儒家经典的地位,可以适用于决狱等政治法律生活领域。清人皮锡瑞在《经学通论》中说:"《春秋》有大义、有微言,大义在诛乱臣贼子,微言在为后王立法。"[4]冯友兰先生对此有精辟的概括:"公羊家把他们所讲的《春秋》之义,应用到中国封建社会上层建筑的各个领域里,经过他们的宣传,在汉朝,《春秋》仿佛是一部宪法。凡有政治上和法律上的重大问题,都引《春秋》解决,《汉书·艺文志》著录《公羊董仲舒决狱》十六卷,大概都是这一类的解决方法。"[5]

---

[1] (汉)董仲舒撰:《春秋繁露》之《十指第十二》,张世亮、钟肇鹏、周桂钿译注,中华书局2012年版,第162页。
[2] (汉)董仲舒撰:《春秋繁露》之《正贯第十一》,张世亮、钟肇鹏、周桂钿译注,中华书局2012年版,第158页。
[3] 《汉书》卷二七《五行志》,中华书局2010年版,第1092~1093页。
[4] 转引自承载:《春秋穀梁传译注》,上海古籍出版社2004年版,第11页。
[5] 冯友兰:《中国哲学史新编(中)》,人民出版社2004年版,第60页。

第三章 春秋决狱的司法过程

董仲舒作为公羊派的代表人物,将今文经学"贵志"的阐释方法运用于春秋决狱。"春秋之论事,莫重于志",[1]孔子作《春秋》,字里行间有大义。充分理解《春秋》,需要在文字之外领悟《春秋》隐藏的孔子的思想。"缘此以论礼,礼之所重者在其志……文质偏行,不得有我尔之名。俱不能备,而偏行之,宁有质而无文。"[2]《春秋繁露》是董仲舒阐释公羊学的代表作,在书中他着力阐发"春秋大一统"的思想,用"天人感应""君权神授"之说来强调封建统治制度的合理性,并借以说明君权之所以不可违抗,是由于它体现了上天的意志。《春秋繁露·盟会要》说:"王意虽难喻,盖圣人者贵除天下之患。贵除天下之患,故《春秋》重而书天下之患遍矣,以为本于见天下之所以致患,其意欲以除天下之患,何谓哉? 天下者无患,然后性可善;性可善,然后清廉之化流;清廉之化流,然后王道举,礼乐兴,其心在此矣。"《春秋繁露·楚庄王》说:"《春秋》之道,奉天而法古。是故虽有巧手,弗修规矩,不能正方圆。虽有察耳,不吹六律,不能定五音。虽有智心,不贤先王,不能平天下。然则先王之遗道,亦天下之规矩六律已。故圣者法天,贤者法圣,此其大数也。得大数而治,失大数而乱,此治乱之分也。所闻天下无二道,故圣人异治同理也。古今通达,故贤传其法于后世也。《春秋》之于事也,善复古,讥易常,欲其法先王也。"

董仲舒把《春秋》看成无所不包的经世大典,治国之策都藏于其中。只要精通《春秋》,善于从中总结先王治理天下之道,并且用来指导当今的政治法律活动,就一定会成果卓著。《春秋繁露·俞序》说:"仲尼之作《春秋》也,上探正天端王公之位,万民之所欲,下明得失,起贤才,以待后圣。故引史记理往事,正是非,见王公。史记十二公之间,皆衰世之事,故门人惑。孔子曰:'吾因其行事,而加乎王心焉。以为见之空言,不如行事博深切明。'……故卫子夏言:'有国家者,不可不学《春秋》。不学《春秋》,则无以见前后旁侧之危,则不知国之大柄,君之重任也。故或胁穷失国,掩杀于位,一朝至尔,苟能述《春秋》之法,致行其道,岂徒除祸哉? 乃尧舜之德也。'……故予先言《春秋》详己略人,因其国而容天下。《春秋》之道,大

---

[1] (汉)董仲舒撰:《春秋繁露》之《玉杯第二》,张世亮、钟肇鹏、周桂钿译注,中华书局2012年版,第25页。
[2] (汉)董仲舒撰:《春秋繁露》之《玉杯第二》,张世亮、钟肇鹏、周桂钿译注,中华书局2012年版,第27页。

得之则以王，小得之则以霸……故子夏言：'《春秋》重人，诸讥皆本此，或奢侈使人愤怒，或暴虐贼害人，皆祸及其身。'"

董仲舒认为，君子"原心论罪"使得《春秋》有了"贬天子，退诸侯，讨大夫，以达王事"的现实审判之效，从儒家经典《春秋》中可以总结出一系列法律思想和法律原则，并可用这些原则来指导司法审判活动。

汉武帝以后，还出现了引用其他经义，如《诗经》《礼记》等决狱的现象。《诗经》之所以更多地被援引进入司法领域决断案件，与儒家经典在汉代政治地位的变化有关，汉武帝朝时极少引用《诗经》断狱，但从汉元帝开始，引《诗经》决狱之风渐起。司法实践中援引《诗经》的案例主要有"昌邑王贺淫乱被废案"和"梁平王立淫乱案"。

"昌邑王贺淫乱被废案"的案情如下：汉昭帝去世后，刘贺继位。"贺者，武帝孙，昌邑哀王子也。既至，即位，行淫乱"。[1]霍光与丞相杨敞等谋废除刘贺王位。众大臣上书皇太后：臣敞等谨与博士臣霸、臣隽舍、臣德、臣虞舍、臣射、臣仓议，皆曰："高皇帝建功业为汉太祖，孝文皇帝慈仁节俭为太宗，今陛下嗣孝昭皇帝后，行淫辟不轨。《诗》云：'籍曰未知，亦既抱子。'五辟之属，莫大不孝。周襄王不能事母，《春秋》曰：'天王出居于郑'，繇不孝出之，绝之于天下也。宗庙重于君，陛下未见命高庙，不可以承天序，奉祖宗庙，子万姓，当废。"臣请有司御史大夫臣谊、宗正臣德、太常臣昌与太祝以一太牢具，告祠高庙。臣敞等昧死以闻。[2]

这段话的意思是说：群臣认为高皇帝因为创建汉朝基业被称为汉太祖，孝文皇帝因为仁慈节俭被称为汉太宗，如今昌邑王继承孝昭皇帝之后，行为放纵不合法度。《诗》说："籍曰未知，亦既抱子。"五刑的条文规定，罪孽没有比不孝更大的。周襄王不能侍奉好母亲，《春秋》就说"天王出居到郑国"，因为他不孝而被赶出京城，使他与天下人隔绝。宗庙比君王更重要，刘贺没有到高庙接受大命，就不可以继承上天的意旨而奉祀祖宗宗庙、统治天下万民，应当废黜。群臣请求有关官员御史大夫蔡谊、宗正刘德、太常苏昌和太祝准备一副太牢供品，将此事告祭于高庙。

众大臣上书中所引"籍曰未知，亦既抱子"出自《诗经·大雅·抑》，

---

[1]《汉书》卷六八《霍光金日䃅传》，中华书局2010年版，第2213页。
[2]《汉书》卷六八《霍光金日䃅传》，中华书局2010年版，第2218~2219页。

其含义是：即便说你愚昧无知，也已经抱上儿子了。引用该语是为了说明刘贺已经不是小孩子了。大臣上书中还引用了《春秋》曰"天王出居于郑"一事，该事见于《春秋·僖公二十四年》：冬，天王出居于郑。《公羊春秋》对此注解为：王者无外，此其言出何？不能乎母也。鲁子曰："是王也，不能乎母者，其诸此之谓与。"[1]对于周天王来说，是没有国外的，这里说"出"是什么意思？应为不能见容于母亲。鲁子说："这个周天王，不能见容于母亲。大概说的就是这个人吧。"大臣们在上书中引用了《诗经》借以说明刘贺已经不是年幼无知，引用《公羊春秋》记载周襄王的事例说明刘贺不孝，应当废黜。最终，昌邑王刘贺被废，徙至汉中房陵县。

"梁平王立淫乱案"的案情如下：梁荒王刘嘉是汉文帝后代，儿子刘立。荒王女弟园子为立舅任宝妻，宝兄子昭为立后。数过宝饮食，报宝曰："我好翁主，欲得之。"宝曰："翁主，姑也，法重。"立曰："何能为！"遂与园子奸。积数岁，永始中，相禹奏立对外家怨望，有恶言。有司案验，因发淫乱事，奏立禽兽行，请诛。太中大夫谷永上疏曰："臣闻'礼，天子外屏、不欲见外'也。是故帝王之意，不窥人闺门之私，听闻中冓之言。《春秋》为亲者讳，《诗》云'戚戚兄弟，莫远具尔（迩）'。今梁王年少，颇有狂病，始以恶言按验，既亡（无）事实，而发闺门之私，非本章所指。王辞又不服，猥强劾立，傅致难明之事，独以偏辞成罪断狱，亡（无）益于治道。污蔑宗室，以内乱之恶披布宣扬天下，非所以为公族隐讳，增朝廷之荣华，昭圣德之风化也。臣愚以为王少，而父同产长，年齿不伦；梁国之富，足以厚聘美女，招致妖丽；父同产亦有耻辱之心。案事者乃验问恶言，何故猥自发舒？以三者揆之，殆非人情，疑有所迫切，过误失言，文吏蹑寻，不得转移。萌牙（芽）之时，加恩勿治，上也。既已案验举宪，宜及王辞不服，诏廷尉选上德通理之吏，更审考清问，著不然之效，定失误之法，而反命于下吏，以广公族附疏之德，为宗室刷污乱之耻；甚得治亲之谊。"天子由是寝而不治。[2]在该案中，刘立与自己的姑姑刘园子（同时也是刘立舅舅任宝的妻子）通奸，后淫乱罪行被发现，近亲相奸，属于"禽兽行"，应处死刑。太中大夫谷永为刘立求情，其中引用了《诗经》中的"戚戚兄弟，莫远具尔"，该语出自

---

[1] 刘尚慈译注：《春秋公羊传译注》，中华书局2010年版，第249页。
[2] 《汉书》卷四七《文三王传》，中华书局2010年版，第1703页。

《诗经·大雅·行苇》，其含义是：亲如骨肉的兄弟，不要互相疏远，都要彼此亲近。谷永以此提醒皇帝对刘立网开一面。

引用《礼记》的如"李膺杀张让案"：李膺担任司隶校尉，"时，张让弟朔为野王令，贪残无道，至乃杀孕妇，闻膺厉威严，惧罪逃还京师，因匿兄让弟舍，藏于合柱中。膺知其状，率将吏卒破柱取朔，付洛阳狱。受辞毕，即杀之。让诉冤于帝，诏膺入殿，御亲临轩，诘以不先请便加诛辟之意。膺对曰：'昔晋文公执卫成公归于京师，《春秋》是焉。《礼》云公族有罪，虽曰宥之，有司执宪不从。昔仲尼为鲁司寇，七日而诛少正卯。今臣到官已积一旬，私惧以稽留为愆，不意获速疾之罪。诚自知衅责，死不旋踵，特乞留五日，克殄元恶，退就鼎镬，始生之愿也。'帝无复言，顾谓让曰：'此汝弟之罪，司隶何愆？'"[1]李膺所引"公族有罪，虽曰宥之，有司执宪不从"出自于《礼记·文王世子》："公族无宫刑。狱成，有司谳于公。其死罪，则曰某之罪在大辟；其刑罪，则曰某之罪在小辟。公曰：'宥之。'有司又曰：'在辟。'公又曰：'宥之。'有司又曰：'在辟。'及三宥，不对，走出，致刑于甸人。公又使人追之曰：'虽然，必赦之。'有司对曰：'无及也！'"李膺引用《礼记》中公三宥罪犯而有司不从的记载，并援引孔子七日诛杀少正卯的事例为自己处死张朔提供正当性。

引用《礼记》的另一事例是：神龟中，兰陵公主驸马都尉刘辉，坐与河阴县民张智寿妹容妃、陈庆和妹慧猛，奸乱耽惑，殴主伤胎。辉惧罪逃亡。门下处奏："各入死刑，智寿庆和并以知情不加防限，处以流坐。"诏曰："容妃慧猛恕死，髡鞭付宫，余如奏。"尚书三公郎中崔纂执曰："……案智寿口诉，妹适司士曹参军罗显贵，已生二女于其夫，则他家之母。《礼》云妇人不二夫，犹曰不二天。若私门失度，罪在于夫，非兄弟……"此案中，崔纂认为不应连坐张智寿、陈庆和，其理由即引用了《礼记》，认为妇女结婚以后，如果因为私生活犯罪，责任在于其丈夫，与兄弟无关。尚书元修义以为："昔哀姜悖礼于鲁，齐侯取而杀之，《春秋》所讥。又夏姬罪滥于陈国，但责徵舒，而不非父母。明妇人外成，犯礼之愆，无关本属。况出适之妹，及兄弟乎？"但是皇帝并没有采纳他们的意见，下诏："……且已醮之女，不应坐及昆弟，但智寿、庆和知妹奸情，初不防御，招引刘辉，共成淫丑，败风秽化，

---

[1]《后汉书》卷六七《党锢列传》，中华书局2010年版，第1483页。

理深其罚……而尚书治本,纳言所属。弗究悖礼之浅深,不详损化之多少,违彼义途,苟存执宪,殊乖任寄,深合罪责。崔纂可免郎,都坐尚书,悉夺禄一时。"[1]皇帝在诏书中认为,该案中张智寿、陈庆和对其各自妹妹的奸情是知晓的,并且故意招引刘辉,因此应当处罚。但同时也认可崔纂所引《礼记》中的观点,"已醮之女,不应坐及昆弟",只是本案不应适用《礼记》。

二、春秋决狱的适用情形

从法理上分析,经义决狱中所运用的儒家经义类似于现代的法律原则。在现代司法实践中,法律原则很少直接适用于案件审判。在古代,经义决狱也是如此,当法律有明文规定并且依法判决不至损害重大社会利益或重要价值观念时,统治者一般不会不用法律规则而去适用经义的精神。所以司法中,适用法律规则是常态,引用经义决狱是例外。经义决狱的适用情形和现代司法中适用法律原则类似。

(一) 法律条文之间冲突

与犯罪行为有关的两条以上的法律条文出入很大,按某一条文可能是重罪,按另一条文可能是轻罪。最为典型的是案例四"盗武库兵案":"甲为武库卒,盗强弩弦,一时与弩异处,当何罪?"对此出现了两种观点,一种认为:"兵所居比司马,阑入者髡、重武备、责精兵也。弩櫜机郭,弦轴异处,盗之不至,盗武库兵陈。"另一种观点认为:"律曰,此边鄙兵所盗臧值百钱者,当坐弃市。"该案中可能适用的罪名,一种是"盗武库兵",论罪当弃市,另一种则是"盗",根据赃物价值,如果价值百钱以上才能弃市。从客观事实来看,适用这两种罪名都有法律依据,都有道理,此时出现法律条文的冲突,就需要引入经义精神来选择适用何种罪名,董仲舒即引用儒家经义选择适用"盗"。

(二) 法律与人情相矛盾

依据法律条文的判决结果可能与伦理人情相冲突,如前文所述,汉朝初年法律沿袭秦朝法律,其指导思想是法家思想,当儒家思想被确立为指导思想后,法律规定必然与在社会上占统治地位的指导思想发生冲突,即法律滞后于时代的要求。

---

[1]《魏书》卷一一一《刑罚志》,中华书局 2010 年版,第 1929~1930 页。

流传下来的董仲舒亲自断狱的六则案例中，在当时都是有法律依据的。如关于父子能否相为隐的问题，秦朝法律规定"民人不能相为隐"[1]，所以父为子隐仍然构成首匿罪。关于子殴父，属于不孝，根据《九朝律考·汉律·律令杂考上》所载的"不孝"及"殴父母"篇，均作死刑。关于女子更嫁，古代婚姻之事属于户律调整，"甲夫死未葬，法无许嫁，以私为人妻，当弃市"。在这些案件中，如果严格按照法律审判，表面上看遵守了法律，但审判结果则可能违背人情，所以董仲舒引用儒家经义，对案件作出了不同的判决，从而为在司法中引入儒家思想提供了路径的可能性。

如案例一"父子相隐"一案。此案不但明确肯定了"父为子隐"，而且对父子关系作了扩张解释。在今天看来，两人在法律上是明确的养父与养子的关系，但在古代并没有现代收养的法律概念。案件中，乙非甲亲生，两人之间没有血缘关系，但乙却由甲抚养成人，两人有父子情义，董仲舒"缘情论罪"，甲不当坐。这里很好地体现了儒家的一个重要概念"权"。此"权者何？权者反于经，然后有善也"[2]。权，虽然违反常道，却有良好的结果。董仲舒也认为："《春秋》有经礼，有变礼。为如安性平心者，经礼也。至于有性虽不安，于心虽不平，于道无以易之，此变礼也。"[3]即根据春秋之义，需要懂得权变。在该案中，按照法律，甲应当以首匿罪定罪，但是法律规定明显与人情相违背，董仲舒首先依据《春秋》大义"父为子隐"认为父亲隐匿儿子犯罪不应定罪，又依据《诗经》认为养父与养子的关系也属于父子关系，从而对案件作出了符合人情的判决。该判决既成为汉朝"亲亲得相首匿"立法的源头，又对后世关于养父子关系的法律制度产生影响。

（三）法律缺乏明确规定

由于现实生活的复杂性，个别案件在法律中找不到对应的条文，但是司法实践又要求对案件作出判决，为了解决疑难案件，司法官吏不得不从被奉为官学的儒家经典中寻求解决办法。

---

[1] 高亨译注，《商君书注译》，中华书局1974年版，第176页。
[2] 刘尚慈译注，《春秋公羊传译注》，中华书局2010年版，第81页。
[3]（汉）董仲舒撰：《春秋繁露》之《玉英第四》，张世亮、钟肇鹏、周桂钿译注，中华书局2012年版，第76页。

三、摒弃春秋决狱的情形

《春秋》的核心思想是维护大一统,但是孔子为了对君权进行限制,在《春秋》中也阐发了通过"天意""民意"限制君权的思想,这些思想构成了儒家思想中的积极成分,在漫长的封建社会中成为儒家制约君主专制的思想源头。董仲舒在《春秋》的基础上进行了发展,提出了系统的"灾异谴告"理论。尽管该思想也属于董仲舒《春秋繁露》的组成部分,但是由于其试图限制君权,君主在儒家思想威胁到君主权威的时候,对其就抛弃不用了,因此对于董仲舒提出的"灾异谴告",统治者一般不允许其作为经义决狱的依据。可见即便是在独尊儒术的时代背景下,统治者对于儒家思想也是选择性的适用。

"《春秋》之法:上变古易常,应是而有天灾者,谓幸国。"[1]这句话的意思是:在上位的执政者改变古代的制度和常规,上天响应这些而有天灾的,这样的国家是侥幸的。董仲舒在其理论体系中提出了"灾异谴告论"。董仲舒在《春秋繁露》中说:"天地之物有不常之变者,谓之异,小者谓之灾。灾常先至而异乃随之。灾者,天之谴也;异者,天之威也。谴之而不知,乃畏之以威。《诗》云:'畏天之威。'殆此谓也。凡灾异之本,尽生于国家之失。国家之失乃始萌芽,而天出灾害以谴告之;谴告之而不知变,乃见怪异以惊骇之;惊骇之尚不知畏恐,其殃咎乃至。"[2]

灾异谴告被公羊派认为是《春秋》最重要的写作特点之一,董仲舒也认为,"国家将有失道之败,而天乃先出灾害以谴告之;不知自省,又出怪异以警惧之;尚不知变,而伤败乃至"。[3]《汉书·五行志上》记载:武帝建元六年六月丁酉,辽东高庙灾。四月壬子,高园便殿火。董仲舒对曰:"《春秋》之道举往以明来,是故天下有物,视《春秋》所举与同比者,精微眇以存其意,通伦类以贯其理,天地之变,国家之事,粲然皆见,亡所疑矣……故天灾若语陛下'当今之世,虽敝而重难,非以太平至公,不能治也。视亲戚贵

---

[1] (汉)董仲舒撰:《春秋繁露》之《二端第十五》,张世亮、钟肇鹏、周桂钿译注,中华书局2012年版,第177页。

[2] (汉)董仲舒撰:《春秋繁露》之《二端第十五》,张世亮、钟肇鹏、周桂钿译注,中华书局2012年版,第176~177页。

[3] 《汉书》卷五六《董仲舒传》,中华书局2010年版,第1901页。

现代法理学视野下的春秋决狱

属在诸侯远正最甚者，忍而诛之，如吾燔辽东高庙乃可；视近臣在国中处旁仄及贵而不正者，忍而诛之，如吾燔高园殿乃可'云尔。在外而不正者，虽贵如高庙，犹灾而燔之，况诸侯乎！在内不正者，虽贵如高园殿，犹燔灾之，况大臣乎！此天意也。"[1]

在该事例中，高庙和陵园遭受火灾是典型的灾异现象。董仲舒以灾异谴告说对此进行分析，他认为庙与宗亲相关，而陵园与皇帝的近宠相关，火灾意味着德行有缺而受天谴。"在外不正者"指淮南王刘安，"在内不正者"指武安侯田蚡。火灾本来属于生活中的一种现象，董仲舒却从中推导出有关大臣应当受到惩罚，这一结论完全超越了两者之间的联系，自然得不到统治者的认可，董仲舒也因为试图干预政治而险遭灭顶之灾。

《汉书·董仲舒传》记载，"仲舒治国，以《春秋》灾异之变推阴阳所以错行"，"先是辽东高庙、长陵高园殿灾，仲舒居家推说其意，中稿未上，主父偃候仲舒。私见，嫉之，窃其书而奏焉。上召视诸儒，仲舒弟子吕步舒不知其师书，以为大愚。于是下仲舒吏，当死，诏赦之。仲舒遂不敢复言灾异"。[2]

这一事例说明，当最高统治者认为引用春秋决狱的结果会挑战自己的权威时，即便是对春秋决狱首倡者的董仲舒也毫不留情。终汉一朝，春秋决狱始终在统治者的掌控之下，为维护其统治利益而服务，这在相关政治案件中体现得尤其明显。

董仲舒倡导"灾异谴告说"既有通过"天意"对皇帝进行警告以限制皇权之目的，也有试图通过"灾异谴告说"表达相关政治诉求的目的。在上例中，董仲舒为了汉朝统治秩序的稳定，为了维护皇权的集中统一，通过对火灾的理论阐发，试图说服汉武帝除去田蚡、刘安。后来的事实也证明董仲舒的意见是正确的："先是，淮南王安入朝，始与帝舅太尉武安侯田蚡有逆言。其后胶西于王、赵敬肃王、常山宪王皆数犯法，或至夷灭人家，药杀二千石，而淮南、衡山王遂谋反。胶东、江都王皆知其谋，阴治兵弩，欲以应之。至元朔六年，乃发觉而伏辜。时田蚡已死，不及诛。上思仲舒前言，使仲舒弟子吕步舒持斧钺治淮南狱，以《春秋》谊颛断于外，不请。既还奏事，上皆

---

[1]《汉书》卷二七《五行志》，中华书局2010年版，第1092~1093页。
[2]《汉书》卷五六《董仲舒传》，中华书局2010年版，第1919页。

是之。"[1]

但为了缓和阶级矛盾，有时统治阶级也会采纳建议，以灾异为由更改此前的错误作法。东汉建初元年，大旱谷贵，（杨）终以为广陵、楚、淮阳、济南之狱，徙者万数，又远屯绝域，吏民怨旷，乃上疏曰："臣闻'善善及子孙，恶恶止其身'，百王常典，不易之道也。……臣窃按《春秋》水旱之变，皆应暴急，惠不下流。自永平以来，仍连大狱，有司穷考，转相牵引，掠考冤滥，家属徙边。加以北征匈奴，西开三十六国，频年服役，转输烦费。又远屯伊吾、楼兰、车师、戊己，民怀土思，怨结边域……愁困之民，足以感动天地，移变阴阳矣。陛下留念省察，以济元元。"书奏，肃宗下其章。司空第五伦亦同终议。……终复上书曰："……鲁文公毁泉台，《春秋》讥之曰'先祖为之而己毁之，不如勿居而已'，以其无妨害于民也。襄公作三军，昭公舍之，君子大其复古，以为不舍则有害于民也。今伊吾之役，楼兰之屯，久而未还，非天意也。"帝从之，听还徙者，悉罢边屯。[2]

四、春秋决狱的步骤

始于汉朝的经义决狱，并没有严格的法定程序。但是由于经义决狱是在法律规定之外依据儒家经典判决案件，对于选择何种儒家大义，为何选择该儒家大义，法官的判决结果受到何种程序制约，从流传下来的案件分析，春秋决狱大致分为以下步骤。

（一）查清案件事实

从目前流传下来的春秋决狱的事例分析，春秋决狱的判例构成大体可以分为事实认定和法律判决两部分。司法官遇到一个案件，首要的是查清案件事实，这一点古今中外都一样。虽然"春秋决狱"多为疑难案件，但从流传下来的事例来看，事实问题基本清晰。流传下来的董仲舒亲自断狱的六则案例中，案例一的基本事实是甲隐匿杀人的乙；案例二的基本事实是乙杖打其生父甲；案例三的基本事实是大夫私自放走了君主捕获的小麑；案例四的基本事实是卒盗弩；案例五的基本事实是甲殴父；案例六的基本事实是甲私为人妻。当然对于这些疑难案件，必须全面认识其事实，董仲舒对于案件的判

---

[1]《汉书》卷二七《五行志》，中华书局2010年版，第1094页。
[2]《后汉书》卷四八《杨李翟应霍爰徐列传》，中华书局2010年版，第1077~1078页。

决并非完全"原心定罪",其"原心定罪"建立在对案件事实的全面判断基础上。董仲舒会注意到案件事实中为一般法官不注意的情节,或者说案件中的特殊情节,正是基于这些特殊事实,董仲舒才得以作出不同于一般法官的判决。在六个案例中,特殊事实如下:案例一中是甲抚养乙而成立养父子关系;案例二中是甲未抚养其子乙;案例三中是大夫因为感动于麑的母子之情而放走了君主捕获的小麑;案例四中是卒所盗弩没有弦;案例五中是甲误伤父;案例六中是甲之嫁人系由甲的母亲作主。这些事实在案件的前期审理中有的已经查清,但是往往为法官所忽略,董仲舒提出这些特殊事实,认为基于这些特殊事实,如果适用针对一般事实的法律会导致不公平的结果,此时即应针对特殊事实寻求新的法律依据。如果有针对特殊情节的法律依据,则予以适用,如边鄙卒盗弩的案件,没有按照"盗武库兵"定罪,而是按照一般盗窃罪,根据甲所盗赃值决定其处罚。如果没有合适的法律,则进入春秋决狱的第二步。

(二)寻求春秋案例

《汉书·董仲舒传》中说:"仲舒在家,朝廷如有大议,使使者及廷尉张汤,就其家而问之,其对皆有明法。"其中案例五为子误伤父案。在案例五的判词中,董仲舒援引了《春秋》"许止进药"的故事,根据从中推理出的原则判决此案。可见在确定了案件中发生疑惑、需要解决的法律问题后,就需要在儒家经义中寻找相同或类似的故事,根据孔子在陈述这些故事时所用的"微言"寻找其中的"大义"。这一过程有点类似现代英美法系国家判例法中所谓的寻找"先例",只是英美法系国家的"先例"都是以前发生的案件,并且在法律上具有约束力。而经义决狱所寻求的是儒家经典中记载的事例或者先贤的经典思想,这些事例有些属于政治事例,并且不具有法律约束力。在寻求到《春秋》等儒家经典的依据后,"然则,《春秋》义之大者也。得一端而博达之;观其是非,可以得其正法;视其温辞,可以知其塞怨"。[1]《春秋》中蕴含的大义是非常深刻的,看到其中一点要举一反三进行推广延伸,观察其中的是非判断,可以得出其中包含的正确法则,根据其隐晦的语言,要理解其中包含的深意,这样就可以把数百年前《春秋》中的道理适用于现

---

〔1〕（汉）董仲舒撰:《春秋繁露》之《楚庄王第一》,张世亮、钟肇鹏、周桂钿译注,中华书局2012年版,第10~11页。

实的案件中。因此就进入了春秋决狱中的第三步。

(三) 解释春秋大义

由于《春秋》记事非常简洁,《春秋》"微言"中蕴含的"大义"需要后来学者从中挖掘理解。作为公羊学派代表作的《公羊传》揭示了其中的"大义",董仲舒在决狱时即引用《公羊传》对于《春秋》的解释,并抽象出案件中适用的原则。在这一意义上,《春秋》"大义"类似于现代法的要素中的法律原则,一般不直接适用于案件裁判,但在必要时也可以直接适用。董仲舒在案例一中引用了"父子相隐"的原则;在案例二中引用了"义绝"原则;在案例五中援引许止进药故事,抽象出"君子原心"的原则;在案例六中由"夫人归于齐"的微言,引申出"夫死无男,有更嫁之道"的原则。即在遇到疑惑的案件时,必须从春秋故事中推导出孔子在其中所要说明的道理,将当前遇到的案件和《春秋》中记载的故事进行对比,寻找相同点,凡是其中主要情节相同的或者属于同一类的,就可以适用春秋"大义"判决。

董仲舒《春秋繁露·玉杯》说:"是故论《春秋》者,合而通之,缘而求之,五其比,偶其类,览其绪,屠其赘,是以人道浃而王法立……故能以比贯类、以辨付赘者,大得之矣。"[1]即研究《春秋》的人必须能够融会贯通,根据事实分门别类,把握《春秋》的精髓,才能理解人道并确立法则。

"君子原心"来自《公羊传》,它体现了董仲舒对《公羊传》阐释方式的理解和发挥,他认为《春秋》对于许止"赦而不诛",就是"君子原心"的典型案例。此事见《春秋·昭公十九年》所载:"夏,五月,戊辰,许世子止弑其君买……冬,葬许悼公。"《公羊传》曰:"贼未讨,何以书葬?不成于弑也。曷为不成于弑?止进药而药杀也。止进药而药杀,则曷为加弑焉尔?讥子道之不尽也。其讥子道之不尽奈何?"曰:"乐正子春之视疾也,复加一饭则脱然愈,复损一饭则脱然愈;复加一衣则脱然愈,复损一衣则脱然愈。"止进药而药杀,是以君子加弑焉尔,曰许世子止弑其君买,是君子之听止也;葬许悼公,是君子之赦止也。赦止者,免止之罪辞也。[2]《公羊传》认为,许止没有尽到为人子的责任,导致其父亲许国国君许买身亡,因此《春秋》记载"许世子止弑其君买",这是孔子在治许止的罪。根据《春秋》笔法,

---

[1] 刘尚慈译注:《春秋公羊传译注》,中华书局2010年版,第31页。
[2] 刘尚慈译注:《春秋公羊传译注》,中华书局2010年版,第544~545页。

现代法理学视野下的春秋决狱

国君被弑杀之后,如果凶手没有得到惩罚,是"不书葬"的,但孔子在同一篇中又有"葬许悼公"的载录,这是因为许止是进奉药而药死许买,其本意在于治愈父亲的病,没有害死父亲的故意,弑君之罪不能成立,《春秋》记载"葬许悼公"表示孔子已经赦免了许止,从而免去了许止弑君之罪。此即董仲舒所谓"君子原心,赦而不诛"。

另一个"赦而不诛"的例子是"赵盾弑其君"。赵盾因屡遭晋灵公陷害而出逃,其间赵穿杀了晋灵公,赵盾返朝主政,史官载录曰:"晋赵盾弑其君夷獆。"赵盾深感冤屈,《公羊传·宣公六年》载史官对曰:"尔为仁为义,人弑尔君,而复国不讨贼,此非弑君如何?"〔1〕董仲舒《春秋繁露·玉杯》云:"夫名为弑父而实免罪者,已有之矣;亦有名为弑君而罪不诛者。逆而罪之,不若徐而味之。且吾语盾有本,《诗》云:'他人有心,予忖度之。'此言物莫无邻,察视其外,可以见其内也。今按盾事而观其心,愿而不刑,合而信之,非篡弑之邻也。按盾辞号乎天,苟内不诚,安能如是?故训其终始,无弑之志,挂恶谋者,过在不遂去,罪在不讨贼而已。"〔2〕董仲舒认为,臣子应该为国君报仇去讨伐国贼,就像儿子应该为父亲尝药一样,儿子不尝药,所以为许止加上弑父的罪名,臣子不讨贼,所以给赵盾加上弑君的罪名。但是赵盾没有弑君的想法,只是和弑君有某种牵连,所以"罪而不诛"。

董仲舒根据许止进药的故事得出"君子原心"的大义,再结合案例五的案情,甲的行为与法律所规定的"殴父"不同,因此不应当以犯罪论处,"甲非律所谓殴父,不当坐"。

董仲舒的判词内容中的写作顺序,为后世所继承。在传世的应劭《春秋决狱》佚文中,也是先陈述案情,如"太原周党伯况,少为卿佐发党过于人中辱之。党学《春秋》长安,闻报仇之义,辍讲下,辞归报仇。到与卿佐相闻,期斗日,卿佐多从正往,使卿佐先拔刀,然后相击,佐欲直,令正击之,党被创困乏,佐服其义勇,便舆养之,数日苏,兴,乃知非其家,即径归,其立勇果乃至于是"〔3〕然后应劭根据春秋大义分析案情,谨按:凡报仇者为父兄耳,岂以一朝之愤,而肆其狂怒者哉。既远《春秋》之义,殆令先祖不

---

〔1〕刘尚慈译注:《春秋公羊传译注》,中华书局2010年版,第343页。
〔2〕(汉)董仲舒撰:《春秋繁露》之《玉杯第二》,张世亮、钟肇鹏、周桂钿译注,中华书局2012年版,第39页。
〔3〕《风俗通》,转引自程树德:《九朝律考》,中华书局2003年版,第174页。

复血食，不孝不智而两有之，归其义勇，其义何居？

在一些政治性事件甚至军事事件中，统治者也会从《春秋》大义中为自己的行动寻求正当性的依据，当然此时对春秋大义的运用和在经义决狱中引用春秋大义有所不同。太初四年，武帝伐匈奴诏书曰："高皇帝遗朕平城之忧，高后时单于书绝悖逆。昔齐襄公复九世之仇，《春秋》大之。"[1]诏书所引"齐襄公复九世之仇"来自《春秋》。《春秋·庄公四年》有"纪侯大去其国"的载录，《公羊传》解释说："大去者何？灭也。孰灭之，齐灭之。曷为不言齐灭之，为襄公讳也。《春秋》为贤者讳，何贤乎襄公？复仇也。何仇尔？远祖也。哀公亨乎周，纪侯谮之。以襄公之为于此焉者，事祖祢之心尽矣。尽者何？襄公将复仇乎纪。……远祖者，几世乎？九世矣。九世犹可以复仇乎？虽百世可也。"[2]齐国灭了纪国，《公羊传》从为先祖复仇的角度为齐襄公辩护，并得出为先祖复仇"虽百世可也"的结论。汉高祖曾被匈奴人困于平城，匈奴单于给吕后写信时又曾出言不逊，因此，汉武帝根据春秋大义，就可以为先祖复仇征伐匈奴提供正当性证明。

（四）报经皇帝批准

在封建社会，君主才是最高的立法者和司法官。春秋决狱是在法律之外运用经义精神对重大疑难案件作出判决，对经义的适用意味着对于正常法律的排斥适用，而法律又是经过皇帝批准颁布的，因此经义决狱必须经过皇帝的批准，才能发生效力，并通过"诏"的方式公布才成为判例。即只有皇帝才能通过对判决的批准否定自己此前制定的法律，绝不允许普通司法官排斥法律的适用。国家的最高立法权和司法权始终掌控在最高统治者手中。

案例五、案例六中有"臣愚以为"字样，表明董仲舒提出的判决意见还需要经过皇帝最后裁决。《史记·儒林列传》载，董仲舒的得意门生吕步舒决淮南狱，"以春秋之义正之，天子皆以为是"，也是经过了皇帝批准。

五、影响春秋决狱的消极因素

（一）儒家经义理解冲突

无论是春秋大义还是儒家其他经典著作中的精神，它们都与现代法律体

---

[1]《汉书》卷九四《匈奴传》，中华书局2010年版，第2793页。
[2] 刘尚慈译注：《春秋公羊传译注》，中华书局2010年版，第112页。

现代法理学视野下的春秋决狱

系中的法律规则不同，也不同于法律原则，这些所谓"大义"没有明确的表述，也没有采用规范的法律表述方式，从而导致其内容具有相当大的随意性。以《春秋》为例，孔子采用了"微言大义"的写作方式，又没有作出详细的解释，后世对《春秋》的解释也大不相同，仅有影响力的解释就形成了公羊、左氏、谷梁三家，在同一学派中，后世的学者也各有见解。所以对于同一春秋大义，会出现不一样的认识，而在不同的案件中，司法官员也可能随意解释，出入人罪。

例如"大夫出疆，有专命之事，苟所以利国家安社稷而已"，在具体适用中，如果强调大夫享有一定的机动权力，可以随机处事，就可以判定大夫的行为是符合春秋大义的；如果强调中央集权，则要求大夫的行为必须有利于社稷，据此可以以大夫的行为危害了国家利益而对其进行处罚。在处理邓艾案的时候，前后结果不同就是对这一原则的解释不同导致的。邓艾奉命征讨蜀国，在刘禅投降后，试图擅自做主，（司马）文王使监军卫瓘喻艾："事当须报，不宜辄行。"艾重言曰："衔命征行，奉指授之策，元恶既服；至于承制拜假，以安初附，谓合权宜。今蜀举众归命，地尽南海，东接吴会，宜早镇定。若待国命，往复道途，延引日月。春秋之义，大夫出疆，有可以安社稷、利国家，专之可也。今吴未宾，势与蜀连，不可拘常以失事机。兵法，进不求名，退不避罪，艾虽无古人之节，终不自嫌以损于国也！"邓艾以这一条原则为自己辩护，但司马氏统治者认为时机并非成熟到可以使邓艾具有专擅的权力，邓艾所作所为并未达到"利国家、安社稷"，因此"诏书槛车征艾"。[1]邓艾因而获罪被杀。后来段灼为邓艾翻案时候，也以此原则为其辩护，认为："艾诚恃养育之恩，心不自疑，矫命承制，权安社稷；虽违常科，有合古义，原心定罪，本在可论。钟会忌艾威名，构成其事。忠而受诛，信而见疑，头悬马市，诸子并斩，见之者垂泣，闻之者叹息！"[2]段灼认为邓艾所作所为全部是为了"利国家、安社稷"，因此邓艾应被视为功臣并得到褒奖。

（二）春秋大义内容冲突

《春秋》中记载了大量的历史故事，从中可以引申出不同的春秋大义，孔子在编纂整理《春秋》时尽管有核心的指导思想，但并没有体系化的内容，

---

[1]《三国志》卷二八《王毌丘诸葛邓钟传》，中华书局2010年版，第580页。
[2]《三国志》卷二八《王毌丘诸葛邓钟传》，中华书局2010年版，第582页。

这就导致这些微言大义相互之间可能冲突，对于它们之间的效力高低，《春秋》中没有规定，也不可能像现代法律体系中的法律原则一样划分出不同的位阶，所以统治者就有可能根据所需，选择对自己有利的原则。

例如，从《春秋》中可以引申出两个原则，一个是"罚不加于尊"，一个是"春秋责帅"。曹操和诸葛亮都曾经发生过春秋决狱的事例，但是由于适用不同的原则，所以结果也大相径庭。

"罚不加于尊"源于"为尊者讳，为亲者讳，为贤者讳"，此语出自《春秋公羊传·闵公元年》，这是孔子编纂删定《春秋》时的原则和态度，事情本来在可讥之列，但是事情涉及尊者、亲者、贤者，就要采用隐讳之词，替尊贵的人、亲人、贤德的人隐讳其事。比如《春秋·成公元年》中载：秋，王师败绩于贸戎。《公羊传》曰：孰败之？盖晋败之。然则何为不言晋败之？王者无敌，莫敢当也。[1]"为尊者讳"是儒家一贯的法律思想，是以儒家的伦常道德为理论基础的，"为尊者讳"的实质是为皇亲国戚讳，为贵族大臣讳。

史书记载，（曹操）尝出军，行经麦中，令"士卒无败麦，犯者死"。骑士皆下马，持麦以相付，于是太祖马腾入麦中，敕主簿议罪；主簿对以《春秋》之义，罚不加于尊。太祖曰："制法而自犯之，何以帅下？然孤为军帅，不可自杀，请自刑。"因援剑割发以置地。[2]该例中所引即"罚不加于尊"。

另一则事例是：魏明帝西镇长安，命张郃拒诸葛亮，亮使马谡督诸军在前，与郃战于街亭。谡违亮节度，举动失宜，大为郃所破。亮拔西县千余家，还于汉中，戮谡以谢众。上疏曰："臣以弱才，叨窃非据，亲秉旄钺以厉三军，不能训章明法，临事而惧，至有街亭违命之阙，箕谷不戒之失，咎皆在臣授任无方。臣明不知人，恤事多暗，《春秋》责帅，臣职是当。请自贬三等，以督厥咎。"于是以亮为右将军，行丞相事，所总统如前。[3]

这两个案件都是统帅违反法律，在第一个案例中，曹操违反了自己制定的法律，但由于自己是统帅，所以借用《春秋》经义"罚不加于尊"使自己免于死刑。而在后一个案例中，诸葛亮兵败街亭，引用"春秋责帅"为战事失利承担责任。

---

[1] 刘尚慈译注：《春秋公羊传译注》，中华书局 2010 年版，第 381 页。
[2] 《三国志》卷一《武帝纪》注引《曹瞒传》，中华书局 2010 年版，第 39 页。
[3] 《三国志》卷三五《诸葛亮传》，中华书局 2010 年版，第 685 页。

现代法理学视野下的春秋决狱

(三) 经义之间相互冲突

经义决狱所引包括儒家各种经典,这些著作成书于不同时代,有的记言,有的记事,在同一个问题上,经典之间可能存在冲突,从而给后世适用带来疑惑。

如汉时陈汤诛杀郅支单于,上书"臣延寿、臣汤将义兵,行天诛,赖陛下神灵,阴阳并应,天气精明,陷陈克敌,斩郅支首及名王以下。宜县头槁街蛮夷邸间,以示万里,明犯强汉者,虽远必诛。"事下有司。丞相匡衡、御史大夫繁延寿以为:"郅支及名王首更历诸国,蛮夷莫不闻知。《月令》春'掩骼埋胔'之时,宜勿县。"车骑将军许嘉、右将军王商以为:"春秋夹谷之会,优施笑君,孔子诛之,方盛夏,首足异门而出。宜县十日,乃埋之。"在对此事的处理上,匡衡、繁延寿引用的是《礼记·月令》中的话,认为春天是掩埋尸骨的时节,不宜将郅支单于悬首示众。但是许嘉、王商引用了鲁定王十年夹谷之会,孔子于盛夏杀优人施的故事,说明盛夏也可杀人。[1]

又如:在西晋八王之乱时,统治集团内部相互倾轧,残酷无情。司马伦掌权时,"冏起义兵,赵王伦收蕤及弟北海王寔系廷尉,当诛。伦太子中庶子祖纳上疏谏曰:'罪不相及,恶止其身,此先哲之弘谟,百王之达制也。是故鲧既殛死,禹乃嗣兴;二叔诛放,而邢卫无责。逮乎战国,及至秦汉,明恕之道寝,猜嫌之情用,乃立质任以御众,设从罪以发奸,其所由来,盖三代之弊法耳。蕤、寔,献王之子,明德之胤,宜蒙特宥,以全穆亲之典。'会孙秀死,蕤等悉得免"。[2]

司马冏辅政时,(司马)"蕤以是益怨,密表冏专权,与左卫将军王舆谋共废冏。事觉,免为庶人。寻诏曰:'大司马以经识明断,高谋远略,猥率同盟,安复社稷。自书契所载,周召之美未足比勋,故授公上宰。东莱王蕤潜怀怨妒,包藏祸心,与王舆密谋,图欲潜害。收舆之日,蕤与青衣共载,微服奔走,经宿乃还。奸凶赫然,妖惑外内。又前表冏所言深重,虽管蔡失道,牙庆乱宗,不复过也。《春秋》之典,大义灭亲,其徙蕤上庸。'"[3]

---

[1]《史记》卷四七《孔子世家》,中华书局 2010 年版,第 1544 页:有顷,齐有司趋而进曰:"请奏宫中之乐。"景公曰:"诺。"优倡侏儒为戏而前。孔子趋而进,历阶而登,不尽一等,曰:"匹夫而营惑诸侯者罪当诛!请命有司!"有司加法焉,手足异处。

[2]《晋书》卷三八《列传第八》,中华书局 2010 年版,第 743 页。

[3]《晋书》卷三八《列传第八》,中华书局 2010 年版,第 744 页。

同样是统治集团内部的斗争,当为宽恕一人的行为时,就引用"恶恶止其身"作为理由。当试图惩罚一人时,就以"大义灭亲"作为借口。

(四)司法官员素质低下

《春秋》经过孔子笔削,言简意赅,尤其对于孔子生活时代的政治事件,表述更加隐晦,即使加上《公羊春秋》的解释,后人也对其理解不一。董仲舒作为《春秋》公羊学派的大师,当然可以准确把握《春秋》的基本含义,同时在可行的范围内进行权变。董仲舒认为:"夫权虽反经,也必在可以然之域。"即对于《公羊春秋》的解释,不得违背《春秋》本身的基本原则。从董仲舒《春秋繁露》一书的观点看,他是贯彻了这一主张的。他从《春秋》中总结出来的"大义"符合儒家思想,所援引的《春秋》故事与所断之案也有一定的相似性,从而可以借鉴。但并非所有的司法官员都能做到这一点,再加上其他因素的影响,从而导致实践中任情判决的现象时有发生。

如东汉时,梁统在朝为官,性刚毅而好法律。统在朝廷,数陈便宜。以为法令既轻,下奸不胜,宜重刑罚,以遵旧典。乃上疏曰:"臣闻立君之道,仁义为主,仁者爱人,义者政理,爱人以除残为务,政理以去乱为心。刑罚在衷,无取于轻,是以五帝有流、殛、放、杀之诛,三王有大辟、刻肌之法。"……事下三公、廷尉,议者以为隆刑竣法,非明王急务,施行日久,岂一朝所厘。……统对曰:"闻圣帝明王,制立刑罚,故虽尧、舜之盛,犹诛四凶。经曰:'天讨有罪,五刑五庸哉。'又曰:'爰制百姓于刑之衷。'孔子曰:'刑罚不衷,则人无所厝手足。'衷之为言,不轻不重之谓也。《春秋》之诛,不避亲戚,所以防患救乱,全安众庶,岂无仁爱之恩?贵绝残贼之路也……由此观之,则刑轻之作,反生大患;惠加奸轨,而害及良善也……"[1] 梁统主张加重刑罚,却以孔子所说的"刑罚不衷,则人无所厝手足"作为理由,辩解自己主张的是"不重不轻"。同时还引用了"《春秋》之诛,不避亲戚",但"不避亲戚"仅能证明《春秋》主张在适用刑罚方面应当做到平等,并不能证明《春秋》同意加重刑罚。梁统对于《春秋》的理解无疑是不当的。所以其建议也没被采纳,"议上,遂寝不报"。

又如,南朝刘宋时,"沛郡相县唐赐往比村朱起母彭家饮酒还,因得病,吐蛊虫十余枚。临死语妻张,死后剖腹出病。后张手自破视,五藏悉糜碎。

---

[1]《后汉书》卷三四《梁统列传》,中华书局2010年版,第782~784页。

现代法理学视野下的春秋决狱

郡县以张忍行刳剖,赐子副又不禁驻,事起赦前,法不能决。律伤死人,四岁刑,妻伤夫,五岁刑,子不孝父母,弃市,并非科例。三公郎刘勰议:'赐妻痛遵往言,儿识谢及理,考事原心,非存忍害,谓宜哀矜。'(顾)觊之议曰:'法移路尸,犹为不道,况在妻子,而忍行凡人所不行。不宜曲通小情,当以大理为断,谓副为不孝,张同不道。'诏如觊之议"。[1]在该案中,唐赐暴病身亡,临终前嘱咐妻子解剖尸体寻找病因。对于此案,刘勰依据春秋决狱的"考事原心"原则,认为张氏并非故意伤害丈夫,其子唐副也并非心存不孝。但是顾觊之认为,唐赐的妻子张氏虽然是按照丈夫的临终遗嘱解剖其夫的尸体,以寻找其夫得病死亡的原因,但因事前未向有关部门报案,属于擅自妄为,张氏犯了"不道",儿子唐副犯了"不孝",都必须承担伤害遗体的法律责任。依据现代刑法学原理,刘勰对于该案的判断考虑到了行为人的主观因素,具有科学性。而顾觊之则有客观归罪的嫌疑。可见司法官员素质的高低对于能否准确把握春秋决狱的精髓有着影响。

(五)儒生未被真正重用

汉武帝以后,汉统治者独尊儒术,宣称推行仁政,儒生的地位较之以前有了很大提高,但就本质而言,统治者对儒家思想重在利用,并未纯任德教。《汉书》载:元帝为太子时,见宣帝所用多文法吏,以刑名绳下,大臣杨恽、盖宽饶等坐刺讥辞语为罪而诛,尝侍燕从容言:"陛下持刑太深,宜用儒生。"宣帝作色曰:"汉家自有制度,本以霸王道杂之,奈何纯任德教,用周政乎!且俗儒不达时宜,好是古非今,使人眩于名实,不知所守,何足委任!"[2]统治者对于儒生的态度由此可见一斑。

作为公羊派大师的董仲舒在统治阶级中也没有发挥主导性的作用,除了对《天人三策》时引起汉武帝的重视和"罢黜百家、独尊儒术"被采纳之外,基本上没有得到重用。而"对既毕,天子以仲舒为江都相,事易王",就是去了地方,任职江都,辅佐易王。这又说明他几乎没在中央任过什么职务,人少见于朝堂之上。[3]

董仲舒所任的最高官职为王国相,影响力仅限于任职管辖范围内。晚年

---

[1]《宋书》卷八一《列传第四十一》,中华书局2010年版,第1377~1378页。
[2]《汉书》卷九《元帝纪》,中华书局2010年版,第195页。
[3] 朱宏才:"董仲舒与'春秋决狱'",载《攀登》2015年第4期。

由于提倡灾异学说，卷入统治阶级内部斗争，险些丧命。任胶西王相期间，称病告老还乡，离开政治舞台。其"罢黜百家，独尊儒术"的国策被汉武帝所采纳，不过是加强"大一统"的观点符合统治者的需要。公孙弘位至丞相，然而不过曲学阿世。[1]司马迁评论说："公孙弘治春秋不如董仲舒，而弘希世用事，位至公卿。董仲舒以弘为从谀。"[2]至于其他人假借春秋决狱之名导致的株连，显然不能由董仲舒承担责任。沈家本先生认为："吕步舒治淮南狱，深竟党与，乃不得其师之意者。若因步舒而归罪仲舒，此犹李斯以督责治秦而归罪于孙卿也。""今观《治狱》之论断极为平恕，迥非张汤、赵禹之残酷可比，使武帝时治狱者皆能若此，《酷吏传》何必作哉。"[3]

（六）酷吏随意出入人罪

根据《汉书·酷吏传》记载，汉武帝时期，酷吏占有显要地位。著名的有宁成、周阳由、赵禹、张汤、杜周、义纵、王温舒、尹齐、杨仆、咸宣、田广明等。周阳由"所爱者，挠法活之；所憎者，曲法灭之"；义纵为定襄太守，"是日皆报杀四百余人。郡中不寒而栗"；王温舒为河内太守，"至流血十余里"；田广明迁河南都尉，"以杀伐为治"。[4]在汉武帝确立了"罢黜百家，独尊儒术"的基本方针后，酷吏往往只借用儒家思想的旗号，但治狱之残暴并未改变，对此《汉书·张汤传》说得颇为清楚："是时，上方乡文学，汤决大狱，欲傅古义，乃请博士弟子治《尚书》《春秋》，补廷尉史，平亭疑法……所治即上意所欲罪，予监吏深刻者；即上意所欲释，予监吏轻平者。"[5]张汤用儒生协助司法，其目的在于满足汉武帝的政治需要，滥用"原心定罪"，随意出入人罪。这与董仲舒式春秋决狱中一般"轻刑"的作法截然不同。司马迁一针见血批判道："自公孙弘以春秋之义绳臣下取汉相，张汤用峻文决理为廷尉，于是见知之法生，而废格沮诽穷治之狱用矣。其明年，淮南、衡山、江都王谋反迹见，而公卿寻端治之，竟其党与，而坐死者数万人，长吏益惨急而法令明察。"[6]可见春秋决狱被统治者滥用的情形。

---

[1] 萧公权：《中国政治思想史》，新星出版社2005年版，第192页。
[2] 《史记》卷一二一《儒林列传》，中华书局2010年版，第2377页。
[3] （清）沈家本撰：《历代刑法考》，中华书局2006年版，第1775~1776页。
[4] 《汉书》卷九〇《酷吏传》，中华书局2010年版，第2704~2713页。
[5] 《汉书》卷五九《张汤传》，中华书局2010年版，第2002页。
[6] 《史记》卷三〇《平准书》，中华书局2010年版，第1207页。

（七）政治案件任情处断

封建社会统治集团内部由于各种矛盾引发政治性案件，在政治性案件的处理上，最高统治者的个人意愿往往对案件处理结果有着重大影响。为了达到统治者满意的结果，春秋大义往往作为借口，被有选择性地加以运用。

比如，同样在汉朝，同样是谋反案件，梁孝王案和淮南王案的处理结果就大相径庭。在汉景帝时期，梁孝王曾有谋反的举动，但梁孝王深得窦太后宠爱，汉景帝出于孝心，对于此案并未深究，以"亲亲之道"为由，只是处死了梁孝王的臣子羊胜、公孙诡。但汉武帝统治期间，淮南王谋反，群臣引"臣无将，将而诛"的春秋大义，要求予以严惩，最终有数万人因牵连谋反案而被处理。在这两个案件中梁孝王和淮南王确实都有谋反行为，只是其处理结果取决于统治者是否愿意扩大案件的打击面，从而选择了适合自己意愿的春秋之义。

魏晋以后，统治者则以春秋大义作为打击统治阶级内部异己集团的借口。魏晋南北朝，统治阶级内部争权夺利，最高统治者也朝不保夕，为了维护自己的统治，在打击异己方面毫不手软，动辄以春秋大义作为借口将反对者置于死地。此时春秋大义只是作为杀人的手段，统治者对春秋大义的运用完全背离董仲舒的初衷，这也不应该由董仲舒承担责任。

如正始十年，司马懿发动政变，掌控了曹魏政权。为了彻底摧毁与之对立的曹魏集团中曹爽、何晏的势力，司马集团采用了春秋决狱的方法，将曹爽集团一网打尽。史载：初，张当私以所择才人张、何等与爽。疑其有奸，收当治罪。当陈爽与晏等阴谋反逆，并先习兵，须三月中欲发，于是收晏等下狱。会公卿朝臣廷议，以为"《春秋》之义，'君亲无将，将而必诛'。爽以支属，世蒙殊宠，亲受先帝握手遗诏，托以天下，而包藏祸心，蔑弃顾命，乃与晏、飏及当等谋图神器，范党同罪人，皆为大逆不道"。于是收爽、羲、训、晏、飏、谧、轨、胜、范、当等，皆伏诛，夷三族。[1] 此案中，"君亲无将，将而必诛"成为司马懿政权毁灭政治对手的一种手段。

又如嵇康案，司马氏政权正是以"原心定罪"为借口，除掉嵇康这个异己。"论心定罪"成为嵇康被杀的直接原因。《晋阳秋》曰："初，康与东平吕安亲善。安嫡兄逊淫安妻徐氏，安欲告逊遣妻，以咨康，康喻而抑之。

---

[1]《三国志》卷九《诸夏侯曹传》，中华书局2010年版，第216页。

逊内不自安,阴告安挝母,表求徙边。安当徙,诉自理,辞引康。"《文士传》曰:"吕安罹事,康诣狱以明之。钟会庭论康曰:'今皇道开明,四海风靡,边鄙无诡随之民,街巷无异口之议。而康上不臣天子,下不事王侯;轻时傲世,不为物用;无益于今,有败于俗。昔太公诛华士,孔子戮少正卯,以其负才乱群惑众也。今不诛康,无以清洁王道。'于是录康闭狱。临死,而兄弟亲族咸与共别。康颜色不变,问其兄曰:'向以琴来不邪?'兄曰:'以来。'康取调之,为《太平引》。曲成,叹曰:'《太平引》于今绝也!'"[1]在该案中,嵇康和吕巽、吕安兄弟是好朋友。吕巽奸淫了弟弟的妻子,反而诬告吕安有殴打母亲的不孝行为。吕安因此被捕入狱。嵇康作为证人,向京城司法当局揭露事实真相。嵇康与钟会以前曾有过节,钟会公报私仇,司马昭将嵇康一并收监。司马昭政权杀害嵇康的原因主要是因为司马统治集团和曹魏统治集团之间的矛盾,嵇康作为曹魏的宗亲不能为其所用。司马昭强加给嵇康罪行的理由即"原心定罪",认为嵇康的行为动机是恶的。

又如西晋"八王之乱"中,河间王司马颙上书要求诛杀齐王冏,亦是以"君亲无将"之义来作理由。他说:"臣受重任,蕃卫方岳,见冏所行,实怀激愤。即日翊军校尉李含乘驿密至,宣腾诏旨。臣伏读感切,五情若灼。《春秋》之义,君亲无将。冏拥强兵,树置私党,权官要职,莫非腹心。虽复重责之诛,恐不义服。今辄勒兵,精卒十万,与州征并协忠义,共会洛阳。骠骑将军长沙王乂,同奋忠诚,废冏还第。有不顺命,军法从事。成都王颖明德茂亲,功高勋重,往岁去就,允合众望,宜为宰辅,代冏阿衡之任。"[2]西晋元康六年,赵王伦掌握实权,于永宁元年废惠帝自立。同年齐王冏、成都王颖、河间王颙、长沙王乂等起兵声讨赵王伦。赵王伦失败后,齐王冏专权。长沙王乂、河间王颙又起兵反对齐王冏。在诛杀齐王冏时,借口就是"君亲无将,将而必诛"。

---

[1] (南朝宋)刘义庆撰:《世说新语》,杜聪点校,齐鲁书社2007年版,第89页。
[2] 《晋书》卷五九《列传二十九》,中华书局2010年版,第1066页。

第四章

春秋决狱的司法原则

春秋决狱，是指汉代及以后在司法实践中以儒家经典《春秋》中的原则与精神作为判案活动根据的司法活动，其时《诗》《书》《易》《礼》也被用于司法，又称"经义决狱"。春秋决狱之风始于汉代中期，开创者为当时的经学大儒董仲舒。《后汉书·应劭传》载："故胶西相董仲舒，老病致仕，朝廷每有政议，数遣廷尉张汤亲至陋巷问得失。于是作春秋决狱二百三十二事。动以经对，言之详矣。"《春秋决狱》一书已经失传，后人从史料中勾稽出董仲舒亲自断狱的六则案例，成为研究董仲舒春秋决狱实践的重要史料。汉代以后，魏晋南北朝皆有春秋决狱之案例，至唐朝《永徽律疏》"一准于礼"，礼法合一，明确以经义决狱的案例方大幅减少，但儒家经义精神对司法实践仍然起着指导作用。

据程树德《九朝律考》总结，从《春秋》中抽象和引申出来、用于春秋决狱的法律规则即"春秋之义"，见诸史料的很多，如"父子相隐""原心论罪""夫死无男得更嫁""君子大居正""君亲无将""以功覆过""王者无外""大义灭亲""恶恶止其身"，等等。正确分析春秋决狱中的司法原则，对于我们认识和理解春秋决狱在历史上的地位具有重要作用。我们认为，应将春秋决狱中的司法原则分为基本原则和具体原则。基本原则即春秋决狱的基本宗旨，适用于利用春秋大义开展司法活动的所有案件。具体原则即在基本原则的指导下，在具体案件中适用的从经义中引申出的某一原则。

一、春秋决狱的基本原则

（一）原心定罪

司马迁说："夫《春秋》，上明三王之道，下辨人事之纪，别嫌疑，明是非，定犹豫，善善恶恶，贤贤贱不肖。存亡国，继绝世，补敝起废，王道之

第四章 春秋决狱的司法原则

大者也。"又说《春秋》是"礼义之大宗也"。[1]用《春秋》来明是非，断善恶，是非善恶的判断不可避免要受到判断者主观认识的影响，判断者在辨明是非时就特别重视支配行为人的主观动机是否符合礼的道德准则。而将《春秋》运用于决狱之中，便形成了"春秋决狱"的基本原则——"原心定罪"。

原心定罪在《春秋》一书中的记载见诸"许止进药"的故事：许悼公买身患疟疾，进药时，其子许止未亲口先尝，悼公吃错药，死了。孔子认为，根据礼法，父病服药，子应先尝，以免中毒，现在许悼公死了，是世子未尝药，不尽孝道，这就犯了弑君父大罪，世子就是乱臣贼子。所以《春秋·昭公十九年》记载："夏，五月，戊辰，许世子（太子）止弑其君买。"此处用的是"弑"字。但许太子进药是孝心的表现，他未先尝药只是一种过失，并非存心毒害父亲。所以《春秋·昭公十九年》又记载："冬，葬许悼公。"许悼公是饮了世子止的药而死的，表面上看属于被弑杀。按《春秋》之义，君被弑，贼不讨，不得书葬，此处书葬，表明孔子已经赦免了许止。于是董仲舒从中体会出了"君子原心，赦而不诛"。

《春秋》中的"君子原心"主张深究行为人的主观动机，一般情形下，当事人的主观动机可以从其前后行为中推断出来，如"许止进药"，表面上看许止犯了弑君大罪，但属于过失，因此可以赦免。在有些事件，尤其是政治性事件中，当事人的行为表面上是正义的、是善的，但其动机是恶的，此时就要根据其主观动机对其行为作出否定性评价。春秋时期，蔡景公为太子般娶妻于楚国，而与之私通，鲁襄公三十年，太子般杀蔡景公，自立为蔡灵公。昭公十一年，"夏，四月，丁巳，楚子虔诱蔡侯般，杀之于申。楚子虔何以名？绝。曷为绝之？为其诱讨也。此讨贼也，虽诱之，则曷为绝之？怀恶而讨不义，君子不予也"。[2]楚灵王为了灭亡蔡国而诱骗杀了蔡侯般，因为其是心怀恶念而诛讨不义，孔子对其持批判态度。

董仲舒通过《春秋》决狱创制了"原心定罪"理论，原即寻找犯罪的原因，心即主观意志。所谓"原心定罪"，即断狱除考虑犯罪事实外，还要根据犯罪者的主观罪过对案件进行综合判断。董仲舒倡导"原心定罪"是有针对

---

[1]《史记》卷一三〇《太史公自序》，中华书局2010年版，第2491~2492页。
[2] 刘尚慈译注：《春秋公羊传译注》，中华书局2010年版，第527页。

性的。汉武帝时期，基本上仍然沿用秦朝的重刑政策，断狱不分析犯罪的动机、目的，实行客观归罪，加上汉武帝重用酷吏，更导致司法实践中酷刑较多。从西汉特定的历史条件看，原心定罪具有一定的合理意义和进步价值，是对秦朝严刑峻法的一种否定。《春秋繁露·精华篇》中说："《春秋》之决狱也，必本其事，而原其志。"从法学角度来看，"原心定罪"强调定罪量刑时应当"本其事原其志"，也是合理的，对法制上的不完备也是一种补充。董仲舒决狱也是以此原则办理的，在查清事实的基础上进一步考察被告动机，如在案例五中，此案事实是儿子打伤父亲，但是董仲舒认为，父子至亲，看到父亲与人争斗，儿子自然产生害怕、惊慌的心理状态。甲见到丙拔刀刺父，即挺杖救父，没有伤害父亲的动机，而且也属为父尽孝之举，并未违反"父为子纲"的礼制原则，所以甲没有触犯法律中规定的殴父罪，不当处刑。

汉哀帝时由薛况伤人案引起的一场争论，为"原心定罪"的实际运用提供了标准示范。《汉书·薛宣朱博传》载："哀帝初即位，博士申咸给事中，亦东海人也，毁宣不供养行丧服，薄于骨肉，前以不忠孝免，不宜复列封侯在朝省。宣子况为右曹侍郎，数闻其语，赇客杨明，欲令创咸面目，使不居位。会司隶缺，况恐咸为之，遂令明遮斫咸宫门外，断鼻唇，身八创。"在该案中，薛宣之子薛况因为父亲受到诽谤，而雇佣杨明去报复仇人申咸。案发后，有关官员就此展开争论。御史中丞众等认为，"《春秋》之义，意恶功遂，不免于诛，上浸之源不可长也。况首为恶，明手伤，功意俱恶，皆大不敬。明当以重论，及况皆弃市"。即薛况行为动机出于恶意，犯罪已经既遂，并且薛况属于主谋，应判死刑。而廷尉直认为，汉律规定，用刃斗、伤人，处以完城旦刑，重度伤害则加重处罚。"《春秋》之义，原心定罪。原况以父见谤发忿怒，无它大恶。加诋欺，辑小过成大辟，陷死刑，违明诏，恐非法意，不可施行。圣王不以怒增刑。明当以贼伤人不直，况与谋者皆爵减完为城旦。"[1] 争论中双方都依据春秋之义，御史中丞要求根据"意恶功遂"将薛况弃市，廷尉直要求根据"原心定罪"，将薛况免死减刑。哀帝即将此意见询问公卿议臣，除了丞相、大司马反对外，其他将军以下至博士议郎都同意廷尉的意见。于是，哀帝也支持多数人的意见。最后薛况减罪一等，徙往敦煌；薛宣免为庶人，回归故里。在这个案例中，争论的双方都运用了"原心定罪"

---

〔1〕《汉书》卷八三《薛宣朱博传》，中华书局2010年版，第2525~2526页。

的原理，以此来推定原罪犯是否属于"志恶"。御史中丞认为首谋者与实施者在动机上没有差别，都犯了大不敬罪。而廷尉则引用《春秋》经义来比附法律，认为薛况的犯罪起因是父亲受到诽谤，从维护孝道考虑，其主谋只不过是"小过"，谈不上"大恶"，不能处以极刑。廷尉的主张更准确地把握了"志恶"的界限，并使经义与法意相得益彰。

在理解《春秋》所主张的"原心定罪"时，一定要注意，原心定罪强调行为人的主观动机，并非主张单纯根据其主观意志定罪量刑，更不是主张滥用重刑。《盐铁论·刑德》篇说："故盗马者死，盗牛者加，所以重本而绝轻疾之资也。武兵名食，所以佐边而重武备也。盗伤与杀同罪，所以累其心而责其意也。犹鲁以楚师伐齐，而《春秋》恶之。故轻之为重，浅之为深，有缘而然。法之微者，固非众人之所知也。"盗马的人处死，盗牛的人判枷刑，是为了重视农业而杜绝轻易毁伤耕畜的行为。边防军的士兵威武、粮秣大盛，是为了加强边防重视战备。因偷东西而伤了人与杀人同罪，是为了使犯罪的人从内心感到害怕，并对他的邪念加以谴责。这就像鲁国借用楚国的军队去讨伐齐国，而被《春秋》所憎恶一样。所以轻罪重判，罪浅深究，是有原因的。法意之精微，本来就不是一般人所能了解的。辩论中大夫一方所引"鲁以楚师伐齐"，出自《春秋·僖公二十六年》所载，"公以楚师伐齐，取谷"。大夫一方主张轻罪重罚，认为这是运用法律的微妙之处，并且以《春秋》为例加以说明，我认为这是对《春秋》的误用。《春秋》主张重视主观恶性，并非主张对于有主观恶性的轻微犯罪行为也施加重罚，这与主张轻罪重罚的法家完全不同。

（二）本其事而原其志

原心定罪并非只考虑主观因素，实际上包括主客观因素相统一的含义在内。董仲舒说："《春秋》之听狱也，必本其事，而原其志，志邪者，不待成；首恶者，罪特重；本直者，其论轻。"[1]"必本其事，而原其志"是原心定罪的中心意思，即在审判时要在全面掌握案件事实的基础上，以事实为依据，分析判断行为人的主观心理状态以及行为动机和目的等，根据案件的性质和情节予以裁判。

---

[1]（汉）董仲舒撰：《春秋繁露》之《精华第五》，张世亮、钟肇鹏、周桂钿译注，中华书局2012年版，第96页。

原心定罪在具体实施中,包含了两个步骤:其一为"本其事";其二为"原其志"。二者缺一不可,且"本其事"为"原其志"的前提。"本其事"中,"本"即"根据,掌握","本其事"就是掌握案件事实并根据案件事实来断讼折狱,对案件事实的准确认定是对案件定性的关键。事实上,重视案件事实,以事实为依据谨慎审判的思想古已有之。《尚书·吕刑》记载"两造具备,师听五辞",传双方当事人到场,强调审判官要以"五声听狱讼,求民情"[1]的方式来审查判断双方供辞是否可信,对证据不充分、不确凿的疑犯要赦免,所谓"五刑之疑有赦,五罚之疑有赦"。[2]后来,儒家学派的创始人孔子和其继承人孟子、荀子都强调审判时要查清案件的客观事实,并反复核实,然后才能谨慎地适用法律,施以刑罚。作为传统儒学的继承人和新儒学的代表人,董仲舒提出"本其事,原其志"的断狱原则与孔子、孟子、荀子的思想是一脉相承的。"原其志"即根据犯罪事实探究行为人的心理状态。"志",当指行为人的所有心理活动,包括故意、过失的心理状态以及动机、目的等主观方面。董仲舒在《春秋繁露·玉杯》中说:"春秋之论事,莫重于志。"接着,他又对"志"阐述:"志为质,物为文,文着于质,质不居文,文安施质;质文两备,然后其礼成……"[3]即心志是本质,事物是形式,形式是依附于本质的,本质若不容纳形式,形式怎么能附着在本质上?本质和形式两方面都具备,然后形成礼制。可见,"志"者,为人之本质心性也,包括人的所有主观心理特征,并非单指动机。人之本质心性的善与恶是决定罪行浅与深的关键,与现代犯罪构成理论主客观相统一的做法有一定相通之处。

(三)区别对待

董仲舒说:"《春秋》之听狱也,必本其事,而原其志,志邪者不待成,首恶者罪特重,本直者其论轻。"在董氏对春秋决狱基本原则的阐述中,"本其事而原其志"是根本,是基本原则;后三种情形是对基本原则的细化,即针对不同的主观心理状态给予不同的处罚结果。

1. 志邪者不待成

"志邪者不待成"是指如果行为人主观上有恶意,动机不正,即使没有导

---

[1]《周礼·秋官》,钱玄等注释,岳麓书社2001年版,第328页。
[2] 钱宗武、杜纯梓:《尚书新笺与上古文明》,北京大学出版社2004年版,第306页。
[3](汉)董仲舒撰:《春秋繁露》之《玉杯第二》,张世亮、钟肇鹏、周桂钿译注,中华书局2012年版,第27页。

致危害后果，也要予以惩罚。用现代刑法学理论分析，有犯罪动机者不必等到犯罪既遂才处罚，犯罪预备、犯罪未遂等犯罪未完成形态也应追究法律责任。至于在量刑上是否与犯罪既遂有所区别，在此并未涉及。

在理解"志邪者不待成"时要注意，不能将董仲舒作为封建社会严惩"思想犯"的始作俑者。其实早在汉朝经义决狱之前，秦代就有"以古非今罪""偶语诗书罪""非所宜言罪"，可谓开创了严惩"思想犯"的先河。从史料来看，春秋决狱中惩治"思想犯"的实例基本上仅限于涉及侵犯君主尊严、威胁君主权威的政治性犯罪，也就是《春秋》经义中的"君亲无将，将而必诛"。后世经义决狱中单纯惩罚动机、思想的案例也并非由董仲舒所判。

2. 首恶者罪特重

"首恶者罪特重"是指如果行为人是行为的首谋者，即提出犯罪意图的人，则要重治其罪。"首恶者罪特重"要求从重处罚共同犯罪中的"首恶"，这也是公羊学派的一贯主张。《春秋公羊传·僖公二年》载："虞师、晋师灭夏阳。虞，微国也，曷为序乎大国之上？使虞首恶也。曷为使虞首恶？虞受赂，假灭国者道。以取亡焉。"鲁僖公二年，晋国借虞道伐虢，攻陷夏阳，因为虞国借道给晋国，所以《春秋》记载此事时将小国虞排在大国晋之前，以示其为首恶。按中国封建法律规定，共犯中的"首恶"，主要是指造意者，也就是提出犯罪意图、事先策划犯罪者。董仲舒"原心定罪"，他所说的"首恶者罪特重"，也是强调打击共同犯罪中的造意者。汉代儒者由此将"诛首恶"总结为《春秋》的一条经义，引入法律中，强调惩罚共同犯罪中的"首恶"。

汉代严惩首恶的案例有："广汉太守扈商者，大司马车骑将军王音姊子，软弱不任职。（孙）宝到部，亲入山谷，谕告群盗，非本造意。渠率皆得悔过自出，遣归田里。自劾矫制，奏商为乱首，《春秋》之义，诛首恶而已。"[1]这是成帝鸿嘉年间之事，广汉发生农民起义，太守扈商软弱不任职，无力平息叛乱。朝廷即任命孙宝为益州刺史，负责处理此事。孙宝认为，广汉盗贼之所以众多，是扈商为守不尽责任所造成的，故扈商应是"乱首"。根据"《春秋》之义，诛首恶而已"。因此，只须诛乱首扈商，而宽恕群盗。所以他一到任，就亲入山谷，劝说起义农民回归故里。结果扈商被捕下狱，其他

---

[1]《汉书》卷七七《盖诸葛刘郑孙毋将何传》，中华书局2010年版，第2431页。

参与起义者无罪赦免。

又如《后汉书·梁统列传》载：永和四年，中常侍张逵、蘧政……连谋，共谮商及中常侍曹腾、孟贲，云欲征诸王子，图议废立，请收商等案罪。帝曰："大将军父子我所亲，腾、贲我所爱，必无是，但汝曹共妒之耳。"逵等知言不用，惧怕，遂出矫诏收缚腾、贲于省中。帝闻震怒，敕宦者李歙急呼腾、贲释之，收逵等，悉伏诛。辞所连染及在位大臣，商惧多侵枉，乃上疏曰："《春秋》之义，功在元帅，罪止首恶，故赏不僭溢，刑不淫滥，五帝、三王所以同致康乂也。窃闻考中常侍张逵等，辞语多所牵及。大狱一起，无辜者众，死囚久系，纤微成大，非所以顺迎和气，平政成化也。宜早讫竟，以止逮捕之烦。"帝乃纳之，罪止坐者。[1]汉代借助《春秋》之义所表达"诛首恶"的刑法思想，就是为了集中打击犯罪的首要分子，以使"刑不淫滥"，在封建社会起到了减少牵连无辜的积极作用。

3. 本直者其论轻

"本直者其论轻"是指如果行为人主观上没有恶意，动机纯正，定罪量刑上就要从轻。这种情形针对犯罪人已经确定犯罪的事实，如果主观动机善良，在量刑时可以从轻处罚。需要注意的是，董仲舒并没提出对这种情形不予处罚。《盐铁论·刑德》中认为："春秋之治狱，论心定罪。志善而违于法者免，志恶而合于法者诛。"这是作为辩论一方的"文学"为了阐明自己的观点，而对春秋决狱作的一种错误的阐释，误将春秋决狱理解为单纯的论心定罪，导致后世有的学者对春秋决狱评价不高。"本直者其论轻"契合了后世"天理国法人情"统一的观念，与现代刑法理论中的酌定从轻情节也有相似之处，符合法学原理。"文学"在《盐铁论》中反驳大夫一方说："今盗马者死，盗牛者加。乘骑车马行驰道中，吏举苛而不止，以为盗马，而罪亦死。今伤人持其刀剑而亡，亦可谓盗武库兵而杀之乎？人主立法而民犯之，亦可以为逆而轻主约乎？深之可以死，轻之可以免，非法禁之意也。法者，缘人情而制，非设罪以陷人也。故《春秋》之治狱，论心定罪。志善而违于法者免，志恶而合于法者诛。今伤人未有所害，志不甚恶而合于法者，谓盗而伤人者耶？将执法者过耶？何于人心不厌也！古者，伤人有创者刑，盗有臧者罚，杀人者死。今取人兵刃以伤人，罪与杀人同，得无非其至意与？"其含义为：现在

---

[1]《后汉书》卷三四《梁统列传》，中华书局2010年版，第788页。

偷马的人要判处死刑，偷牛的人加重处罚。有人骑马、乘车在官道上走，官吏喝令他停车，他不停下就认为是偷马的，同偷马的一样判处死刑。如今要是有一个伤害别人的人，拿着他伤人的刀剑逃走了，你也可以说他是偷了武库里的兵器而把他杀掉吗？百姓违犯了君主定的法律，你也可以说他是目无君主有意造反吗？从严可以处死，从宽可以赦免，这不是法律禁令的本意。法律是根据人之常情制定的，而不是设下罪名去坑害人的。应当说文学一派对大夫一派的反驳是非常有力的。文学一派还举例说明应当刑当其罪，古时候伤人有伤痕的要受刑，偷盗有赃物的要受罚，杀了人的要处死。而现在却把夺取对方武器时伤了对方的人，看成和杀人犯同罪，这恐怕不是立法的本意吧？从而驳斥了大夫一派所主张的轻罪重罚。

二、春秋决狱的具体原则

儒家主张"礼治"，孔子编写《春秋》为后世立法，对于国家大事的褒贬标准即为"礼"的基本原则——亲亲和尊尊。汉朝初年法律沿袭秦律，法律内容中礼制体现得并不充分，因此在经义决狱时要运用到礼治的亲亲和尊尊原则，对汉律进行补充和矫正。

（一）尊尊原则

尊尊原则主要用于处理君臣关系和上下等级关系，既强调臣下对君主的忠诚，也强调下级对上级的尊重。君臣关系强调君主在国家享有至高无上的地位，"唯天子受命于天，天下受命于天子，一国则受命于君",[1]其基本含义就是要求臣子绝对服从君主，忠于君主。董仲舒说："为人臣者，其法取象于地，故朝夕进退，奉职应对，所以事贵也；……委身致命，事无专制，所以为忠也……故为地者务暴其形，为臣者务著其情。"[2]这就是说，人臣对君主必须绝对忠心和服从，不能有丝毫的叛逆和奸伪，为了维护君主的尊严和地位，臣子必要时需不惜牺牲自己的性命。为维护"尊尊"原则，"春秋决狱"在司法中从儒家经典中抽象出以下具体原则。

---

[1] （汉）董仲舒撰：《春秋繁露》之《为人者天第四十一》，张世亮、钟肇鹏、周桂钿译注，中华书局2012年版，第400~401页。

[2] （汉）董仲舒撰：《春秋繁露》之《天地之行第七十八》，张世亮、钟肇鹏、周桂钿译注，中华书局2012年版，第632页。

现代法理学视野下的春秋决狱

1. 君亲无将,将而诛焉

"君亲无将,将而诛焉"出自《春秋·庄公三十二年》及《公羊传·昭公元年》。鲁庄公三十二年七月,鲁庄公之弟因怀篡逆之心而被鸩杀,《春秋》记此事为"秋七月癸巳,公子牙卒"。唐颜师古解释:"以公子牙将为杀逆而诛之,故云然也,亲谓父母也。"《公羊传·昭公元年》:"叔孙豹会晋赵武、楚公子围、齐国豹、宋向戌、卫石恶、陈公子招、蔡公孙归生、郑轩虎、许人、曹人于澶。此陈侯之弟招也,何以不称弟?贬。曷为贬?为杀世子偃师贬,曰陈侯之弟招杀陈世子偃师。大夫相杀称人,此其称名氏以杀何?言将自是弑君也。今将尔,词曷为与亲弑者同?君亲无将,将而必诛焉。"这就是《公羊传》得出的"春秋之义",即"君亲无将,将而诛焉"。将,指将有叛逆之意。按儒家伦理观念,君主的绝对权威表现在臣下不能有丝毫的侵犯意图,臣下对君主若有叛逆行为,即使只是预谋而未实行,也是大逆不道的犯罪行为,必须处以极刑。经汉代统治者的提倡,"君亲无将,将而诛焉"一语成为了审判触犯皇权的尊严与安全的犯罪的理论依据。汉代以"君亲无将,将而诛焉"作为判案依据的例子很多。

如武帝元狩元年淮南王刘安谋反。当时,胶西王刘端便议曰:"安废法度,行邪辟,有诈伪心,以乱天下,荧惑百姓,背畔宗庙,妄作妖言。《春秋》曰'臣毋将,将而诛'。安罪重于将,谋反形已定。臣端所见,其书印图及它逆亡道事验明白,当伏法。论国吏二百石以上及比者,宗室近幸臣不在法中者,不能相教,皆当免,削爵为士伍,毋得官为吏。其非吏,它赎死金二斤八两,以章安之罪,使天下明知臣子之道,毋敢复有邪僻背畔之意。"皇帝因此采纳了刘端的建议,根据《春秋》经义而重惩淮南王刘安谋反案。"未至,安自刑杀。后、太子诸所与谋皆收夷。国除为九江郡"。[1]

魏晋南北朝时期,是中国法制出现大融合的一个重要历史阶段,随着法律儒家化过程的不断深入,"春秋决狱"的态势愈演愈烈,它在维护统治阶级利益上仍然发挥着不可忽视的作用,促进了皇权集权化发展。《三国志·魏志·曹爽传》记载:"张当私以所择才人张、何等与爽。疑其有奸,收当治罪。当陈爽与晏等阴谋反逆,并先习兵,须三月中欲发,於是收晏等下狱。会公卿朝臣廷议,以为'春秋之义,君亲无将,将而必诛。爽以支属,世蒙殊宠,

---

[1]《汉书》卷四四《淮南衡山济北王传》,中华书局2010年版,第1657页。

·50·

亲受先帝握手遗诏，讬以天下，而包藏祸心，蔑弃顾命，乃与晏、飏及当等谋图神器，范党同罪人，皆为大逆不道'。於是收爽、羲、训、晏、飏、谧、轨、胜、范、当等，皆伏诛，夷三族。"《周书·晋荡公宇文护传》载，宇文护在宇文泰死后主掌朝中大权，野心膨胀，权倾朝野，他先是除掉昔日同袍赵贵、独孤信等人，后废杀孝闵帝和明帝。直至周武帝宇文邕继位，下诏诛杀宇文护："君亲无将，将而必诛。大冢宰晋公护志在无君，义违臣节，怀兹蛊毒，逞彼狼心，任情诛暴，肆行威福，今肃正典刑。"正是从诛杀宇文护开始，北周的封建统治权力才开始从宗法家族集中到君主手中，将宗法家族排除在权力核心之外，中央集权最终归于皇帝。

"君亲无将，将而诛焉"不仅适用于侵犯皇权的犯罪，"君亲无将"中的"亲"即指父母亲，因此对于侵犯亲权威严的犯罪，也可以适用该原则，以示"忠孝一体"之义，封建刑律中对以卑犯尊加重处罚即源于此。如邢虬，"少为《三礼》郑氏学，明经有文思。……高祖崩，尚书令王肃多用新仪，虬往往折以《五经》正礼。转尚书右丞，徙左丞，多所纠正，台阁肃然。时雁门人有害母者，八座奏辗之而潴其室，宥其二子。虬驳奏云：'君亲无将，将而必诛。今谋逆者戮及期亲，害亲者今不及子，既逆甚枭獍，禽兽之不若，而使禋祀不绝，遗育永传，非所以劝忠孝之道，存三纲之义。若圣教含容，不加孥戮，使父子罪不相及，恶止于其身，不则宜投之四裔，敕所在不听配匹。盘庚言'无令易种于新邑'，汉法五月食枭羹，皆欲绝其类也。'奏入，世宗从之"。[1] 在该案的审理中，对于"不孝"犯罪也实行连坐，即对该原则的适用。

2. 奸以事君，则常刑不舍

这条原则和"君亲无将，将而诛焉"的主旨相同，也强调臣下对君主的忠诚、顺从。"常刑不舍"见《左传·昭公二十五年》："臣之失职，常刑不赦。"[2] 意指以奸邪之心侍奉君主，难以得到法律的赦免。臣对于君来说，是卑者与尊者的关系，臣子对于君主，不能有违抗之心，只能有服从之义。国君所作所为要是有什么不妥的地方，臣子可以向君主进谏，若是君主不听从则可以弃君而去，《春秋》认为这样才叫做"君臣之义"，而做出弑君的行为或者是虽然身在朝堂却心生奸邪之意，那便应当受到强烈谴责，也难以得到

---

[1]《魏书》卷六五《列传第五十三》，中华书局2010年版，第977~978页。
[2]（晋）杜预撰：《春秋左氏传注疏》，吉林出版集团有限责任公司2005年版，第1157页。

赦免。

汉哀帝时,谏大夫龚胜等人即以此弹劾傅皇后之父傅晏"干朝乱政",罪为不道。《汉书·薛宣朱博传》记载:"(彭)宣等劾奏:'博宰相,玄上卿,晏以外亲封位特进,股肱大臣,上所信任,不思竭诚奉公,务广恩化,为百僚先,皆知喜、武前已蒙恩诏决,事更三赦,博执左道,亏损上恩,以结信贵戚,背君乡臣,倾乱政治,奸人之雄,附下罔上,为臣不忠不道;玄知博所言非法,枉义附从,大不敬;晏与博议免喜,失礼不敬。臣请诏谒者召博、玄、晏诣廷尉诏狱。'制曰:'将军、中二千石、二千石、诸大夫、博士、议郎议。'右将军峤望等四十四人以为'如宣等言,可许'。谏大夫龚胜等十四人以为'《春秋》之义,奸以事君,常刑不舍。鲁大夫叔孙侨如欲颛公室,潜其族兄季孙行父于晋,晋执囚行父以乱鲁国,《春秋》重而书之。今晏放命圮族,干乱朝政,要大臣以罔上,本造计谋,职为乱阶,宜与博、玄同罪,罪皆不道'。"

东汉末年,也有一则以"奸以事君"弹劾大臣的案例。东汉末年太傅马日磾奉命出使山东,路经淮南袁术管理的地域时,有意于袁术,袁术对其百般侮辱,并夺走马的节杖。马日磾请求离去,袁术非但不准,还强迫他为军师,马日磾怨恨交加,呕血而亡。灵柩回来时,朝廷欲加礼厚葬。孔融力排众议,用《春秋》之义"奸以事君"而反对加礼,他说:"日磾以上公之尊,秉髦节之使,衔命直指,宁辑东夏,而曲媚奸臣,为所牵率,章表署用,辄使首名,附下罔上,奸以事君。昔国佐当晋军而不挠,宜僚临白刃而正色。王室大臣,岂得以见胁为辞!又袁术僭逆,非一朝一夕,日磾随从,周旋历岁。《汉律》与罪人交关三日已上,皆应知情。《春秋》鲁叔孙得臣卒,以不发扬襄仲之罪,贬不书日。郑人讨幽公之乱,斫子家之棺。圣上哀矜旧臣,未忍追案,不宜加礼。"[1]他认为马日磾位列上公之尊,代表皇帝出使,袁术僭逆之心非一朝一夕,马日磾理应知情,但是却曲媚奸臣,附下罔上。马日磾没有完成君主赋予给他的使命,没有制止袁术的叛乱行为,有愧于君主,存在严重失误,不对马日磾丧事加礼,才能宣扬天子本位,惩戒其他朝臣忠以事君。于是朝廷听从了孔融的建议,终究没有对马日磾的丧事加礼。

---

〔1〕《后汉书》卷七〇《郑孔荀列传》,中华书局 2010 年版,第 1530 页。

3. 君子大居正

"君子大居正"出自《公羊传·隐公三年》:"故君子大居正。宋之祸,宣公为之也。"宋宣公死,不立子而与弟。弟受国死,复反之与兄之子。弟之子争之,以为我当代父后,即刺杀兄子。以故国乱,祸不绝。君子大居正即君主去世,应由嫡长子继承王位,不能违反礼制让与庶子。维护皇权的一个重要原则就是保证皇位能世代相传,这就涉及到皇帝驾崩之后又由谁来继承皇位的问题。董仲舒在《春秋繁露·王道》中说道:"《春秋》立义:立嫡以长不以贤,立子以贵不以长"。从这可以看出,汉代皇位继承,采用的是父死子继制,而非兄终弟及制。但在汉初,却发生过一场争夺皇位的斗争,而汉儒就是根据《春秋》大义"君子大居正"来解决的。汉景帝时,窦太后"意欲立梁王为帝太子"。帝问其状,袁盎对曰:"殷道亲亲者,立弟。周道尊尊者,立子。殷道质,质者法天,亲其所亲,故立弟。周道文,文者法地,尊者敬也,敬其本始,故立长子。周道,太子死,立嫡孙,殷道,太子死,立其弟。"帝曰:"于公何如?"皆对曰:"方今汉家法周,周道不得立弟,当立子。故《春秋》所以非宋宣公。宋宣公死,不立子而与弟,弟受国死,复反之与兄之子,弟之子争之,以为我当代父后,即刺杀兄子。以故国乱,祸不绝。故《春秋》曰:'君子大居正,宋之祸,宣公为之。'臣请见太后白之。"袁盎等入见太后:"太后言欲立梁王,梁王即终,欲谁立?"太后曰:"吾复立帝子。"袁盎等以宋宣公不立正,生祸,祸乱后五世不绝,小不忍害大义状报太后。太后乃解说,即使梁王归就国。[1]在中国传统社会,皇位继承是关系国家稳定和统治秩序的重大政治事件,经历了奴隶社会早期的"兄终弟及"和"父死子继",历代统治者总结历史教训,逐步形成了嫡长子继承制,以后封建社会的皇位继承尽管未能全部遵循这一规则,但嫡长子继承制成为传统社会中皇位继承的基本规则,为保障君位的传承有序发挥了重大作用。

4. 杀世子诛

封建社会是一个君权至上的社会,儒家主张以天子为核心,官僚只能是朝廷的辅佐和派驻地方的代表,都对天子负责,都以天子的利益为根本价值

---

[1]《史记》卷五八《梁孝王世家》,中华书局2010年版,第1664页。

取向。"君不名恶，臣不名善，善皆归于君，恶皆归于臣"。[1]宗室外戚只能安分守己，无权干预朝政。否则，就必然导致内亲骨肉、外疏忠臣、至杀世子、诛杀不辜的严重后果。如果后妃不安分守己，干预朝政，诛杀世子，也要遭到贬斥，甚至被诛杀，祸及家族。汉成帝时，赵皇后、赵昭仪姐妹专宠嫉妒，特别是赵昭仪，自己不能生育，又屡杀成帝所幸后宫之子，司隶解光对此十分不满。他鉴于赵皇后、赵昭仪屡杀成帝所幸后宫之子，如许美人、曹伟能所生皇子，均被赵氏谋害致死，而灭成帝继嗣。所以，要求根据"杀世子诛"的《春秋》经义，将赵氏及其家属严惩以法。他说："鲁庄公夫人杀世子，齐桓公召而诛焉，《春秋》予之。赵昭仪倾乱圣朝，亲灭继嗣，家属当伏天诛。前平安刚侯夫人谒坐大逆，同产当坐，以蒙赦令，归故郡。今昭仪所犯尤悖逆，罪重于谒，而同产亲属皆在尊贵之位，迫近帷幄，群下寒心，非所以惩恶崇谊示四方也。请事穷竟，丞相以下议正法。"[2]哀帝采纳了解光的意见，对赵氏家族重新问罪。赵昭仪之前就畏罪自杀，而赵皇后在王莽上台执政后，被废为庶人，并被逼自杀。可见，对于赵氏一家，哀帝是根据"杀世子诛"的《春秋》经义来惩治的。

5. 诸侯不得专地

君子大居正，王者大一统。国家的"大一统"必然表现为政治上的"大一统"，实行君主专政。所谓诸侯皆系天子，不得自专。董仲舒说："《春秋》之法，大夫不得用（专）地。"[3]又说："《春秋》立义，……有天子在诸侯不得专地，不得专执天子之大夫，不得舞天子之乐，不得致天子之赋，不得适天子之贵。"[4]

所谓"诸侯不得专地"就是说，普天之下，莫非王土，率土之滨，莫非王臣。诸侯在天子统治的范围之内不许私自吞并土地，扩张自己的势力范围，否则就是犯上作乱，要受到严惩，以维护国家大一统、君权至上的局面。如《汉书·匡张孔马传》记载："初，衡封僮之乐安乡，乡本田堤封三千一百顷，

---

[1]（汉）董仲舒撰：《春秋繁露》之《阳尊阴卑第四十三》，张世亮、钟肇鹏、周桂钿译注，中华书局2012年版，415页。

[2]《汉书》卷九七《外戚传》，中华书局2010年版，第2939页。

[3]（汉）董仲舒撰：《春秋繁露》之《玉英第四》，张世亮、钟肇鹏、周桂钿译注，中华书局2012年版，第84页。

[4]（汉）董仲舒撰：《春秋繁露》之《王道第六》，张世亮、钟肇鹏、周桂钿译注，中华书局2012年版，第114页。

南以闽佰为界。初元元年，郡图误以闽佰为平陵佰。积十余岁，衡封临淮郡，遂封真平陵佰以为界，多四百顷。至建始元年，郡乃定国界，上计簿，更定图，言丞相府。衡谓所亲吏赵殷曰：'主簿陆赐故居奏曹，习事，晓知国界，署集曹掾。'明年治计时，衡问殷国界事：'曹欲奈何？'殷曰：'赐以为举计，令郡实之。恐郡不肯从实，可令家丞上书。'衡曰：'顾当得不耳，何至上书？'亦不告曹使举也，听曹为之。后赐与属明举计曰：'案故图，乐安乡南以平陵佰为界，不从故而以闽佰为界，解何？'郡即复以四百顷付乐安国。衡遣从史之僮，收取所还田租谷千余石入衡家。"司隶校尉骏、少府忠行廷尉事劾奏"衡监临盗所主守直十金以上。《春秋》之义，诸侯不得专地，所以壹统尊法制也。衡位三公，辅国政，领计簿，知郡实，正国界，计簿已定而背法制，专地盗土以自益，及赐、明阿承衡意，猥举郡计，乱减县界，附下罔上，擅以地附益大臣，皆不道"。于是，成帝同意忠所奏，而将匡衡"免为庶人，终于家"。[1]这是根据《春秋》之义，"诸侯不得专地"，而匡衡被免相夺爵，至于沦为庶民。可见，"诸侯不得专地"意在阻止大臣任意兼并土地，维护国家的"大一统"局面。

6. 大夫出疆，由有专辄

《春秋公羊传·庄公十九年》记载，鲁国大夫公子结，在出使送媵女途中，得知齐宋将伐鲁国，为解除危险，与齐宋结盟。"传"对此评价说："大夫受命不受辞，出境有可以安社稷、利国家者，则专之可也。"[2]《春秋公羊传·襄公十九年》："晋士匄帅师侵齐，至谷，闻齐侯卒，乃还。还者何？善辞也。何善尔？大其不伐丧也。此受命乎君而伐齐，则何大乎其不伐丧？大夫以君命出，进退在大夫也。"[3]士匄接受国君之命去攻打齐国，因为齐国国君去世，他就退兵。公羊春秋对士匄不伐丧的行为予以肯定，认为大夫奉君命出使，是进是退由大夫作主。

董仲舒在《春秋繁露·精华》中说："春秋之法，大夫无遂事。……出境有可以安社稷、利国家者，则专之可也……大夫以君命出，进退在大夫

---

[1]《汉书》卷八一《匡张孔马传》，中华书局2010年版，第2493页。
[2] 刘尚慈译注：《春秋公羊传译注》，中华书局2010年版，第144页。
[3] 刘尚慈译注：《春秋公羊传译注》，中华书局2010年版，第472页。

现代法理学视野下的春秋决狱

也。"[1]将军在边境安营扎寨，保家为国，只要是有利于社稷，有利于国家的事，他们都有临时决定权，可以先斩后奏，不必事先征得君王的同意，也就是我们通常说的"将在外，君命有所不受"。汉朝的冯奉世就是根据这一原则而得以加官晋爵的。西汉统治者数年派使者出使匈奴，但多数使者都有辱使命，不是贪污就是被羞辱。后西汉欲与西域诸国交好，想派一位出色的使者完成这个任务，冯奉世被举荐持节作为使者出使大宛各国。"至伊修城，都尉宋将言莎车与旁国共攻杀汉所置莎车王万年，并杀汉使者奚充国。时匈奴又发兵攻车师城，不能下而去。莎车遣使扬言北道诸国已属匈奴矣，于是攻劫南道，与歃盟畔汉，从鄯善以西皆绝不通。都护郑吉、校尉司马意皆在北道诸国间。奉世与其副严昌计，以为不亟击之则莎车日强，其势难制，必危西域。遂以节谕告诸国王，因发其兵，南北道合万五千人进击莎车，攻拔其城。莎车王自杀，传其首诣长安。诸国悉平，威振西域。奉世西至大宛，大宛闻其斩莎车王，敬之，异于他使，得其名马象龙而还。上甚悦，下议封奉世。丞相将军皆曰：《春秋》之义，大夫出疆，有可以安国家，则专之可也。奉世功效尤著，宜加爵士之赏。"[2]

又如，东汉王望为青州刺史，"是时州郡灾旱，百姓穷荒，望行部，道见饥者，裸行草食，五百馀人，愍然哀之，因以便宜出所在布粟，给其禀粮，为作褐衣，事毕上言，帝以望不先表请，章示百官，详议其罪。时公卿皆以为望之专命，法有常条。锺离意独曰：'昔华元、子反，楚、宋之良臣，不禀君命，擅平二国，春秋之义，以为美谈。今望怀义忘罪，当仁不让，若绳之以法，忽其本情，将乖圣朝爱育之旨。'帝嘉意议，赦而不罪"[3]。在该事例中，王望未经皇帝批准，赈济灾民，属于擅命，违反法律。但锺离意认为，王望的行为属于爱民，不应治罪，皇帝采纳了锺离意的意见。

"《春秋》之义，大夫出疆，由有专辄"，这条原则对君臣之间的分工有了非常清楚的划分。即"将在外，君命有所不受"，同时将其范围严格限定在"利社稷安国家"的大事上。这一原则对专制统治王权的加强、巩固起了重要作用。同时，何事是"利社稷、安国家"本身具有不确定性，因而给了最高

---

[1] （汉）董仲舒撰：《春秋繁露》之《精华第五》，张世亮、钟肇鹏、周桂钿译注，中华书局2012年版，第91页。

[2] 《汉书》卷七九《冯奉世传》，中华书局2010年版，第2457~2458页。

[3] 《后汉书》卷三九《刘赵淳于江刘周赵列传》，中华书局2010年版，第872页。

统治者任意发挥的余地。

如王濬案：王浑使有司上书要求处理王濬，因其在征吴的战争中，没有遵守皇命，听从自己的节度。晋武帝司马炎于是诏命王濬，王濬上书为自己申辩，引春秋之义"大夫出疆，由有专辄"来为自己洗脱罪名。他说："案《春秋》之义，大夫出疆，由有专辄。臣虽愚蠢，以为事君之道，唯当竭节尽忠，奋不顾身，量力受任，临事制宜，苟利社稷，死生以之。若其顾护嫌疑，以避咎责，此是人臣不忠之利，实非明主社稷之福也。臣不自料，忘其鄙劣，披布丹心，输写肝脑，欲竭股肱之力，加之以忠贞，庶必扫除凶逆，清一宇宙，愿令圣世与唐虞比隆。陛下粗察臣之愚款，而识其欲自效之诚，是以授臣以方牧之任，委巨以征讨之事。虽燕主之信乐毅，汉祖之任萧何，无以加焉。受恩深重，死且不报，而以顽疏，举错失宜。陛下弘恩，财加切让，惶怖怔营，无地自厝，愿陛下明臣赤心而已。"[1]王濬认为自己之所以没有听从王浑节度，完全是一片忠君之心，而且由于战时特殊情况，以有专辄，但这都是完全符合原则的。司马炎听从了这一意见，最终没有再处理王濬。通过这一原则，最高统治者确立了与其部下的权力关系，同时也使部下能够在一些大事上从权处理，发挥主观能动性，做出对社稷、国家有利的事情。

7. 王者无外

"王者无外"一词出自《春秋公羊传·隐公元年》："冬，十有二月，祭伯来。祭伯者何？天子之大夫也。何以不称使？奔也。奔则曷为不言奔？王者无外，言奔则有外之辞也。"[2]对于天子而言，普天之下莫非王土，没有国内国外之说。祭伯是周天子的大夫，未经天子派遣出走鲁国，但鲁国也是周天子的天下，所以不能用"奔"，只能用"来"。春秋大义中的另一项原则是"大夫出疆，有可以安国家，则专之可也"，这一原则赋予大臣较大的自由裁量权，有利于臣子在外杀敌保国，维护边疆安宁。但是大夫出疆，便宜行事，有时又成为某些官员矫制违法、以权谋私的借口，从而危害到皇权。此时就不能引用这条经义来开脱罪责了，儒家又引入了"王者无外"来对其进行限制。过于该原则的运用，经典案例是徐偃鼓铸盐铁案。

元鼎中年，博士徐偃擅自违法，使胶东鲁国鼓铸盐铁，被御史大夫张汤

---

[1]《晋书》卷四二《列传第十二》，中华书局2010年版，第798页。
[2] 刘尚慈译注：《春秋公羊传译注》，中华书局2010年版，第10页。

弹劾。徐偃即引用"《春秋》之义,大夫出疆,有可以安国家,则专之可也"来为自己辩驳,张汤无以言对。但终军却不以为然,他说:"古时诸侯国异俗分,百里不通,时有聘会之事,安危之势,呼吸成变,故有不受辞造命专己之宜。今天下为一,万里同风,故《春秋》王者无外,偃巡封域之中,称以出疆,何也?"接着他又说:"且盐铁,郡有余藏,正二国废,国家不足以为利害,而以安社稷存万民为辞,何也?"最后,他指出:"(偃)直矫作威福,以从民望,干名采誉,此明圣所必加诛也。"[1]徐偃理屈认罪。

8. 为尊者讳

"为尊者讳,为亲者讳,为贤者讳",此语出自《春秋公羊传·闵公元年》,是孔子编纂删定《春秋》时的原则和态度,事情本来在可讥之列,但是一旦涉及尊者、亲者、贤者,就要采用隐讳之词,替尊贵的人、亲人、贤德的人隐讳其事。比如《春秋·成公元年》言:秋,王师败绩于贸戎。《公羊传》曰:孰败之?盖晋败之。然则何为不言晋败之?王者无敌,莫敢当也。"为尊者讳"是儒家一贯的法律思想,以儒家的伦常道德为理论基础,"为尊者讳"实质是为皇亲国戚讳,为贵族大臣讳。汉朝皇亲外戚违法忤逆的事时有发生,但只要不是谋反大逆,不危害到皇权,就不会被重惩,一般都会得到从轻处理,或撤销官职,或贬为庶民,没有性命之忧。这也是为了维护皇家的尊严和势力,这是有春秋之义为依据的。

如《汉书·文三王传》记载:有司案验,因发淫乱事,奏立禽兽行,请诛。大中大夫谷永上疏曰:"……《春秋》为亲者讳,诗云'戚戚兄弟,莫远具尔'。今梁王年少,颇有狂病,始以恶言按验,既亡事实,而发闺门之乱,……非所以为公族隐讳……"天子由是寖而不治。[2]再如,《汉书·贾邹枚路传第二十一》载:西汉时,袁盎劝景帝和窦太后,不当立梁孝王为太子。为此,梁孝王对袁盎恨之入骨,就暗地派人刺杀袁盎及其他议臣十余人。景帝怀疑梁孝王是主使,于是派使者"冠盖相望,责梁王"。梁孝王十分恐惧,害怕有诛戮、惩罚之罪。邹阳说服景帝王夫人兄盖侯王信,让他向景帝求情,宽恕梁孝王。邹阳对王信说:"鲁公子庆父使仆人杀子般,狱有所归,季友不探其情而诛焉。庆父亲杀闵公,季子缓追免贼,《春秋》以为亲亲之道也。鲁哀姜

---

[1]《汉书》卷六四《严朱吾丘主父徐严终王贾传》,中华书局2010年版,第2127页。
[2]《汉书》卷四七《文三王传》,中华书局2010年版,第1703页。

薨于夷,孔子曰:齐桓公法而不谲,以为过也。以是说天子,微幸梁事不奏。"[1]后来,王信把这些话转奏于景帝,梁孝王因而得到宽恕。这是景帝根据《春秋》经义"亲亲之道""为尊者讳"而宽恕梁孝王。

"为尊者讳"原则导致"罚不加尊",这条原则给予尊者、长者一定的特权。"为尊者讳"的根本目的是维护封建等级制度,以巩固皇权。因此,这一原则自提出之时起就不适用于直接危害皇权的重大犯罪。在"为尊者讳"原则中,君臣、父子之义是判案的标准,而维护专制主义下的皇权不受侵犯则是君臣之义的核心所在。

9. 尊上公

礼的基本内容就是建立严格的封建等级差别,而在儒家看来,建立这种等级差别是天道的要求。在等级制度中,不仅君臣父子要遵守各自的礼仪,上级与下级之间也要遵守一定的礼仪。下级官员要尊重上级官员,见面要行礼,否则就是"不尊上公",可能受到处罚。这是以春秋大义作为根据的。这一方面说明"礼"在中国古代具有法的性质,违反"礼"的行为会受到法律的惩罚,所谓"出礼则入刑";另一方面也说明,礼法的融合在中国古代是一个逐渐的过程,在经义决狱中对于违反"礼"而法律没有规定的行为,即以经义作为依据施加处罚,后世立法中"礼"的内容逐步渗透到法律中。

如《汉书·翟方进传》记载,汉成帝时,翟方进为丞相司直,而涓勋为司隶。根据当时有关规定,司隶校尉在司直之下,初任司隶校尉,当拜谒丞相和御史大夫两府。如果有所会聚,司隶居中二千石之前,与司直一起迎拜丞相和御史大夫。翟方进刚为丞相司直时,涓勋亦初拜为司隶,但涓勋不肯拜谒丞相、御史大夫,后来朝会相见,态度又傲慢不逊。翟方进对于涓勋的行为就加以注意,发现涓勋私自拜访光禄勋辛庆忌;又外出路遇帝舅成都侯王商时,立即恭恭敬敬下车侍候,待商车过去之后,然后上车。对此,翟方进便根据不尊上公违背《春秋》之义,举奏涓勋行状不正,要求免其职。他说:"臣闻国家之兴,尊尊而敬长,爵位上下之礼,王道纲纪。《春秋》之义,尊上公谓之宰,海内无不统焉。丞相进见圣主,御座为起,在舆为下。群臣宜皆承顺圣化,以视四方。勋吏二千石,幸得奉使,不遵礼仪,轻慢宰相,贱易上卿,而又绌节失度,邪谄无常,色厉内荏,堕国体,乱朝廷之序,不

---

[1] 《汉书》卷五一《贾邹枚路传》,中华书局2010年版,第1800页。

现代法理学视野下的春秋决狱

宜处位。臣请下丞相免勋。"[1]成帝也以为翟方进所举符合《春秋》经义，故将涓勋由位在二千石以前的司隶，贬为秩在一千石以下的县令。后世官员路途相遇以下避上成为公认的原则。如宋朝时规定，大小官员相遇于途，官级悬殊者便令引避，次尊者敛马侧立，稍尊者则分路行。[2]

10. 春秋责帅

"春秋责帅"原则要求统帅必须对战斗的胜负承担责任。因为执行军事任务的统帅本身是君主钦定的，必须对最高领导人负责，对自己所执行的任务负责任。一旦战败，就负有不容推卸的责任，即使是部下的原因导致战败，统帅也必须承担责任。这正是儒家思想在军事上的表现。在魏晋时代，适用"春秋责帅"原则的案例也时而发生。

如蜀相诸葛亮兵败责帅的例子：魏明帝西镇长安，命张郃拒亮，亮使马谡督诸军在前，与郃战于街亭。谡违亮节度，举动失宜，大为郃所破。亮拔西县千余家，还于汉中，戮谡以谢众。上疏曰："臣以弱才，叨窃非据，亲秉旄钺以厉三军，不能训章明法，临事而惧，至有街亭违命之阙，箕谷不戒之失，咎皆在臣授任无方。臣明不知人，恤事多暗，《春秋》责帅，臣职是当。请自贬三等，以督厥咎。"于是以亮为右将军，行丞相事，所总统如前。[3]虽然失街亭是马谡不听诸葛亮的指示，以致蜀军被张郃所破，被迫而还，但作为统帅的诸葛亮认为自己也有失职的责任，因此按照"春秋"经义，就应该"责帅"，于是自贬三等，为右将军。

又如晋朝时：（督护徐）龛违褚裒节度，军次代陂，为石遵将李菟所败，死伤太半，龛执节不挠，为贼所害。裒以《春秋》责帅，授任失所，威略亏损，上疏自贬，以征北将军行事，求留镇广陵。诏以偏帅之责，不应引咎，逋寇未殄，方镇任重，不宜贬降，使还镇京口，解征讨都督。[4]在该案中，战争失败的主要原因是徐龛违背褚裒的调度，不从军令，但是褚裒仍然上疏请求自贬，也是对"春秋责帅"原则的遵守。

这一原则的施行，从儒家中央集权思想而言，充分考虑到了军事活动的特殊性，军队内部下级对上级负责，军事领导人对君主负责，有利于最高统

---

[1]《汉书》卷八四《翟方进传》，中华书局2010年版，第2539页。
[2] 瞿同祖：《瞿同祖法学论著集》，中国政法大学出版社2004年版，第182页。
[3]《三国志》卷三五《诸葛亮传》，中华书局2010年版，第685页。
[4]《晋书》卷九三《列传第六十三》，中华书局2010年版，第1614页。

治者控制军权。从法理学上的权利与义务相一致原则而言,军事领导人既然享有军事领导权力,与之对应的也应承担战败的责任。

11. 春秋讥世卿

"春秋讥世卿"出自《春秋公羊传·隐公三年》,《春秋》书曰:"夏,四月,辛卯,尹氏卒。"《公羊传》云:"其称尹氏何?贬。曷为贬?世卿,非礼也。"何休注云:"卿大夫任重职大,不当世,为其秉政久,恩德广大。小人居之,必夺君之威权。""讥世卿"即反对大夫世袭。汉朝中后期,皇室逐渐衰落,卿大夫势力在不断增长,经过连年的积累,有的卿大夫以自己的势力逐渐掌握了国家的军政大权,威胁着皇权。为了维护君主的至上权威和绝对尊严,就必须遏制这些人的权力,以便确立稳定而有序的君主专制政体。于是汉儒们便引用《春秋》经义,极力反对公卿大夫的地位世袭相传,主张削弱他们的势力,巩固皇权。典型的例子是霍光家族世袭案。

霍光曾经是汉代煊赫一时、权倾朝野的大将军,因受汉武帝临终嘱托辅佐昭帝,成为托孤大臣,位高权重。霍光死后,宣帝"封光兄孙山、云,皆为列侯,以光子禹为大司马"。让其家族继续霍光在世时的荣耀。然而,其他官员几乎异口同声反对其子孙世袭官职,并引用《春秋》经义加以说明。其中张敞说道:"臣闻公子季友有功于鲁,大夫赵衰有功于晋,大夫田完有功于齐,皆畴其庸,延及子孙,终后田氏篡齐,赵氏分晋,季氏颛鲁,故仲尼作《春秋》,迹盛衰,讥世卿最甚……间者辅趁臣专政,贵戚太盛,君臣之分不明,请罢霍氏三侯皆就第。"〔1〕

魏相的观点与张敞不谋而合,他说道:"《春秋》讥世卿,恶宋三世为大夫,及鲁季孙之专权,皆危乱国家。自后元以来,禄去王室,政繇冢宰,今光死,子复为大将军,兄子秉枢机,昆弟诸婿据权势,在兵官。光夫人显及诸女皆通籍长信宫,或夜诏门出入,骄奢放纵,恐寖不制。宜有以损夺其权,破散阴谋,以固万世之基,全功臣之世。"〔2〕

可见,汉代的儒生们很尊崇皇权,他们建议对重权在握的大官削权夺势,尤其在死后不能让其子孙世袭官位,以免汉代重蹈春秋时期鲁国、晋国、齐国的覆辙,使大权旁落在大臣手里。"春秋讥世卿"原则的实行具有特殊的意

---

〔1〕《汉书》卷七六《赵尹韩张两王传》,中华书局 2010 年版,第 2403 页。
〔2〕《汉书》卷七四《魏相丙吉传》,中华书局 2010 年版,第 2346 页。

义，封建之下君主实行世袭，但君主的个人才能有高有低，品德良莠不齐，此时如果由德才兼备的大臣辅佐也可以维护封建统治的稳定。如果手握重权的大臣也实行世袭制，则君主昏庸、大臣擅权的事情极有可能发生。终封建社会，中国历史上英明的君主为数不多，但大部分王朝在其统治的中间阶段都平稳有序，即得益于封建官僚的迭次更替。当然该原则实行也有利于防止大臣的权力对皇权构成威胁。

12. 家不藏甲

家不藏甲即大夫之家不可以收藏兵器。春秋时期一些国家的卿大夫依靠其坚固的城墙和收藏的武器，数次发生叛乱。定公十二年，"叔孙州仇帅师堕郈……季孙斯、仲孙何忌堕费。曷为帅师堕郈、帅师堕费？孔子行乎季孙，三月不违，曰：'家不藏甲，邑无百雉之城。'于是帅师堕郈、帅师堕费"。[1]"家不藏甲"吸取了春秋时期大夫叛乱的教训，有利于君主的人身安全和皇位稳定，后世立法中禁止私藏兵器即源于此。

运用"家不藏甲"原则的例子也有很多，如汉朝毋将隆劝阻皇帝赏赐兵器：时侍中董贤方贵，上使中黄门发武库兵，前后十辈，送董贤及上乳母王阿舍。隆奏言："武库兵器，天下公用，国家武备，缮治造作，皆度大司农钱。大司农钱自乘舆不以给共养，共养劳赐，壹出少府。盖不以本臧给末用，不以民力共浮费，别公私，示正路也。古者诸侯方伯得颛征伐，乃赐斧钺。汉家边吏，职在距寇，亦赐武库兵，皆任其事然后蒙之。《春秋》之谊，家不藏甲，所以抑臣威，损私力也。今贤等便僻弄臣，私恩微妾，而以天下公用给其私门，挈契国威器共供其家备。民力分于弄臣，武兵设于微妾，建立非宜，以广骄僭，非所以示四方也。孔子曰：'奚取于三家之堂！'臣请收还武库。"[2]后世在立法上对此规定了明确罪名，如《唐律疏议·擅兴》在"私有私造禁兵器"条规定："诸私有禁兵器者，徒一年半；谓非弓、箭、刀、楯、短矛者。【疏】议曰：'私有禁兵器'，谓甲、弩、矛、矟、具装等，依令私家不合有。若有矛、矟者，各徒一年半。"

13. 死不免责

三国魏时，太尉王凌和外甥令狐愚意图起兵反对司马懿，起兵之前，令

---

[1] 刘尚慈译注：《春秋公羊传译注》，中华书局2010年版，第609页。
[2] 《汉书》卷七七《盖诸葛刘郑孙毋将何传》，中华书局2010年版，第2435页。

狐愚已经病死，王凌也在兵败后自杀。但是司马懿并没有免除他们的责任："朝廷咸以为《春秋》之义，齐崔杼、郑归生皆加追戮，陈尸斫棺，载在方策。（王）凌、（令狐）愚罪，宜如旧典。乃发凌、愚冢，剖棺暴尸於所近市三日，烧其印绶朝服，亲土埋之。"[1]

（二）亲亲原则

在封建家长制社会中，"亲亲"与"尊尊"互为因果，目的在于培养孝子忠臣。是否"尊尊"，自然也是诛心的一个重要标准。但"亲亲"与"尊尊"相比，"亲亲"为本，孝与忠比，孝为忠源。因此，在二者发生矛盾时，只要不是直接侵犯最高统治者，则以亲、孝为先。

1. 父子相隐

最早提出这一原则的是孔子。叶公语孔子曰："吾党有直躬者，其父攘羊，而子证之。"孔子曰："吾党之直躬者异于是，父为子隐，子为父隐，直在其中矣。"[2]在董仲舒亲自断狱的案例一中就涉及到父子相隐。汉昭帝时，召开盐铁会议，文学一派认为："自首匿相坐之法立，骨肉之恩废，而刑罪多矣。闻父母之于子，虽有罪犹匿之，其不欲服罪尔。闻子为父隐，父为子隐，未闻父子之相坐也。"[3]宣帝地节四年（公元前66年），颁布"首匿"诏："自今子首匿父母，妻匿夫，孙匿大父母，皆勿坐；其父母匿子，夫匿妻，大父母匿孙，罪殊死，皆上请廷尉以闻。"[4]这是"亲亲得相首匿"的儒家观点在法律上的最初体现，该原则为此后封建法典所继承。

龚自珍在《春秋决事比答问第三》中认为"亲亲相隐"是"春秋之常律也"。孔子曰："父为子隐，子为父隐。"言父子则兄弟在其中。《春秋》："毁泉台。"《传》曰："父筑之，子毁之，讥。"是子虽正，不得暴父恶也。《春秋》："齐人来归子叔姬。"《传》曰："父母之于子，虽有罪，犹若不欲服其罪者然。"是子虽不正，父不得暴其恶也。二者，《春秋》之常律也。今律，子弟讦发父兄罪，虽审得实，犹先罪讦发者，是亦吾所为测《春秋》也。[5]龚自珍所引"齐人来归子叔姬"一事，源于文公十四年冬天，单伯到齐国去，

---

[1]《三国志》卷二八《王毌丘诸葛邓钟传》，中华书局2010年版，第564页。
[2]《论语·子路》。
[3]（西汉）桓宽：《盐铁论·周秦第五十七》，华夏出版社2000年版，第302页。
[4]《汉书》卷八《宣帝纪》，中华书局2010年版，第176页。
[5]（清）龚自珍撰：《龚自珍全集》，王佩诤校，上海古籍出版社1999年版，第59页。

齐国人捉拿了单伯和子叔姬。这是因为单伯在途中与子叔姬行淫。但是《春秋·文公十五年》记载：齐人来归子叔姬。经文中用"来"字，说明《春秋》对子叔姬的怜悯，父母对于子女，即使知其有罪，也仍会怀有恻隐之心。

2. 夫死无男得更嫁

董仲舒亲自春秋决狱中的案例六夫死再嫁案体现了该原则。某妇之夫遇海难身亡，其母将该妇嫁于他人。有人认为该妇是私为人妻，应判死罪。董仲舒则引《春秋》之义，认为妇人有改嫁之道，而且该妇为其尊者所嫁，不应处刑。《春秋》本义如何姑且不论，董氏强调顺从尊长之意，则十分清楚。

3. 母以子贵

《公羊传·隐公元年》："桓何以贵？母贵也。母贵则子何以贵？子以母贵，母以子贵。"何休注："礼，妾子立则母得为夫人。"母子之间有天然的血缘关系，母以子贵是符合中国的习惯的，同时也符合儒家思想。

如诸葛亮对蜀先主甘妃的谥号盖棺定论，就是遵照此原则，他上书后主刘禅说："《春秋》之义，母以子贵。昔高皇帝追尊太上昭灵夫人为昭灵皇后，孝和皇帝改葬其母梁贵人，尊号曰恭怀皇后，孝愍皇帝亦改葬其母王夫人，尊号曰灵怀皇后。今皇思夫人宜有尊号，以慰寒泉之思，辄与恭等案谥法，宜曰昭烈皇后。《诗》曰：'谷则异室，死则同穴。'故昭烈皇后宜与大行皇帝合葬，臣请太尉告宗庙，布露天下，具礼仪别奏。"制曰可。[1] 诸葛亮认为"母以子贵"，当年刘邦做了皇帝，曾追封他的母亲为皇太后，后主刘禅当了皇帝，也应该效法"母以子贵"原则，追封母亲甘夫人为昭烈皇后。这一事件涉及到了谥法，并由皇帝来决定实行与不实行，并且以"春秋"经义为主导思想。

龚自珍在《春秋决事比答问第五》中援引董仲舒之言，认为"母以子贵"："主地法夏而王，母不以子贵；主天法商而王，母以子贵；主天法质而王，母以子贵；主地法文而王，母不以子贵。"母不以子贵，盖文家法也。而《春秋》改制，损周文用殷质，于此实用质家法，故母得以子而贵。并根据《春秋》的记载："隐公之母书夫人子氏薨，僖公之母书夫人风氏薨，书葬我小君成风，皆媵也，而春秋夫人之。"《春秋·隐公二年》记载："十有二月，乙卯，夫人子氏薨。"子氏是鲁隐公的生母声子，宋女，鲁惠公原配孟子的

---

〔1〕《三国志》卷三四《二主妃子传》，中华书局 2010 年版，第 673 页。

媵，去世后《春秋》称其为夫人，是因为其子隐公是国君。《春秋·文公四年》记载："冬，十有一月，壬寅，夫人风氏薨。"《春秋·文公五年》记载："三月，辛亥，葬我小君成风。"成风是鲁庄公的妾，鲁僖公的母亲，鲁文公的祖母，母以子贵，庄公夫人哀姜已死，妾母即可称夫人。"母以子贵"是礼之原则，主要用来处理身份关系，所涉及的一般不是法律案件，如文中所引事例都是政治性事件，但该原则的运用对于个别案件中的身份继承和财产继承会产生影响，在这一意义上"母以子贵"也是法律原则。

4. 遵守礼丧

这一原则要求必须严格遵守"礼丧"规矩，即必须遵守儒家思想中的"亲亲"原则，否则将受到儒家伦理原则的制裁。如东晋刘隗奏请削爵梁龛案：庐江太守梁龛明日当除妇服，今日请客奏伎，丞相长史周顗等三十余人同会，隗奏曰："夫嫡妻长子皆杖居庐，故周景王有三年之丧，既除而宴，《春秋》犹讥，况龛匹夫，暮宴朝祥，慢服之愆，宜肃丧纪之礼。请免龛官，削侯爵。顗等知龛有丧，吉会非礼，宜各夺俸一月，以肃其违。"从之。[1]刘隗认为庐江太守梁龛应该在"礼丧"的前后恪守儒家伦理规则，不可随便游戏"礼丧"规则，不可随便请客奏伎。而梁龛这么做了，就必须免官削爵。这正是以儒家经义来维护"亲亲"之义。

（三）轻刑原则

董仲舒春秋决狱，一方面运用儒家经典维护封建中央集权统治，另一方面由于决狱中"本其事而原其志"，能够考虑犯罪的主观因素、行为表现、在共同犯罪中的地位和作用，从而使最终的判决结果相较法律为轻，这也是儒家"仁政"思想的体现。董仲舒和其他儒家司法官员在决狱中能够灵活运用儒家的思想，减轻封建刑事法律制度中的株连、重刑，体现了轻刑思想。后世司法实践中出现的"援经诛心"，主要是最高统治者重用酷吏所致。

1. 以功覆过

"以功覆过"出自《尚书·周书》"记人之功，忘人之过，宜为君者也"。《春秋·僖公十七年》也有记载："夏，师灭项。"《公羊传》："孰灭之？齐灭之也。曷为不言齐灭之？为桓公讳也。桓公尝有继绝存亡之功，故君子为之讳。"汉代"春秋决狱"者常引此条经义为据，为有功于国家者犯罪进行辩

---

[1]《晋书》卷六九《列传第三十九》，中华书局2010年版，第1219页。

解，使他们免受法律追究，所谓"以功覆过"。

"以功覆过"的典型例子是西域副校尉陈汤案。汉元帝时，陈汤与西域都护甘延寿矫制兴师，平定西域郅支单于之乱，为大汉建立不朽之功。事后却引发朝廷争议，石显、匡衡等官员认为，陈汤、甘延寿擅自兴兵讨伐西域，应当治罪，不能加官晋爵。但宗正刘向说："昔齐桓公前有尊周之功，后有灭项之罪，君子以功覆过而为之讳行事。贰师将军李广利捐五万之师，靡亿万之费，经四年之劳，而厪获骏马三十匹，虽斩宛王母鼓之首，犹不足以复费，其私罪恶甚多。孝武以为万里征伐，不录其过，遂封拜两侯……而延寿、汤……列功覆过则优于齐桓、贰师，近事之功则高于安远、长罗，而大功未著，小恶数布，臣窃痛之！宜以时解县通籍，除过勿治，尊宠爵位，以劝有功。"[1]刘向引经据典，并借用齐桓公、贰师将军的例子希望汉元帝"以功覆过"，对甘延寿、陈汤进行封赏。汉元帝采纳了他的意见。甘延寿、陈汤一案中"以功覆过"的运用发生在同一事件中，一方面二人擅自发兵，在古代属于"擅兴"之罪，另一方面二人平定了单于之乱，有功有过，功大于过，以功覆过，理应奖赏。该原则的运用有利于调动军事将领的主动性和积极性。甘延寿、陈汤远在西域，发生单于叛乱，此时有必要兴兵平叛，但又来不及请示皇帝，二人伪造皇帝圣旨发兵平息叛乱。利用"原心定罪"原则分析，二人矫制的目的不是为了篡权，而是为了平叛，最终目的也是维护君主的统治和天下安定，因此不但不应处罚，还应奖赏。

《汉书·酷吏传第六十》载：宣帝初，大司农田延年因盗取公物，被人告发。御史大夫田广明为其辩解，说："《春秋》之义，以功覆过。当废昌邑王时，非田子宾之言大事不成。今县官出三千万两自乞之，何哉？"[2]要求大将军霍光考虑田延年在参与拥立宣帝一事上的功劳，给予宽大处理，不追究他的贪污罪。田延年案不同于陈汤案，田延年有功在先，后来犯罪，以先前之功掩盖后来之罪，本质上属于一种特权做法。

《后汉书·马援列传》载：伏波将军马援因用兵失算，遭受重大损失，结果死后被梁松陷害，只得在当地草草安葬。"初，援在交阯，常饵薏苡实，用能轻身省欲，以胜瘴气。南方薏苡实大，援欲以为种，军还，载之一车。时

---

[1]《汉书》卷七〇《傅常郑甘陈段传》，中华书局2010年版，第2266页。
[2]《汉书》卷九〇《酷吏传》，中华书局2010年版，第2715页。

人以为南士珍怪，权贵皆望之。援时方有宠，故莫以闻。及卒后，有上书谮之者，以为前所载还，皆明珠文犀。马武与於陵侯侯昱等皆以章言其状，帝益怒。援妻孥惶惧，不敢以丧还旧茔，裁买城西数亩地槁葬而已。宾客故人莫敢吊会。"朱勃上书以"以功覆过"为据，请求为马援平反："臣闻王德圣政，不忘人之功……臣闻《春秋》之义，罪以功除，圣王之祀，臣有五义。若援，所谓以死勤事者也，愿下公卿平援功罪，宜绝宜续，以厌海内之望。"[1]马援终于得归葬故里。马援一案，本为冤案，理应平反，朱勃上书只是以"以功覆过"为由，达到为马援平反之目的，因此与前两案又有不同。

"以功覆过"有时亦称"以功补过"。晋朝时，王敦叛乱，刁协出奔遇难，后王敦叛乱被平息，其他人都被追封，唯刁协例外。刁协之子为其父鸣不平，"时庾冰辅政，疑不能决。左光禄大夫蔡谟与冰书曰：夫爵人者，宜显其功；罚人者，宜彰其罪，此古今之所慎也。凡小之人犹尚如此，刁令中兴上佐，有死难之名，天下不闻其罪，而见其贬，致令刁氏称冤，此乃为王敦复仇也。内沮忠臣之节，论者惑之。若实有大罪，宜显其事，令天下知之，明圣朝不贬死难之臣。《春秋》之义，以功补过。过轻功重者，得以加封；功轻过重者，不免诛绝；功足赎罪者无黜。虽先有邪佞之罪，而临难之日党于其君者，不绝之也。孔宁、仪行父亲与灵公淫乱于朝，君杀国灭，由此二臣，而楚尚纳之。传称有礼不绝其位者，君之党也。若刁令有罪，重于孔仪，绝之可也。若无此罪，宜见追论"[2]。刁协一案，实为有功无过，蔡谟在给辅政大臣庾冰的信中提出，若其有罪，应令天下知之。对于功过之间的关系，蔡谟认为应当进行功过对比，功大于过者奖，过大于功者罚，功过相当者抵。

"以功覆过"允许犯罪者折抵功劳，以补他所犯的过错和罪行。在魏晋"春秋决狱"中，改变旧有的成文法过于严苛的规定，采取一种变通的做法，这样有利于缓和统治阶级内部的矛盾，维护统治秩序的稳定。"以功覆过"原则本身有儒家伦理思想原则的因素，其所适用的对象也多是功臣贵族，这实际上是从司法实践层面扩充了"八议"中"议功"的外延。

根据"以功覆过"原则，犯罪者如果曾对国家有功，审判时可以将功抵过，减轻或免于刑事处罚。这听起来似乎与我们现代刑法里的立功制度相像，

---

[1]《后汉书》卷二四《马援列传》，中华书局2010年版，第565~568页。
[2]《晋书》卷六九《列传第三十九》，中华书局2010年版，第1224~1225页。

现代法理学视野下的春秋决狱

但却又全然不同。我们的立功制度指的是犯罪分子有揭发他人犯罪行为，查证属实的，或者提供重要线索，从而得以侦破其他案件等立功表现的，可以从轻或者减轻处罚；有重大立功表现的，可以减轻或者免除处罚。这对任何犯罪分子都适用，同时立功在犯罪之后。纵观古代的"以功覆过"的案例，这一原则主要运用于朝廷大臣犯罪的情况，对平民百姓根本无法适用，而且是立功在先，犯罪在后。这样一来，"以功覆过"原则便使一些士大夫超然于法律之外，成为封建等级制度的一个具体体现。

2. 恶恶止其身

"恶恶止其身"一语出自《春秋公羊传》。《春秋·昭公二十年》曰：曹公孙会自鄸出奔宋。《公羊传》解："畔也，曷为不言畔？为公子喜时之后讳也。《春秋》为贤者讳也。何贤乎公子喜时？让国也。君子善善也长，恶恶也短，恶恶止其身，善善及子孙。贤者子孙，故君子为之讳"。汉代"春秋决狱"引申为"罪止其身"，即只应当惩罚犯罪者本人，而反对株连父子、兄弟、亲戚和邻里，不可惩罚因他人犯罪受牵连的无辜者。

高祖、文帝时有族诛，而武帝时族诛之外，更有连坐，所谓"坐相连郡，甚者数千人"。这与《春秋》经义相违背。所以，昭帝时，文学儒生就说："《春秋》传曰：'子有罪，执其父；臣有罪，执其君，听失之大者也。'今以子诛父，以弟诛兄，亲戚相坐，什伍相连，若引根本之及华叶，伤小指之累四体也。如此，则以有罪反诛无罪，无罪者寡矣。"应该只"闻恶恶止其人，……未闻什伍之相坐也"。[1]

汉代引"恶恶止其身"论事断狱的事例，如《后汉书·赵憙传》载：东汉光武帝建武年间，"时平原多盗贼，憙与诸郡讨捕，斩其渠帅，余党当坐者数千人"。赵憙根据"善善及子孙，恶恶止其身"的春秋之义，准备将当坐的余党数千人徙迁京师附近，得到皇帝的批准，"帝从之，乃悉移置颍川、陈留"。[2]

《后汉书·刘恺传》载："安帝初，清河相叔孙光坐臧抵罪，遂增锢二世，衅及其子。是时居延都尉范邠复犯臧罪，诏下三公、廷尉议。司徒杨振、司空陈褒、廷尉张皓议依光比。恺独以为《春秋》之义，善善及子孙，恶恶止

---

〔1〕（西汉）桓宽：《盐铁论·周秦第五十七》，华夏出版社2000年版，第302页。
〔2〕《后汉书》卷二六《伏侯宋蔡冯赵牟韦列传》，中华书局2010年版，第610页。

其身，所以进人于善也。《尚书》曰：'上刑挟轻，下刑挟重'。如今使臧吏禁锢子孙，以轻从重，惧及善人，非先王详刑之意也。"这个案例说的是居延都尉范邠犯了贪污罪，按以前处罚贪官孙光的先例，父子两代不得为官，而太尉刘恺以"善善及子孙，恶恶止其身"的《春秋》之义力排众议，不主张禁锢其子孙。安帝认为其说法正确，于是，"有诏，太尉议是"。[1]

北魏时，"羊侃据郡南叛，侃兄深时为徐州行台，府州咸欲禁深。昱曰：'昔叔向不以鲋也见废，奈何以侃罪深，宜听朝旨。'不许群议"。[2]在此案中，杨昱引用春秋时叔向不因为其弟叔鱼犯罪而受牵连的故事，力主不应因为羊侃叛乱而株连其兄羊深。

北周孝闵帝时，"楚国公赵贵谋反，伏诛。诏曰：……而朕不明，不能辑睦，致使楚公贵不悦于朕，与万俟几通、叱奴兴、王龙仁、长孙僧衍等阴相假署，图危社稷。事不克行，为开府宇文盛等所告。及其推究，咸伏厥辜。兴言及此，心焉如痗。但法者天下之法，朕既为天下守法，安敢以私情废之。《书》曰：'善善及后世，恶恶止其身。'其贵、通、兴、龙仁罪止一家，僧衍止一房，余皆不问"。[3]

以上事例说明，依"恶恶止其身"之说决狱，即只惩罚犯罪者本人，不株连无辜者，反对连坐族诛。这一论点本身，从法学角度来看是合理的。而在盛行族诛连坐法的封建社会，汉朝统治者能用"善善及子孙，恶恶止其身"之说，作为解决特殊案件的办法，是有进步意义的。

3. 善善及子孙

"善善及子孙"原则亦是儒家思想的一个重要方面。因为儒家特别强调"善善""恶恶"，在行为上、道德操守上要求宽厚、仁义，而且他们希望这种宽厚、仁义，即"善"，可以永恒传承。因此，在礼制秩序上，就认为应该"善善及子孙"。这个原则，也充分表现在魏晋时代的"春秋决狱"上。

如司马昭对钟会哥哥钟毓之子的处理，就坚持了这一原则："会兄毓，以四年冬薨，会竟未知问，会兄子邕，随会与俱死，会所养兄子毅及峻、辿等下狱，当伏诛。司马文王表天子，下诏曰：峻等祖父繇，三祖之世，极位台

---

[1]《后汉书》卷三九《刘赵淳于江刘周赵列传》，中华书局2010年版，第879页。
[2]《北史》卷四一《列传第二十九》，中华书局2010年版，第987页。
[3]《周书》卷三《帝纪第三》，中华书局2010年版，第33页。

现代法理学视野下的春秋决狱

司,佐命立勋,飨食庙庭。父毓历职内外,干事有绩。昔楚思子文之治,不灭斗氏之祀;晋录成宣之忠,用存赵氏之后。以会、邕之罪,而绝繇、毓之类,吾有愍然。峻、迅兄弟特原,有官爵者如故,惟毅及邕息伏法。"[1] 钟会叛乱,在诛杀钟会之后,司马昭就要夷其三族。但钟会哥哥钟毓同司马昭又属于一派,司马昭即以钟会所抚养的峻、迅兄弟是钟繇之孙、钟毓之子,用存忠臣之后的说法来保峻、迅兄弟。

善善及子孙除用于决狱外,在有些礼仪事件中也可适用。如魏武帝曹操过卢植墓地时的行为,即坚持了功过褒贬态度:"贤者之后,宜有殊礼。"因此"遣丞掾除其坟墓,并致薄醻,以彰厥德",并"存其子孙"。太祖北征柳城,过涿郡,令太守曰:"故北中郎将卢植,名著海内,学为儒宗,士之楷模,乃国之桢干也。昔武王入殷,封商容之闾,郑丧子产,仲尼陨涕。孤到此州,嘉其余风。《春秋》之义,贤者之后,宜有殊礼。敬遣丞掾除其坟墓,并致薄醻,以彰厥德。"[2]

4. 同情女子

忠恕之道,在儒家思想中一以贯之。这一点在"春秋决狱"中也有体现。董仲舒在其《春秋繁露·三代改制质文》中说:"法不刑有怀妊新产,是月不杀,所朔废刑发德。"即妇女在怀孕、生养、哺乳时期,根据《春秋》之义,应该讲德爱而不用刑罚,即所谓"恕及妇孺"。而在董仲舒亲断的案例六"夫死再嫁"案的处理,也体现了对女子的同情,强调妇人以听从为顺,寡妇由其母所嫁,她本人无淫乱之心。既是"父母之命",妇人只好顺从,不得自专。

5. 宽宥

据史料记载,汉代儒生以"春秋决狱"者,都"务从宽恕"。如汉宣帝时的廷尉于定国"迎师学《春秋》,身执经……决疑平法,务在哀鳏寡,罪疑从轻,加审慎之心"[3];东汉和帝时的廷尉陈宠"数议疑狱,常亲自为奏,每附轻典,务从宽恕,帝辄从之,济活者甚众"[4];从全部的"春秋决狱"事例看,除了侵犯政权和皇权的案件按"君亲无将,将则诛焉"原则从重处

---

[1]《三国志》卷二八《王毌丘诸葛邓钟传》,中华书局2010年版,第589~590页。
[2]《后汉书》卷六四《吴延史卢赵列传》,中华书局2010年版,第1432页。
[3]《汉书》卷七一《隽疏于薛平彭传》,中华书局2010年版,第2282页。
[4]《后汉书》卷四六《郭陈列传》,中华书局2010年版,第1048页。

罚以外，其余的案件与汉律的规定相比，都是从轻处罚甚至是判定无罪的。在惩治犯罪行为时如果有两个以上的法律条文可以引用，则引用处罚较轻的。如果只有一个法律条文可以引用，则在法定范围内从轻处罚。甚至于在当事人构成犯罪的情况下，上请皇帝法外开恩予以赦免。这在一定程度上也起到了缓和社会矛盾的作用，正如《后汉书·何敞传》所载：何敞"以宽和为政，举冤狱，以《春秋》义断之，是以郡中无怨声"。

如，东汉时，庞参奉命平叛，于道为羌所败。既已失期，乃称病引兵还，坐以诈疾征下狱，校书郎中马融上书请之曰："……窃见前护羌校尉庞参，文武昭备，智略弘远，既有义勇果毅之节，兼以博雅深谋之姿。……今皆幽囚，陷于法网。昔荀林父败绩于邲，晋侯使复其位；孟明视丧师于崤，秦伯不替其官。故晋景并赤狄之土，秦穆遂霸西戎。宜远览二君，使参、懂得在宽宥之科，诚有益于折冲，毗佐于圣化。"书奏，赦参等。[1]在该案中，庞参前有失期之罪，后有诈疾之罪，依法惩罚并不为过，但是马融建议皇帝根据秦穆公赦免孟明视的故事，予以赦免，令其戴罪立功。这一做法既是宽宥原则的体现，也考虑到了军事活动的特殊性。因为对于军事将领而言，胜败乃兵家常事，如果将领战败动辄处罚，将不利于调动将领的积极性，也不符合战争的规律。

另如东吴陆抗上疏要求赦放薛莹案，也是以"宽宥原则"为依据的，史载：陆抗闻武昌左部督薛莹征下狱，上疏曰："夫俊乂者，国家之良宝，社稷之贵资，庶政所以伦叙，四门所以穆清也。故大司农楼玄、散骑中常侍王蕃、少府李勖，皆当世秀颖，一时显器，既蒙初宠，从容列位，而并旋受诛殛，或圮族替祀，或投弃荒裔。盖《周礼》有赦贤之辟，《春秋》有宥善之义，《书》曰：'与其杀不辜，宁失不经。'而蕃等罪名未定，大辟以加，心经忠义，身被极刑，岂不痛哉。且已死之刑，固无所识，至乃焚烁流漂，弃之水滨，惧非先王之正典，或甫侯之所戒也。是以百姓哀耸，士民同戚。蕃、勖永已，悔亦靡及，诚望陛下赦召玄出，而顷闻薛莹卒见逮录。莹父综纳言先帝，傅弼文皇，及莹承基，内厉名行，今之所坐，罪在可宥。臣惧有司未详其事，如复诛戮，益失民望，乞垂天恩，原赦莹罪，哀矜庶狱，清澄刑网，

---

[1]《后汉书》卷五一《李陈庞陈桥列传》，中华书局2010年版，第1141页。

则天下幸甚。"[1] 陆抗认为对薛莹的罪名并未确定，如使他身受大刑，将会制造像王蕃、李勖一样的冤狱。加上薛莹父亲是先帝的功臣，薛莹"罪在可宥"，因此，呈请朝廷能够"宽宥"以保人杰。

"宽恕"原则的有效执行，为维护统治阶级的安定统治，维护封建伦常秩序起到了重要作用，也体现了中国传统法律在某些方面的轻刑原则。

三、法律原则冲突时的处理

（一）春秋大义各自适用范围不同

经义决狱所引用的原则，有一些在适用中会产生争论，如"大夫无遂事"和"大夫出境，由有专辄"，具体适用中可能会有不同的主张，此时表面上看来两项原则有所冲突，其实是在原则适用范围的认识上产生歧义。"大夫无遂事"，即原则上大夫不能按自己的想法处理事情。另一项原则是"出境有可以安社稷、利国家，则专之可也"，即大夫出国，对有利于国家的好事可以专断。董仲舒认为这两项原则适用于不同的情况，在适合该原则的场合就是正确的，在不适合该原则的场合就是错误的，因此两者之间并不矛盾，是协调一致的。"《春秋》固有常义，又有应变。无遂事者，谓平生安宁也；专之可也，谓救危除患也；……故有危而不专救，谓之不忠；无危而擅生事，是卑君也。"[2] "大夫无遂事"适用于平常情况下，"大夫出境，由有专辄"适用于紧急情况下，但是两项原则的目的都是加强中央集权，国家有难而不辅助，国家无难而擅自做主，都是对君主的不忠诚。

（二）尊尊和亲亲原则矛盾时的处理原则

尊尊与亲亲原则冲突时，不以亲亲害尊尊。尤其是在政治权力方面，尊尊永远高于亲亲。这一冲突解决原则最重要的表现就是大义灭亲。虽然儒家伦理思想极其强调"尊亲"观念，但在面对国家和君主的利益时，却要求人们在"忠孝不能两全"情况下尽忠，这就是"大义灭亲"原则。《左传·隐公四年》，卫国大夫石碏为杀死弑卫庄公自立的州吁，不得已杀死追随州吁的亲生儿子石厚，这一史实被称为"大义灭亲"。庄公三十二年，季子杀母兄

---

[1] 《三国志》卷五八《陆逊传》，中华书局2010年版，第1003~1004页。
[2] （汉）董仲舒撰：《春秋繁露》之《精华第五》，张世亮、钟肇鹏、周桂钿译注，中华书局2012年版，第91页。

公子牙，公羊春秋评价说："何善尔？诛不得辟兄，君臣之义也。"〔1〕"大义灭亲"原则对于维护封建王权统治起到了重要作用，因而是统治阶级所极力提倡的。如毌丘俭、文钦上表奏请罢免司马师大将军职，其言："《春秋》之义，大义灭亲，故周公诛弟，石碏戮子，季友鸩兄，上为国计，下全宗族。殛鲧用禹，圣人明典，古今所称。乞陛下下臣等所奏，朝堂博议。"〔2〕他们认为司马师为人臣，过于擅专，应该以其弟司马昭代之。在他们讨伐司马师的檄文中，以春秋之义"大义灭亲"为由，请求诛杀司马师，虽未实施，但却以春秋之义为自己的主张提供合法性依据。

又如晋代齐王司马冏以春秋之义徙其兄司马蕤案：及冏辅政，诏以蕤为散骑常侍，加大将军，领后军、侍中、特进，增邑满二万户。又冏求开府，冏曰："武帝子吴、豫章尚未开府，宜且须后。"蕤以是益怨，密表冏专权，与左卫将军王舆谋共废冏。事觉，免为庶人。寻诏曰："大司马以经识明断，高谋远略，猥率同盟，安复社稷。自书契所载，周召之美未足比勋，故授公上宰。东莱王蕤潜怀忌妒，包藏祸心，与王舆密谋，图欲潜害。收舆之日，蕤与青衣共载，微服奔走，经宿乃还。奸凶赫然，妖惑外内。又前表冏所言深重，虽管蔡失道，牙庆乱宗，不复过也。《春秋》之典，大义灭亲，其徙蕤上庸。"后封微阳侯。永宁初，上庸内史陈钟承冏旨害蕤。冏死，诏诛钟，复蕤封，改葬以王礼。齐王司马冏认为其哥哥司马蕤包藏祸心，图欲潜害，因此他作为弟弟，就有义务"大义灭亲"，因此，以"春秋"经义判处其哥哥司马蕤到上庸负徒刑。究其实质，不过是其哥哥的行为危及到了他的专权。

对于这一问题，历代学者也有不同的观点。如龚自珍就认为于篡弑之大罪，父子之间亦当相隐。他认为："父也，兄也，不可谏，先死之；子也，弟也，不可教，以家法死之。死之而不明之于有司，不暴之于乡党国人也。若夫为国家者，案得教谏实迹，表异之。案不得教谏实迹，亦无连坐。则文王之法也。"〔3〕龚自珍的观点在儒家经典中也有反映，如《论语·里仁》云："事父母几谏。见志不从，又敬不违，劳而不怨。"侍奉父母，多次委婉劝告，如果父母不听，仍然尊敬而不背逆。《礼记·曲礼》云："为人臣之礼，不显

---

〔1〕 刘尚慈译注：《春秋公羊传译注》，中华书局2010年版，第176页。
〔2〕 《三国志》卷二八《王毌丘诸葛邓钟传》，中华书局2010年版，第569页。
〔3〕 （清）龚自珍撰：《龚自珍全集》，王佩诤校，上海古籍出版社1999年版，第59页。

谏。三谏而不听，则逃之。子之事亲也：三谏而不听，则号泣而随之。"

龚自珍之所以持该观点，还因为律本人情，他认为不论犯罪行为是否严重，都应当实行首匿："苟得首匿，篡弑下与攘羊同；苟不得首匿，攘羊上与篡弑同。律何本？本人情也。攘羊当坐笞，犹不相发，矧发大狱乎？筑泉台之观游、淫佚之失德犹相蒙，矧败大名乎？为国家求忠臣直士，不求之卖骨肉之门，幸甚！"[1]

后世法律为解决这一冲突，往往明确规定亲亲让于尊尊，如《大清律例·刑律·诉讼·干名犯义》条规定："其告（尊长）谋反、大逆、谋叛、窝藏奸细，及嫡母、继母、慈母、所生母杀其父，若所养父母杀其所生父母，及被期亲以下尊长侵夺财产，或殴伤其身，（据实）应自理诉者，并听（卑幼陈）告，不在干名犯义之限……"当国与家发生矛盾的时候，国为重；当忠与孝发生矛盾的时候，忠为重；当谋叛与不孝发生矛盾的时候，谋叛犯罪为重。

大义灭亲要求在"忠"与"孝"发生矛盾、危及统治者根本秩序的时候，选择尽忠，对此不能一概持批评态度。在大义灭亲中包含了司法应当不枉不纵的合理思想，一定意义上也体现了法律面前人人平等，即不随便宽恕犯罪，要做到罪当所罚。此有案例为证：黄浮为濮阳令，同岁子为市掾，犯罪当死，一郡望浮为主。浮曰："周公诛二弟，石碏讨其子，今虽同岁子，所不能赦也。"遂竟治之也。本案以周公诛二弟、石碏讨其子的春秋故事为依据，判明同岁子犯死罪当严惩不贷，表明司法应当做到有罪必罚、违法必究。

尊尊与亲亲原则冲突最为激烈的表现就是君主杀害了臣子的父亲，臣子能否为了替父亲复仇而杀死君主。《春秋·定公四年》记载：伍子胥父诛乎楚，挟弓而去楚，以干阖庐，阖庐曰："士之甚！勇之甚！"将为之兴师而复雠于楚。伍子胥复曰："诸侯不为匹夫兴师。且臣闻之：事君犹事父也。亏君之义，复父之雠，臣不为也。"[2]伍子胥的父亲伍奢、兄伍尚被楚平王所杀，伍子胥逃奔吴国，吴王阖闾要发兵为伍子胥父亲复仇，伍子胥谢绝了。伍子胥并非不愿为父复仇，只是他认为，诸侯不为平常人兴师，如果亏负对君主的道义，报父亲的冤仇，他不愿意做这样的事情。定公四年冬十一月，蔡侯

---

〔1〕（清）龚自珍撰：《龚自珍全集》，王佩诤校，上海古籍出版社1999年版，第60页。
〔2〕刘尚慈译注：《春秋公羊传译注》，中华书局2010年版，第590页。

为报被楚国拘禁之仇请求吴国发兵攻打楚国,吴国即以此为名攻打楚国,伍子胥达到为父复仇的目的。《公羊传》对此持肯定的态度,许伍子胥复仇,曰:"父不受诛,子复仇可也;父受诛,子复仇,推刃之道也。"何休注云:"诸侯之君与王者异,义得去,去则绝。"龚自珍对此评论认为:"今世家长杀雇工非道,视此文。凡臣民不得仇天子,得仇天子之臣;不得仇天子执法之大臣,得仇天子之潜臣,齐襄公是也。故比之曰:今世设有三法司枉挠人命,视此文。"[1]据此,根据何休的注解,该案实际上是普通的复仇,而不是尊尊与亲亲原则的冲突,因楚平王是周天子的诸侯,而诸侯之君与王者不同,所以伍子胥可以为父复仇。假设是周王杀了伍子胥的父亲,伍子胥就不能复仇了。从何休和龚自珍的理解可以推断出,如果君主杀了臣子的父亲,在臣子之父罪不当诛的情况下,臣子可以复仇,然复仇仅限于针对天子之臣。臣子不得对天子复仇,因为普天之下莫非王土,率士之滨莫非王臣,臣子被天子冤杀,无论如何是不能允许复仇的,否则整个封建统治的基础就将丧失。同时,龚自珍还提出"不得仇天子执法之大臣,得仇天子之潜臣"的主张,并以齐襄公九世复仇为例。《春秋·庄公四年》记载:"纪侯大去其国。"《公羊传》曰:"大去者何?灭也。孰灭之?齐灭之……复仇也。何仇尔?远祖也。哀公烹乎周,纪侯谮之。"齐哀公是齐襄公的九世祖,荒淫无道,纪侯僭之于周王,周夷王烹煮而杀之,齐襄公为远祖复仇,灭了纪国。"远祖者,几世乎?九世矣。九世犹可以复雠乎?虽百世可也。家亦可乎?曰:不可。国何以可?国君一体也;先君之耻犹今君之耻也,今君之耻犹先君之耻也。国君何以为一体?国君以国为体,诸侯世,故国君为一体也"。[2]所以,当亲亲与尊尊原则相冲突的时候,一般要求是"孝"让位于"忠"。

然而,"孝"让位于"忠"并非法律的明文规定,统治者在特定条件下为了树立孝道,也会令"忠"让位于"孝"。如晋时,"时女子李忽觉父北叛时,杀父。(周处)奏曰:'觉父以偷生,破家以邀祸,子围告归,怀嬴结舌,忽无人子之道,证父攘羊,伤化污俗,宜在投畀,以彰凶逆,俾刑市朝,不足塞责。'奏可,杀忽"。[3]在该案中,周处即认为女子李忽无人子之道。文

---

[1] (清)龚自珍撰:《龚自珍全集》,王佩诤校,上海古籍出版社1999年版,第63~64页。
[2] 刘尚慈译注:《春秋公羊传译注》,中华书局2010年版,第112页。
[3] 程树德:《九朝律考》,中华书局2003年版,第267页。

中提及的"子圉告归,怀嬴结舌"是春秋时期的故事。"晋圉怀嬴,晋惠公太子之妃也。圉质于秦,穆公以嬴妻之。六年,圉将逃归,谓嬴氏曰:'吾去国数年,子父之接忘,而秦晋之友不加亲也。夫鸟飞反乡,狐死首邱,我其首晋而死,子其与我行乎?'嬴氏对曰:'子,晋太子也。辱于秦,子之欲去,不亦宜乎!虽然,寡君使婢子侍执巾栉以固子也。今吾不足以结子,是吾不肖也。从子而归,是弃君也。言子之谋,是负妻之义也。三者无一可行,虽吾不从子也。子行矣,吾不敢泄言,亦不敢从也。'子圉遂逃归。君子谓怀嬴善处夫妇之间"。[1] 在该事例中,怀嬴在丈夫圉将要逃回晋国时,面临着对君(在该事例中,同时也是父亲)忠诚还是对夫服从的矛盾,她选择了既不跟从丈夫逃跑、也不告发丈夫的做法,为后世称道。

(三)亲亲原则内部冲突时的处理

儒家经义贯穿了礼的核心内容,即亲亲和尊尊,除了亲亲和尊尊原则的冲突外,在亲亲原则内部,由于不同的亲属关系施加于当事人不同的义务,对不同的亲人的义务有时也会发生冲突,尤其是涉及到不同亲人的生命权冲突的情况下,相关义务主体应当如何行事,根据不同的大义会得出不同的结论。

(1)夫殴母,妻可否杀夫?春秋决狱中,亲亲原则内部冲突的著名案例情节如下:妻甲夫乙,殴母,甲见乙殴母而杀之。对于此案情,各家学说观点不一。《公羊》说甲为姑讨夫,犹武王为天诛纣。[2] 根据《春秋公羊传》,则甲的行为是合法行为,类似于周武王讨伐商纣王。郑驳云,乙虽不孝,但殴之耳,杀之太甚。凡在宫者未得杀之,杀之者士师也。如郑此言,殴母妻不得杀之,若其杀母,妻得杀之。[3] 即根据案件的具体情节,如果乙只是殴母,则甲不得杀之。如果乙是弑母,则甲可以杀乙。这一结论也符合现代刑法中正当防卫的规定,即防卫行为应与侵犯行为相当。

在该案中,涉及到妻子乙对丈夫甲的义务和妻子乙对婆婆的义务之间的冲突。在甲殴打自己的母亲时,妻子乙是应当保护婆婆还是服从丈夫甲?儒家学者都认为应当保护婆婆,区别在于其对丈夫到底是可以杀死还是殴伤。

---

[1] (汉)刘向撰:《列女传》卷五《节义传》,载中国哲学书电子化计划网,https://ctext.org/text.pl?node=54283&if=gb&show=parallel&remap=gb,最后访问时间:2019年5月23日。
[2] 程树德:《九朝律考》,中华书局2003年版,第111页。
[3] (清)沈家本撰:《历代刑法考》,中华书局2006年版,第1772页。

从现代刑法学正当防卫理论出发,妻子乙可以行使防卫权,根据丈夫甲的殴打行为,其防卫行为可与之相当。

(2)父杀祖,子可否杀父?《礼记·檀弓》对此规定:"子杀父,凡在宫者杀无赦。"注云:"言子孙无尊卑皆得杀之。"疏云:"郑此云子孙无问尊卑皆得杀之,则似父之杀祖,子得杀父。然子之于父天性也,父虽不孝于祖,子不可不孝于父。今云子因孙而连言之,或容兄弟之子耳。除子以外,皆得杀其弑父之人。"郑玄在"注"中认为子孙皆可杀之。孔颖达在"疏"中则认为,子应排除在外。

《异义》云:"卫辄拒父,《公羊》以为孝子,不以父命辞王父之命。许拒其父,《左氏》以为子而拒父,悖德逆伦大恶。"郑驳《异义》云:"以父子私恩言之,则伤仁恩。"

沈家本在《历代刑法考》中评论:"则郑意以《公羊》所云公义也,《左氏》所云是私恩也。故知今之子报杀其父,是伤仁恩也。若妻则得杀其弑父之夫。"〔1〕从孔颖达和沈家本先生的观点来分析,父杀祖诚然犯罪,但子不得不孝于父,所以子不得杀父,不然就和父杀祖一样犯了大罪。同时从父子亲情来看,要求子杀父,也违背伦理亲情。

(3)母杀父,子应否告?东魏时,三公曹拟定《麟趾新制》,窦瑗对其中第六十六条"母杀其父,子不得告,告者死"的规定不满,上书认为不应如此规定,他在奏折中提出如下理由:第一,"案律,子孙告父母、祖父母者死。又汉宣云:'子匿父母,孙匿大父母,皆勿论。盖谓父母、祖父母,小者攘羊,甚者杀害之类,恩须相隐,律抑不言。法理如是,足见其直。未必指母杀父止子不言也'"。第二,"若父杀母,乃是夫杀妻,母卑于父,此子不告是也"。第三,引用春秋故事,"昔楚康王欲杀令尹子南,其子弃疾为王御士而上告焉。对曰:'泄命重刑,臣不为也。'王遂杀子南,其徒曰:'行乎?''吾与杀吾父,行将焉入!'曰:'臣乎?'曰:'杀父事仇,吾不忍。'乃缢而死"。注云:弃疾自谓不告父为与杀,谓王为仇,皆非礼,《春秋》讥焉。斯盖门外之治,以义断恩,知君杀父而子不告,是也。母之于父,同在门内,恩无可掩,义无断割。知母将杀理应告父;如其已杀,宜听告官。今母杀父而子不告,便是知母而不知父。识比野人,义近禽兽。且母之于父,作合移

---

〔1〕(清)沈家本撰:《历代刑法考》,中华书局2006年版,第1772页。

天，既杀己之天，复杀子之天，二天顿毁，岂容顿默！此母之罪，义在不赦，下手之日，母恩即离"。第四，"且君、父一也。父者子之天，被杀事重，宜附'父谋反大逆子得告'之条。父一而已，至情可见"。窦瑗认为如果是父杀母，子不得告；如果是母杀父，子得告发。

奏折上报后，遭到了三公郎封君义的反驳，封君义的理由主要有："身体发肤，受之父母，生我劳悴，续莫大焉。子于父母，同气异息，终天靡报，在情一也。今忽欲论其尊卑，辨其优劣，推心未忍，访古无据。母杀其父，子复告母，母由告死，便是子杀。天下未有无母之国，不知此子将欲何之！"封君义反对在父母之间分出尊卑，由此认为母杀其父，子不得告。同时，封君义还引用了春秋故事："案《春秋》，庄公元年，不称即位，文姜出故。服虔注云：'文姜通兄齐襄，与杀公而不反。父杀母出，隐痛深讳。期而中练，思慕少杀，念至于母。故《经》书：三月夫人逊于齐。'既有念母深讳之文，明无仇疾告列之理。"

窦瑗对封君义的理由进行了逐条反驳。第一，他引用经义，认为父母之间有尊卑之分，"《易》曰：'天尊地卑，乾坤定矣。'又曰：'乾天也，故称父；坤地也，故称母。'又曰：'乾为天，为父；坤为地，为母。'《礼丧服经》曰：'为父斩衰三年，为母齐衰期。'尊卑优劣，显在典章，何言访古无据"？第二，子没有为母亲隐杀父罪行的义务，"瑗案典律，未闻母杀其父而子有隐母之义。既不告母，便是与杀父，天下岂有无父之国，此子独得有所之乎"！第三，认为封君义对《春秋》的理解是错误的，"隐痛深讳者，以父为齐所杀，而母与之。隐痛父死，深讳母出，故不称即位，非为讳母与杀也。是以下文以义绝，其罪不为与杀明矣。《公羊传》曰：'君杀，子不言即位，隐之也。'期而中练，父忧少衰，始念于母，略书'夫人逊乎齐'。是内讳出奔，犹为罪文。传曰：'不称姜氏，绝不为亲，礼也。'注云：'夫人有与杀桓之罪，绝不为亲，得尊父子义。善庄公思大义，绝有罪，故曰礼也。'以大义绝有罪，得礼之衷，明有仇疾告列之理"。[1]

龚自珍在《春秋决事比答问第五》中就"人伦之变"答问八事，其中就"母预弑父"一事认为"子不得为父仇母"。《春秋·庄公元年》记载："三月，夫人孙于齐。"《公羊传》云："夫人固在齐矣，其言孙于齐何？念母

---

〔1〕 参见《魏书》卷八八《列传良吏第七十六》，中华书局 2010 年版，第 1293~1295 页。

也……夫人何以不称姜氏？贬。曷为贬？与弑公也……念母者，所善也。则曷为于其念母焉贬？不与念母也。"[1] 鲁庄公的母亲文姜与同父异母的兄长齐襄公长期私通，鲁桓公怀疑其子同为齐襄公之子，文姜就在齐襄公面前说鲁桓公的坏话，齐襄公就指示人杀了鲁桓公。桓公死后，庄公即位。《春秋》记载"夫人孙于齐"是说明鲁庄公思念母亲，但是因为文姜参与杀害鲁桓公，所以《公羊传》不赞成鲁庄公思念母亲，并对此进行了贬抑。何休注云："念母则忘父背本之道也，故绝文姜不为不孝，距蒯聩不为不顺，胁灵社不为不敬，盖重本尊统，使尊行于卑，上行于下。贬者，见王法所当诛。至此乃贬者，并不与念母也。又欲以孙为内见义，明但当推逐去之，亦不可加诛，诛不加上之义。"[2] 龚自珍又援引《谷梁传》"独阴不生，独阳不生"之说，明确子不得为父仇母。历代法律都没有子可以为父仇母的规定，即源于此。

从亲亲原则的含义分析，子对于父母犯罪都有隐匿的义务，子对于父母的义务是一样的，对于子女而言，父母没有尊卑之分（当然在夫与妻之间有尊卑之分）。所以无论是父杀母还是母杀父，子都不得告发，也不得复仇。

在理解该问题时，必须注意的是，此处所谓母杀父，讨论范围仅限于生身母亲杀死生身父亲的情形，对于嫡母、继母、慈母、养母等杀死生身父亲的情形，法律上已经有了明文规定，如《唐律疏议·斗讼》规定："即嫡、继、慈母杀其父，及所养者杀其本生，并听告。"

但是由于封建社会男尊女卑，对于这一问题，立法者也出尔反尔，多有变化。如清朝在《名例》中规定了"亲属相为容隐"，但乾隆五十四年又定一条例："父为母所杀，其子隐忍，于破案后始行供明者，照不应重律，杖八十；如经官审讯，犹复隐忍不言，照违制律，杖一百。若母为父所杀，其子仍听依律容隐，免科。"

亲情内部的冲突不仅在中国传统法律文化中存在，当父子亲情与母子亲情发生冲突的时候，子女能否为父复仇杀死母亲是人类难以抉择的一个悲剧。古希腊作家埃斯库罗斯根据神话故事改编的戏剧《俄瑞斯忒斯》，讲述的也是一个可怕的血亲之间冤仇相报的悲剧。

---

[1] 刘尚慈译注：《春秋公羊传译注》，中华书局2010年版，第102页。
[2] 转引自曾亦、申占稳："论龚自珍的春秋学"，载《杭州师范大学学报（社会科学版）》2018年第1期。

现代法理学视野下的春秋决狱

古希腊的统帅阿伽门农在率领大军进攻特洛伊时,为平息海神带来的风浪,将女儿伊菲革涅亚杀死,献祭给女神阿尔忒弥斯,但被女神以鹿易人救下。阿伽门农的妻子克吕泰涅斯特拉为了给女儿复仇,与人通奸,并在10年后阿伽门农凯旋时,在家里暗杀了阿伽门农。她的情人掌握了政权。

阿伽门农的幼子俄瑞斯忒斯当时只有12岁,逃亡他乡,发誓长大后一定要为父报仇。多年后俄瑞斯忒斯果然回到家乡杀死了自己的母亲和她的情人。报了仇但又陷入弑母重罪的俄瑞斯忒斯发了疯,被复仇女神反复纠缠,不得安宁,只得到处逃亡。最后是阿波罗指引他到雅典,寻求智慧女神雅典娜的公正裁判。雅典娜女神挑选了雅典最正直最睿智的市民担任法官,自任首席审判官,在阿瑞斯山开庭审理。

俄瑞斯忒斯为自己辩护说,他杀死母亲时只是把她看作杀害父亲的凶手。阿波罗极力为他辩护,声称父亲才是真正的播种者,一个人可以只有父亲没有母亲,正如雅典娜是从宙斯的头中生出来的。而一直纠缠俄瑞斯忒斯的复仇女神则指出弑母是十恶不赦的犯罪,俄瑞斯忒斯只有一死。

雅典娜请求法官们投票表决,结果却是有罪与无罪的票数相同!于是雅典娜投出决定性的一票:俄瑞斯忒斯应该无罪。于是俄瑞斯忒斯重获自由,回到迈锡尼当了首领。雅典娜为了平息复仇女神的怨气,又建议雅典为复仇女神建立神庙,改为仁慈女神。[1]

(4)父命与祖命冲突。亲亲原则内部冲突的另一种表现形式是尊重父亲与尊重祖父之间的矛盾。《春秋·哀公三年》记载,蒯聩是卫灵公的儿子,辄是蒯聩的儿子。灵公认为蒯聩不正派,将其赶走,让孙子辄继承王位。"然则辄之义可以立乎?曰:'可。'其可奈何?不以父命辞王父命。以王父命辞父命,是父之行乎子也"。[2]灵公的指示是王父命,蒯聩的意见是父命,王父即祖父,王父长父亲一辈,以王父命而辞父命,是符合春秋大义的。当然因为辄的祖父是卫灵公,本案还涉及到亲亲与尊尊原则的冲突,春秋大义,不以亲亲害尊尊。传王位是王事,父子关系是家事,所以,"不以家事辞王事,以王事辞家事,是上之行乎下也"。[3]董仲舒也认为:"王父、父所绝,子孙不

---

[1] 郭建:"《俄瑞斯忒斯》——血亲仇杀的悲剧",载搜狐网,https://www.sohu.com/a/214301864_660354,最后访问时间:2019年5月23日。

[2] 刘尚慈译注:《春秋公羊传译注》,中华书局2010年版,第625页。

[3] 刘尚慈译注:《春秋公羊传译注》,中华书局2010年版,第626页。

得属，鲁庄公不得念母，卫辄之辞父命是也。"[1]后世立法中实际也贯彻了这一思想，如《唐律疏议·斗讼》规定："诸祖父母、父母为人所殴击，子孙即殴击之，非折伤者，勿论；折伤者，减凡斗折伤三等；至死者，依常律。"【疏】议曰："……律文但称祖父母、父母为人所殴击，不论亲疏尊卑。其有祖父母、父母之尊长，殴击祖父母、父母，依律殴之无罪者，止可解救，不得殴之，辄即殴者，自依斗殴常法。"即祖父母、父母的尊长殴打祖父母、父母的，子孙只能解救，而不能实施殴打，擅自上前殴打的，当依照斗殴律条区别服制处罚。

---

[1]（汉）董仲舒撰：《春秋繁露》之《观德第三十三》，张世亮、钟肇鹏、周桂钿译注，中华书局2012年版，第341页。

第五章

春秋决狱的历史发展阶段

陈顾远先生在研究中论及"春秋决狱"的历史延续,他说:"汉除令以外有科,有比,又有春秋折狱之事;蜀吴无律而仅有科,魏亦有科有令有条及春秋决狱之事;晋并有令有诏条有故事(其中以刑事最多),而春秋决狱亦及之;梁有令有科,陈亦然。北魏疑狱,仍以经义量决,除'格'外又有令及故事;北齐仍从事于春秋折狱,令及权令格皆有制;北周则有令条并存;而篡位西魏以前,又有《大统式》之颁行也。"[1]依据陈先生的观点,汉以后春秋决狱至少延续至北齐。从历史资料来看,隋唐后,虽然春秋决狱的案例不及之前,但在遇到疑难案件时,司法官员仍会运用经义决狱,其影响延续至民国时期。

一、经义决狱萌发时期

程树德先生在《春秋决狱考》开篇直言:"汉时去古未远,论事者多傅以经义。"[2]但是他并未论及汉朝之前是否存在经义决狱之事。事实上,经义决狱系统形成于汉武帝时期,但儒家经义自春秋时期逐渐产生,统治者在处理有关事例时也会参考春秋经义解决。如《史记》记载:陈胜起山东,使者以闻,二世召博士诸儒生问曰:"楚戍卒攻蕲入陈,于公如何?"博士诸生三十余人前曰:"人臣无将,将即反,罪死无赦。愿陛下急发兵击之。"二世怒,作色。[3]在陈胜吴广起义后,诸博士以公羊春秋中的"君亲无将,将而必诛"的义理决断陈胜起兵之事,这是一则明显的运用春秋义理判断国家政治

---

[1] 陈顾远:《中国文化与中国法系——陈顾远法律史论集》,中国政法大学出版社2006年版,第83页。
[2] 程树德:《九朝律考》,中华书局2003年版,第160页。
[3] 《史记》卷九九《刘敬叔孙通列传》,中华书局2010年版,第2100页。

问题性质的事例。由于叔孙通向秦二世进言，认为"此特群盗鼠窃狗盗耳，何足置之齿牙间"，秦二世没有采纳诸儒生的建议。当然在此事中，并非严格意义上的决狱。但秦统一天下之后，儒家并非显学，反而遭受"焚书坑儒"的命运，儒家经义在政治活动和司法活动中也发挥不了太大作用。

在董仲舒之前，也发生过引用经义决狱的案例，其中最为著名的是汉文帝时期的缇萦上书。汉孝文帝即位十三年，齐太仓令淳于公有罪当刑，其女缇萦上书愿没入为官婢，以赎父刑罪："书奏天子，天子怜悲其意，遂下令曰：制诏御史：盖闻有虞氏之时，画衣冠异章服以为戮，而民弗犯，何治之至也！今法有肉刑三，而奸不止，其咎安在？非乃朕德之薄，而教不明欤！吾甚自愧。故夫驯道不纯而愚民陷焉。'诗曰：'恺弟君子，民之父母。'今人有过，教未施而刑已加焉，或欲改行为善，而道无繇至，朕甚怜之。夫刑至断支体，刻肌肤，终身不息，何其刑之痛而不德也！岂称为民父母之意哉？其除肉刑，有以易之；及令罪人各以轻重，不亡逃，有年而免。具为令。"[1]文帝废肉刑时，一方面引用《诗经》上所说的"恺弟君子，民之父母"作为决狱的依据，另一方面还说"画衣冠异章服以为戮，而民不犯"。该说来自于《尚书·尧典》中"象以典刑"的提法。根据《诗经》和《尚书》，汉文帝提出废除肉刑。《诗经》《尚书》皆为儒家经典，故汉文帝断缇萦案以废肉刑一事，可谓是典型的引经决狱之例。

汉景帝时因立太子发生了诛羊胜、公孙诡案。汉景帝时，窦太后意欲立梁王为帝太子："帝问其状，袁盎等曰：……方今汉家法周，周道不得立弟，当立子。故《春秋》所以非宋宣公，宋宣公死，不立子而与弟，弟受国死，复反之与兄之子，弟之子争之，以为我当代父，后即刺杀兄子，以故国乱，祸不绝。故《春秋》曰：君子大居正，宋之祸宣公为之。……而梁王闻其议出于袁盎诸大臣所，怨望，使人来杀袁盎。……独梁王所欲杀大臣十余人，文吏穷本之，谋反端颇见。太后不食，日夜泣不止，景帝甚忧之，问公卿大臣，大臣以为遣经术吏往治之，乃可解。于是遣田叔、吕季主往治之。此二人皆通经术，知大礼……景帝曰：何如？对曰：言梁王不知也，造为之者，独其幸臣羊胜、公孙诡之属为之耳。谨以伏诛死。梁王无恙也。"[2]在此案

---

[1]《汉书》卷二三《刑法志》，中华书局2010年版，第930页。
[2]《史记》卷五八《梁孝王世家》，中华书局2010年版，第1664页。

现代法理学视野下的春秋决狱

中,袁盎等人以《春秋》中宋宣公的故事和儒家的"君子大居正"的精神,解决了汉景帝当立弟还是立子为太子的问题,田叔、吕季主又以儒学大义解决了太后、景帝、梁王间"亲亲尊尊"所面临的微妙冲突,是"春秋决狱"之例。

随着儒家思想的传播,汉代司法实践中引用儒家经义决狱的案例日益增加,这固然与董仲舒对儒家思想的体系化改造有关,但与统治者对儒家思想的重视也有很大关系。在汉武帝年少时,就曾受到儒家思想的影响,依据儒家经义断案。

史载景帝前元七年(公元前150年),立七岁的胶东王刘彻为皇太子,即后来的汉武帝。景帝中元五年(公元前145年),发生了防年杀人案。此案见于唐人杜佑的《通典》:汉景帝时有继母杀父而子为父复仇,又杀继母者。依律,杀母以大逆论。景帝疑之。时武帝年十二,答谓:"继母如母,缘父之故,比之于母。今继母无状,手杀其父,则下手之日,母恩绝矣。宜与杀凡人者同,不宜与大逆论。"景帝从之。[1]

在此案例中,百姓防年为报杀父之仇,亲手杀死了杀害自己父亲的继母。依照当时的汉律规定"杀母以大逆论"。大逆依照汉律当属于重点打击的对象,汉律规定:"大逆不道,父母、妻子、同产皆弃市。"[2]犯罪者本人当然也要被处死。因此,廷尉据汉律判处防年"大逆不道"之罪,实属依律断案。但上奏景帝后,"帝疑之"。便问身旁年仅12岁的太子刘彻。刘彻认为:所谓继母,虽说"继母如母",但毕竟不同于亲生母亲,只是因为父亲的原因,才称为母亲,如今继母亲手杀死防年之父,其在下手之时,母恩已绝,所以防年杀其继母与杀尊亲属以外的他人的性质是完全相同的,对该行为不应以杀母论处大逆不道之罪,定为普通杀人罪就可以了,景帝最终采纳了太子的意见。

此案中,刘彻依据的就是儒家经典《春秋》中的思想。《春秋·桓公十八年》经文记载:"十有八年春,王正月,公(鲁桓公)会齐侯(齐襄公)于泺,公与夫人姜氏遂如齐"。《春秋左氏传·桓公十八年》传文解释说:"公会齐侯于泺,遂及文姜如齐,齐侯通焉。公谪之,以告。"[3]鲁桓公与夫人文

---

[1] 转引自陆心国:《晋书刑法志注释》,群众出版社1986年版,第63页。
[2] 《汉书》卷五《景帝纪》,颜注引如淳说,中华书局2010年版,第102页。
[3] (晋)杜预撰:《春秋左氏传注疏》,吉林出版集团有限责任公司2005年版,第172~173页。

姜到齐国去，文姜与其兄齐襄公私通，桓公责骂了文姜，文姜便与齐襄公合谋害死了鲁桓公。《春秋·庄公元年》经文说："三月，夫人孙于齐。"《春秋》为何不称文姜为姜氏？《公羊传》解释认为："夫人何以不称姜氏？贬。曷为贬？与弑公也。"[1]《春秋左氏传·庄公元年》认为："不称姜氏，绝，不为亲，礼也。"[2]由于齐襄公杀害了鲁桓公，文姜应当与齐国断绝，不复为亲，但是文姜不但没有与齐国断绝关系，反而出奔到齐国，而姜氏是齐国的姓，所以春秋在书写此事时就没有称文姜为"姜氏"，以表示文姜与齐国应绝之义，同时也是对文姜的讽刺。《春秋》不称姜氏显然是合乎"礼"的准则的。因此，依照《春秋》推导出的微言大义，刘彻认为在该案中，防年与其母"恩绝矣"，应当按照违反法律定普通杀人罪，而非以大逆不道之罪处罚。

二、经义决狱产生发展时期

汉武帝时期兴起的经义决狱使断狱官获得了援引经义裁判疑难案件的权力，解决了一些法律上没有明确规定的疑难案件，对于依照法律裁判将会导致不公平结果的案件，经义决狱也避免了其可能带来的消极社会效果。但无论是以今天法治的视角还是以当时的视角观察，经义决狱的合法性都值得怀疑。如在董仲舒引用春秋经义决狱的第一个案件中，当时立法中并无"父子相隐不为罪"的原则，董仲舒的断案结果与法律规定是相矛盾的。为防止这种损害法律权威性的现象发生，宣帝地节四年（公元前66年），诏曰："父子之亲，夫妇之道，天性也。虽有患祸，犹蒙死而存之。诚爱结于心，仁厚之至也，岂能违之哉！自今子首匿父母，妻匿夫，孙匿大父母，皆勿坐。其父母匿子，夫匿妻，大父母匿孙，罪殊死，皆上请廷尉以闻。"[3]通过皇帝诏令的形式在法律上确认了该做法的合法性，"亲属相容隐"的原则第一次以明确的法律形式正式确立下来。元康四年（公元前62年），宣帝又发布"免老"诏令："朕惟耆老之人，发齿堕落，血气衰微，亦亡暴虐之心，今或罹文法，拘执囹圄，不终天命，朕甚怜之。自今以来，诸年八十以上，非诬告杀伤人，它皆勿坐。"[4]这一系列诏令充分体现了汉代以儒家经义治国的思想。

---

[1] 刘尚慈译注：《春秋公羊传译注》，中华书局2010年版，第102页。
[2] （晋）杜预撰：《春秋左氏传注疏》，吉林出版集团有限责任公司2005年版，第180页。
[3] 《汉书》卷八《宣帝纪》，中华书局2010年版，第176页。
[4] 《汉书》卷八《宣帝纪》，中华书局2010年版，第181页。

现代法理学视野下的春秋决狱

又宣帝时,于定国担任廷尉后,"迎师学春秋,身执经,北面备弟子礼。为人谦恭,尤重经术士……其决疑平法,务在哀鳏寡,罪疑从轻,加审慎之心"。[1]时至东汉,"引经折狱"经久不息,如《后汉书》记载:(何敞)迁汝南太守。敞疾文俗吏以苛刻求当时名誉,故在职以宽和为政。立春日,常召督邮还府,分遣儒术大吏案行属县,显孝悌有义行者。及举冤狱,以《春秋》义断之。是以郡中无怨声,百姓化其恩礼。[2]汉和帝时,曾任廷尉、尚书的陈宠,"性仁矜。及为理官,数议疑狱,常亲自为奏。每附经典,务从宽恕,帝辄从之,济活者甚众"。[3]

汉昭帝始元六年(公元前81年),经过杜延年建议,皇帝诏郡国举贤良文学之士六十多人召开盐铁会议,贤良文学为一方,桑弘羊等封建官僚为一方,围绕盐铁官营等问题展开激烈争论,其中也涉及儒法两种法律思想的斗争。在《盐铁论》一书的《刑德》一篇里,详细记载了双方就刑与德之间关系的辩论。大夫主张实行法家的思想:"令者所以教民也,法者所以督奸也。令严而民慎,法设而奸禁。罔疏则兽失,法疏则罪漏。"[4]并且认为:"执法者国之辔衔,刑罚者国之维楫也。故辔衔不饬,虽王良不能以致远;维楫不设,虽良工不能以绝水……今刑法设备,而民犹犯之,况无法乎?其乱必也!"[5]强调刑罚的作用。文学则认为"法令众,民不知所辟",主张"治民之道,务笃其教而已"[6],应该实行德治,"夫为君者法三王,为相者法周公,为术者法孔子,此百世不易之道也"。[7]

汉宣帝甘露三年,朝廷于石渠阁召开会议,"诏诸儒讲五经同异,太子太傅萧望之等平奏其议,上亲称制临决焉。乃立梁丘易、大小夏侯尚书、谷梁春秋博士"[8],这次会议形成了一些共同的结论,为建立统一的经学铺平了道路。

东汉章帝建初四年,杨终向章帝建议,仿效石渠故事,召开白虎观会议,

---

[1]《汉书》卷七一《隽疏于薛平彭传》,中华书局2010年版,第2282页。
[2]《后汉书》卷四三《朱乐何列传》,中华书局2010年版,第1004页。
[3]《后汉书》卷四六《郭陈列传》,中华书局2010年版,第1048页。
[4](西汉)桓宽:《盐铁论·刑德第五十五》,华夏出版社2000年版,第290页。
[5](西汉)桓宽:《盐铁论·刑德第五十五》,华夏出版社2000年版,第295页。
[6](西汉)桓宽:《盐铁论·刑德第五十五》,华夏出版社2000年版,第291页。
[7](西汉)桓宽:《盐铁论·刑德第五十五》,华夏出版社2000年版,第296页。
[8]《汉书》卷八《宣帝纪》,中华书局2010年版,第190页。

讲解五经同异，统一思想，得出各派都能接受的结论，以为后世典则。后班固奉命编写《白虎通义》，将西汉以来经学上的纲常伦理总结为"三纲六纪"："三纲者，何谓也？谓君臣、父子、夫妇也。六纪者，谓诸父、兄弟、族人、诸舅、师长、朋友也。故《含文嘉》曰：'君为臣纲，父为子纲，夫为妻纲。'又曰：敬诸父兄，六纪道行，诸舅有义，族人有序，昆弟有亲，师长有尊，朋友有旧。""君臣、父子、夫妇，六人也。所以称三纲何？一阴一阳谓之道，阳得阴而成，阴得阳而序，刚柔相配，故六人为三纲。"[1]此后，儒家思想在东汉立法中的指导思想地位上升，汉律中贯穿了"三纲"的原则，并影响到封建社会后世的法律。

班固作《汉书·刑法志》时，开篇便以儒家思想作为指导原则："夫人宵天地之貌，怀五常之性，聪明精粹，有生之最灵者也……圣人取类以正名，而谓君为父母，明仁爱德让，王道之本也。爱待敬而不败，德须威而久立，故制礼以崇敬，作刑以明威也。圣人既躬明哲之性，必通天地之心，制礼作教，立法设刑，动缘民情，而则天象地。故曰先王立礼，'则天之明，因地之性'也。刑罚威狱，以类天之震曜杀戮也；温慈惠和，以效天之生殖长育也。《书》云：'天秩有礼，天讨有罪。'"[2]

东汉末年，应劭断案中也曾引用儒家经典，"初，安帝时河间人尹次、颍川人史玉皆坐杀人当死，次兄初及玉母军并诣官曹求代其命，因缢而物故。尚书陈忠以罪疑从轻，议活次、玉。劭后追驳之，据正典刑，有可存者。其议曰：《尚书》称'天秩有礼，五服五章哉。天讨有罪，五刑五用哉'。而孙卿亦云：'凡制刑之本，将以禁暴恶，且惩其末也，凡爵列、官秩、赏庆、刑威，皆以类相从，使当其实也。'若德不副位，能不称官，赏不酬功，刑不应罪，不祥莫大焉。杀人者死，伤人者刑，此百王之定制，有法之成科。高祖入关，虽尚约法，然杀人者死，亦无宽降。夫时化则刑重，时乱则刑轻。《书》曰'刑罚时轻时重'，此之谓也。今次、玉公以清时释其私憾，阻兵安忍，僵尸道路。朝恩在宽，幸至冬狱，而初、军愚狷，妄自投毙。昔召忽亲死子纠之难，而孔子曰：'经于沟渎，人莫之知。'朝氏之父非错刻峻，遂能自陨其命，班固亦云'不知赵母指括以全其宗'。传曰'仆妾感慨而致死者，

---

[1] 杨鹤皋：《中国法律思想通史》，湘潭大学出版社2011年版，第446页。
[2] 《汉书》卷二三《刑法志》，中华书局2010年版，第917页。

现代法理学视野下的春秋决狱

非能义勇,顾无虑耳'。夫刑罚威狱,以类天之震耀杀戮也;温慈和惠,以放天之生殖长育也。是故春一草枯则为灾,秋一木华亦为异。今杀无罪之初、军,而活当死之次、玉,其为枯华,不亦然乎?陈忠不详制刑之本,而信一时之仁,遂广引八议求生之端。夫亲故贤能功贵勤宾,岂有次、玉当罪之科哉?若乃小大以情,原心定罪,此为求生,非谓代死可以生也。败法乱政,悔其可追"。[1]在该案中尹次、史玉都因为杀人罪而被判死刑,尹次的兄长尹初和史玉的母亲军前往官府,请求代死并且自杀,尚书陈忠认为应当从轻判决尹次、史玉。应劭引用儒家经典对陈忠的观点进行了反驳。在应劭的观点中有两点值得注意,一是他明确提出不能因为亲人代死而放纵罪犯,在这一意义上他实际上是坚持法治的,其坚守法律的观念很强。二是他总结了经义决狱"小大以情,原心定罪",其目的是"求生",结合董仲舒亲自审理的六起案件都是轻判,加以应劭生活时代距董仲舒生活时代不远,我认为应劭准确概括了董仲舒经义决狱的目的,就是为了能替犯罪行为人"求生",这是真正的儒家经义决狱的目的:一方面引经断狱给罪犯以活路,此时并不拘泥于法律条文的死板规定;另一方面坚守法律拒绝代死以生,两者得到了很好的统一。应劭通过一封奏疏体现了其经义水平和法制理念。

应劭不仅自己运用春秋决狱,由于董卓叛乱导致很多古代典籍毁于战火,应劭还对包括春秋决狱在内的相关法律进行了整理编纂,"臣累世受恩,荣祚丰衍,窃不自揆,贪少云补,辄撰具《律本章句》《尚书旧事》《廷尉板令》《决事比例》《司徒都目》《五曹诏书》及《春秋断狱》凡二百五十篇。蠲去复重,为之节文。又集驳议三十篇,以类相从,凡八十二事"。[2]

三、儒家经义入律时期

经义决狱尽管解决了汉朝初期法律滞后性的问题,但由于其对国家法律的冲击,一直存在着对其的批判。如西晋刘颂即认为:"看人设教,制法之谓也。又曰'随时之宜',当务之谓也。然则看人随时,在大量也,而制其法。法轨既定则行之,行之信如四时,执之坚如金石。群吏岂得在成制之内,复称随时之宜,傍行看人设教,以乱政典哉?"他认为,"看人设教""随时之

---

[1]《后汉书》卷四八《杨李翟应霍爰徐列传》,中华书局2010年版,第1086~1087页。
[2]《后汉书》卷四八《杨李翟应霍爰徐列传》,中华书局2010年版,第1088页。

宜"是立法原则，不是司法原则。他建议："今限法曹郎令史，意有不同为驳，唯得论释法律，以正所断，不得援求诸外，论随时之宜，以明法官守局之分。"刘颂也认识到："然天下至大，事务众杂，时有不得悉循文如令。"对于少数案件，他建议："事无正据，名例不及，大臣论当，以释不滞，则事无阂。"法律的解释权只在中央主管司法的大臣，"至如非常之断，出法赏罚，若汉祖戮楚臣之私己，封赵氏之无功，唯人主专之，非奉职之臣所得拟议"。[1]

汉之"春秋决狱"本为"引礼入律"之肇始，魏晋南北朝时期为我国传统法制转型之际，法律儒家化渐次完成，在这一进程中，由于经义的内容逐步渗入法律，当法律的内容已经能够体现经义的精神时，对维护法律的严肃性的要求就超过了经义决狱的现实需要，从法律上对经义决狱进行制度化规范就成为立法者考虑的问题。

（一）禁任情破法

晋时，主簿熊远奏曰："凡为驳议者，若违律令节度，当合经传及前比故事，不得任情以破成法。愚谓宜令录事更立条制，诸立议者皆当引律令经传，不得直以情言，无所依准，以亏旧典也。"[2]根据这一建议，臣下上奏驳议时，如果违反律令节度，必须符合儒家经典著作或者以前的故事，不允许毫无依据地只是按照私情利害陈述意见。熊远的建议主要针对的是任情破法，他的建议实际上认为在符合儒家经传和先例的情况下，是可以和律令不一致的，将儒家经传置于律令之上，但是他强调必须引用律令经传，从而将"经义决狱"与"引律决狱"在形式上统一起来，保障了法律的权威性和稳定性。

（二）付中书据律评刑

北魏太武帝太平真君六年诏曰："诸有疑狱，皆付中书，以经义量决。"[3]根据诏书，"经义决狱"仅适用于疑难案件，且仅限于中书官才能定夺，并非任何司法官员都可以经义决狱，对主体范围的设定严格限制了引经决狱的适用。据《魏书》记载："初，真君中以狱讼留滞，始令中书以经义断诸疑事。允据律评刑，三十余载，内外称平。"[4]

---

[1]《晋书》卷三〇《志第二十》，中华书局2010年版，第609~610页。
[2]《晋书》卷三〇《志第二十》，中华书局2010年版，第611页。
[3]《魏书》卷四《世祖纪第四下》，中华书局2010年版，第66页。
[4]《魏书》卷四八《列传第三十六》，中华书局2010年版，第735页。

根据史书记载，魏晋南北朝时期仍时有经义决狱案例发生。如：北齐后主高纬武平二年，高纬的弟弟琅邪王高俨因权力之争，试图谋反，事发失败，"收伏连及高舍洛、王子宜、刘辟强、都督翟显贵于后园，帝亲射之而后斩，皆支解，暴之都街下。文武职吏，尽欲杀之。（斛律）光以皆勋贵子弟，恐人心不安，赵彦深亦云'春秋责帅'，于是罪之各有差"。[1] 即根据春秋之义，按照犯罪情节的轻重予以处罚。

四、经律合一时期

经过汉朝时期的经义决狱和三国两晋南北朝时期的法律儒家化，至唐朝法律儒家化进程完成，儒家经义的精神与唐律的内容已经融为一体，在唐律中随处可见儒家思想的影响。经义精神在唐律中的体现主要有以下几种方式。

（一）在"疏"中引用经义精神对法条进行解释

具体引用的儒家经义包括：

1. 引用《春秋公羊传》

如《唐律疏议·名例·十恶》对谋反进行解释时说："一曰谋反。谓谋危社稷。【疏】议曰：案《公羊传》云：'君亲无将，将而必诛。'谓将有逆心，而害于君父者，则必诛之。《左传》云：'天反时为灾，人反德为乱。'然王者居宸极之至尊，奉上天之宝命，同二仪之覆载，作兆庶之父母。为子为臣，惟忠惟孝。乃敢包藏凶慝，将起逆心，规反天常，悖逆人理，故曰'谋反'。"在疏议中应用了《春秋公羊传》来说明规定"谋反"罪的理由。而《唐律疏议·贼盗》"谋反大逆"条规定了对于谋反大逆犯罪的处罚："诸谋反及大逆者，皆斩；父子年十六以上皆绞……"疏议在解释立法理由时同样引用了《公羊传》的"君亲无将，将而必诛"。"【疏】议曰：人君者，与天地合德，与日月齐明，上祗宝命，下临率土。而有狡竖凶徒，谋危社稷，始兴狂计，其事未行，将而必诛，即同真反"。

2. 引用《诗经》

如《唐律疏议·斗讼》规定："诸部曲、奴婢告主，非谋反、逆、叛者，皆绞。"【疏】议曰："日月所照，莫匪王臣。奴婢、部曲，虽属于主，其主若犯谋反、逆、叛，即是不臣之人，故许论告。"唐律中规定一般情况下部

---

[1]《北齐书》卷十二《列传第四》，中华书局2010年版，第110页。

曲、奴婢不允许告发主人，但是主人如果犯了谋反、大逆、叛乱之罪，就准许告发。其立法理由就是"日月所照，莫非王臣"，该词出自《诗经·小雅·北山》："普天之下，莫非王土。率土之滨，莫非王臣。"

3. 引用《礼记》

如《唐律疏议·斗讼》规定："即殴伤见受业师，加凡人二等。死者，各斩。谓伏膺儒业，而非私学者。【疏】议曰：礼云'凡教学之道，严师为难。师严道尊，方知敬学'。如有亲承儒教，伏膺函丈，而殴师者，加凡人二等。"之所以规定殴伤现受教课业之师长，比殴伤一般人加罪二等，就是因为《礼记》有言，知道尊敬师长，才能知道敬守学业。

(二) 某些法律概念出自儒家经典

《唐律疏议》中所用的某些法律概念有其特定出处，有的来自于儒家经典著作。要正确理解这些法律概念，必须从儒家经典中寻求其本来的含义。试举几例。

1. 校阅

《唐律疏议·擅兴》"大集校阅违期不到及折冲府校阅不到"条在疏议中对"校阅"解释即是引用《春秋》："春秋之义，'春蒐，夏苗，秋狝，冬狩，皆因农隙以讲大事'，即今'校阅'是也。"

2. 犹子

如《唐律疏议·贼盗》"谋杀期亲缌麻以上尊长及谋杀卑幼"条在疏议中解释："假有伯叔数人，谋杀犹子讫，即首合流二千里，从而加功合徒三年；从者不加功，徒二年半；从者不行，减行者一等，徒二年之类。"文中"犹子"一词意指从子，即侄子。语出《礼记·檀弓上》："兄弟之子，犹子也。"

3. 邻里

如《唐律疏议·捕亡》规定："诸邻里被强盗及杀人，告而不救助者，杖一百。"【疏】议曰：依礼：'五家为邻，五邻为里。'既同邑落，邻居接续，而被强盗及杀人者，皆须递告，即救助之，若告而不救助者，杖一百。"条文中的"邻里"一词，疏议解释为"五家为邻，五邻为里"，即出自《周礼》。

(三) 引用经义中的事例对法律条文进行例证

如《唐律疏议·名例·十恶》对谋叛进行解释："三曰谋叛。谓谋背国从伪。【疏】议曰：有人谋背本朝，将投蕃国，或欲翻城从伪，或欲以地外奔，

现代法理学视野下的春秋决狱

即如莒牟夷以牟娄来奔,公山弗扰以费叛之类。"所举第一个事例出自《春秋·昭公五年》,莒国的牟夷带牟娄及防、兹等地投奔鲁国,是带土地投奔外国的例子。所举第二个事例,出自《论语·阳货》,鲁国执政公族季桓子的家臣公山弗扰与阳货一起在费城拘禁了季桓子,起兵叛乱。又如《唐律疏议·职制》"上书奏事误犯宗庙讳及为名字犯讳"条规定:"即为名字触犯者,徒三年。若嫌名及二名偏犯者,不坐。嫌名,谓若禹与雨、丘与区。二名,谓言征不言在,言在不言征之类。【疏】议曰:……'及二名偏犯者',谓复名而单犯并不坐,谓孔子母名征在,孔子云'季孙之忧,不在颛臾',即不言征;又云'杞不足征',即不言在。此色既多,故云'之类'。"根据法律条文,名字二字偏犯其一的不为罪。疏议中引用了孔子的两个例子来说明孔子并没有触犯孔子母亲征在的名讳。"季孙之忧,不在颛臾"出自《论语·季氏》,"杞不足征"出自《论语·八佾》。

(四)在问答中引用经义精神进行回答

如《唐律疏议·名例·十恶》在恶逆的问答中即如此:"问曰:外祖父母及夫,据礼有等数不同,具为分析。答曰:……若不生母身者,有服同外祖父母,无服同凡人。依礼,嫡子为父后及不为父后者,并不为出母之党服,即为继母之党服,此两党俱是外祖父母;若亲母死于室,为亲母之党服,不为继母之党服,此继母之党无服,即同凡人。"此处关于继子是否需要为继母的父母服丧的回答,就是根据礼记的精神答复的。

(五)在对"注"进行解释时引用"大义"

如《唐律疏议·名例·十恶》在"大不敬"的注文中有"指斥乘舆,情理切害","【疏】议曰:此谓情有触望,发言谤毁,指斥乘舆,情理切害者。若使无心怨天,唯欲诬构人罪,自依反坐之法,不入十恶之条。旧律云'言理切害',今改为'情理切害'者,盖欲原其本情,广恩慎罚故也"。在疏议的内容中明确提到要原心定罪,如无心怨天,则不能构成大不敬。在解释为何将旧律中的"言理切害"改为"情理切害"时,其理由是"原其本情",即董仲舒所谓"本其事而原其志"。

(六)疏议内容符合董仲舒春秋决狱精神

如《唐律疏议·名例·十恶》在对"不义"罪名的解释中说:"夫者,妻之天也。移父之服而服,为夫斩衰,恩义既崇,闻丧即须号恸。而有匿哀不举,居丧作乐,释服从吉,改嫁忘忧,皆是背礼违义,故俱为十恶。其改嫁为妾者，非。"即根据礼仪，夫是妻之天，丈夫去世，妻子在丧期内是不能改嫁的。由此推论，在丧期外，妻子是可以改嫁的。而《唐律疏议·户婚》也规定："诸夫丧服除而欲守志，非女之祖父母、父母而强嫁之者，徒一年；期亲嫁者，减二等。各离之。女追归前家，娶者不坐。【疏】议曰：妇人夫丧服除，誓心守志，唯祖父母、父母得夺而嫁之。"从法律条文规定看，在丈夫去世丧期满了后，妻子也可以守志不嫁，但是妻子的祖父母、父母可以夺其志，令其改嫁。董仲舒在其亲自断狱的案例中曾说："《春秋》之义，言夫人归于齐，言夫死无男，有更嫁之道也。"因此，疏议的内容与董仲舒经义决狱的精神是一致的。

（七）疏议的具体内容符合经义原则

如《唐律疏议·杂律》在奴奸主或主之亲属罪名中规定："其部曲及奴，奸主及主之期亲，若期亲之妻者绞，妇女减一等；强者，斩。即奸主之缌麻以上亲及缌麻以上亲之妻者，流；强者，绞。【疏】议曰：……若奸妾者，自主以下，准上例，并减妻一等。即妾子见为家主，其母亦与子不殊，虽出亦同。"部曲或者奴，如果是与主人的妾通奸的，从通奸主人以下各罪，都比通奸或强奸妻子减轻一等。但是如果通奸或者被强奸的妾的儿子当时已经成为家主，作为母亲的妾与作为主人的儿子不应有差别，即使已经被丈夫休出的，也与儿子身份地位一样。疏议中之所以作出例外的规定，是因为妾的儿子既然已经成为家的主人，其母虽原为妾，现在也取得家主身份，如其被奸，罪犯不得再执行减一等之例。这就是儒家经义中"母以子贵"原则在立法中的体现。

（八）贯彻了经义决狱中的"原心定罪"原则

唐律在确定某一行为是否构成犯罪、犯罪行为是出于故意还是过失等问题时贯彻了经义决狱中的"原心定罪"。具体表现：

1. 根据行为人的主观动机确定其行为构成犯罪应予以惩罚

如《唐律疏议·诈伪》在"父母死诈言余丧不解官及诈称父祖死"条的问答中称："问曰：有人嫌恶前人，妄告父母身死，其妄告之人，合科何罪？答曰：父母云亡，在身罔极。忽有妄告，欲令举哀，若论告者之情，为过不浅，律、令虽无正法，宜从'不应为重'科。"行为人捏造消息，假告某人其父母死亡，对于这种行为法律上并没有规定为犯罪行为，但是假告人主观上罪过不轻，对于这种行为应该依照"不应得为而为之罪中的重罪"处罚。

2. 根据行为人的主观动机确定其行为不构成犯罪，不应予以惩罚

如《唐律疏议·杂律》在"于城内无故走车马及有公私要速而致杀伤"条规定："诸于城内街巷及人众中，无故走车马者，笞五十；……若有公私要速而走者，不坐。"根据该条，在城内街巷及人多之处，无故奔驰车马的，笞五十。但是如果因为有紧急的公事或私事而奔驰的，不处罚。该条后半句类似于我国现在刑法中的"但书"，即考虑到行为人的主观动机对其行为不予处罚。

3. 根据行为人的主观恶性确定此罪与彼罪的区别

即因为犯罪人主观方面不同，其构成的罪名也不同。如《唐律疏议·斗讼》在"斗殴杀人及故杀伤人"条规定："诸斗殴杀人者，绞。以刃及故杀人者，斩。虽因斗，而用兵刃杀者，与故杀同……不因斗，故殴伤人者，加斗殴伤罪一等。虽因斗，但绝时而杀伤者，从故杀伤法。"根据疏议的内容，该条首先确定了故杀与斗杀的区别，即故杀是"非因斗争，无事而杀"，斗杀则是"元无杀心，因相斗殴而杀人"。然后明确了实践中有些难以把握的斗杀与故杀之间的界限，将因为斗殴而引起的某些犯罪行为界定为故杀伤，包括三种情形：第一是"斗而用刃，即有害心"；第二是"本虽是斗，乃用兵刃杀人者，与故杀同"；第三是"虽因斗，但绝时而杀伤者，从故杀伤法"，即虽然因争斗而起，但于事过之后而去杀伤对方的，依照故意杀伤法处罚。这三种情形类似于现代刑法中的"转化犯"，即从斗杀转为故杀。

（九）依儒家经义确定家庭内部关系

唐律中很多罪名涉及家庭内部关系，在封建礼制之下，犯罪人与受害人之间的尊卑长幼不同，处罚结果也有很大差异。《唐律疏议》在界定家庭内部关系时既依据五服制度，也援引儒家经义说明立法理由。

1. 对于夫妻关系的界定

唐律中对夫妻关系在不同的法律条文中有不同的界定，这也反映了夫妻关系的复杂。其一认为丈夫是妻子的"天"，如《唐律疏议·名例·十恶》对"不义"罪名的解释中说："夫者，妻之天也。移父之服而服，为夫斩衰，恩义既崇，闻丧即须号恸。"妻子应当服从丈夫。《唐律疏议·户婚》在"犯义绝不离及妻妾擅去并改嫁"条规定："即妻妾擅去者，徒二年；因而改嫁者，加二等。【疏】议曰：妇人从夫，无自专之道，虽见兄弟，送迎尚不逾阈……"其二认为丈夫与妻子地位相齐。如《唐律疏议·户婚》在"有妻更娶妻"条

规定:"诸有妻更娶妻者,徒一年;女家,减一等。若欺妄而娶者,徒一年半;女家不坐。各离之。【疏】议曰:依礼,日见于甲,月见于庚,象夫妇之义。一与之齐,中馈斯重。"太阳升起于东方,月亮升起于西方,象征着夫与妻的道理,既然妻子与丈夫相齐,妻子在家中的地位就非常重要。在"妻媵妾乱位及以婢为妻妾"条的疏议中明确说:"妻者,齐也,秦晋为匹。"既然妻子与丈夫齐,则夫妻之间恩义情深,《唐律疏议·户婚》在"妻无七出义绝及有三不去而去之"条中规定:"诸妻无七出及义绝之状,而出之者,徒一年半;虽犯七出,有三不去,而出之者,杖一百。追还合。若犯恶疾及奸者,不用此律。【疏】议曰:伉俪之道,义期同穴,一与之齐,终身不改。故妻无七出及义绝之状,不合出之。""义期同穴"出自《诗经·王风·大车》。其三认为夫妻类似兄弟。如《唐律疏议·职制》在"匿父母与夫丧及释服从吉与忘哀作乐"条的疏议中认为"其妻既非尊长,又殊卑幼,在礼及诗,比为兄弟,即是妻同于幼。"其理由一是来自于《仪礼·丧服》:"父子一体也,夫妻一体也,昆弟一体也。"二是来自于《诗经·邶风·谷风》:"宴尔新婚,如兄如弟。"夫妻关系中"夫者,妻之天也"强调的是女子三从中的"出则从夫";"妻者,齐也"强调的是妻子的身份;"妻同于幼"强调的是妻子在礼制中的地位。

2. 对于父子关系的界定

《唐律疏议·斗讼》在"告祖父母父母及嫡继慈养母"条规定:"诸告祖父母、父母者,绞。谓非缘坐之罪及谋叛以上而故告者。下条准此。【疏】议曰:父为子天,有隐无犯。如有违失,理须谏诤,起敬起孝,无令陷罪。若有忘情弃礼而故告者,绞。"即子以父为天。

3. 对于兄弟姐妹关系的界定

《唐律疏议·斗讼》在"殴兄姊与伯叔父母及殴杀弟妹与兄弟之子孙"条规定:"诸殴兄姊者,徒二年半;伤者,徒三年;折伤者,流三千里;刃伤及折支,若瞎其一目者,绞;死者,皆斩;詈者,杖一百。伯叔父母、姑、外祖父母,各加一等。即过失杀伤者,各减本杀伤罪二等。【疏】议曰:兄姊至亲,更相急难,弯弧垂泣,义切匪他。"疏议认为兄长与姐姐是最亲近的人,这种情义不是别人可以比的。"弯弧垂泣"出自《孟子·告子下》。

4. 叔嫂关系

《唐律疏议·斗讼》在"弟妹嫂相殴与妾殴妻妾子及子殴伤父妾"条规

定:"诸殴兄之妻及殴夫之弟妹,各加凡人一等。若妾犯者,又加一等。【疏】议曰:嫂叔不许通问,所以远别嫌疑。殴兄之妻及殴夫之弟妹者,礼敬顿乖,故'各加凡人一等'。""嫂叔不许通问"语出《礼记·曲礼上》:"嫂叔不通问,诸母不漱裳。"

5. 妻妾关系

《唐律疏议·斗讼》在"弟妹嫂相殴与妾殴妻妾子及子殴伤父妾"条同时规定:"即妾殴夫之妾子,减凡人二等;殴妻之子,以凡人论。【疏】议曰:'殴妻之子,以凡人论',为女君尊重,故同凡斗。""为女君尊重"源自《仪礼·丧服》:"妾之事女君,与妇之事姑舅同。"

唐朝时期,其法律形式主要包括律令格式,由于经律合一,经义的精神已经完全融入到法律中,因此要求严格适用法律。《新唐书》云:"唐之刑书有四,曰:律、令、格、式。令者,尊卑贵贱之等数,国家之制度也;格者,百官有司之所常行之事也;式者,其所常守之法也。凡邦国之政,必从事于此三者。其有所违及人之为恶而入于罪戾者,一断以律。"[1]而唐朝的司法思想也强调不要追求法律之外的与案件无关的问题。魏征针对司法实践中存在的"或屈伸在乎好恶;或轻重由乎喜怒;遇喜则矜其情于法中;逢怒则求其罪于事外"[2]的弊病,提出"凡理狱之情,必本所犯之事以为主,不严讯,不旁求,不贵多端,以见聪明"。[3]唐律"一准乎礼"且内容完备,标志着法律儒家化工作完成,此时已经没有经义决狱的必要,所以在制度上作出规定,要求"一断以律",从法律层面终止了对"春秋决狱"的运用。此后,"春秋决狱"进入了停滞的阶段,但经义决狱之风,唐代犹存。

《旧唐书·刑法志》中就有这样一例。长庆二年,刑部员外郎孙革奏:"京兆府云阳县人张莅,欠羽林官骑康宪钱米。宪征之,莅承醉拉宪,气息将绝。宪男买得,年十四,将救其父。以莅角牴力人,不敢搞解,遂持木锸击莅之首见血,后三日致死者。准律,父为人所殴,子往救,击其人折伤,减凡斗三等。至死者,依常律。即买得救父难是性孝,非暴;击张莅是心切,非凶。以髫龀之岁,正父子之亲,若非圣化所加,童子安能及此?王制称五

---

[1] 《新唐书》卷五六《志第四十六》,中华书局 2010 年版,第 925 页。
[2] 叶光大等译注:《贞观政要全译》,贵州人民出版社 1991 年版,第 447 页。
[3] 张国华主编:《中国法律思想史》,法律出版社 1982 年版,第 262 页。

刑之理，必原父子之亲以权之，慎测浅深之量以别之。《春秋》之义，原心定罪。《周书》所训，诸罚有权。今买得生被皇风，幼符至孝，哀矜之宥，伏在圣慈。臣职当谳刑，合分善恶。"敕："康买得尚在童年，能知子道，虽杀人当死，而为父可哀。若从沉命之科，恐失原情之义，宜付法司，减死罪一等。"[1]这里所说的"原情之义"实际上就是根据"《春秋》之义，原心定罪"，而免去康买得的死刑。

后唐时，经义决狱的风气仍浓。长兴二年大理寺卿李廷范之奏足以说明，其奏云："近者法司断狱，例皆缉缀词句，漏略律文，且一罪抵法，结断之词，或生或死，遂使刑名不定，人徇其私。臣请今后各令寻究律文，具载其实，以定刑辟，如能引据经义，辨析情理，并任所见详断。若非礼律所载，不得妄为判章出外所犯之罪。"[2]

五、经义决狱遗风

科举制度兴起以后，封建官员大多出身儒生，儒家经典思想已经浸入其骨髓，尽管唐以后法律呈现礼法合一之势，在司法过程中，官员们还是会自觉不自觉地运用春秋之精神，只不过这种运用不再与国家法律相悖，而成为其司法中贯穿的理念。苏轼曾说："《春秋》之义，立法贵严，而责人贵宽。因其褒贬之义，以制赏罚，亦忠厚之至也。"[3]主张在司法中贯彻春秋之义的原则。《宋史·范应铃传》说范"读书明大义，尤喜《左氏春秋》。徐鹿卿曰：应铃经术似儿宽，决狱似隽不疑"。[4]此处所谓"大义"即"春秋大义"，时人将范应铃与儿宽、隽不疑相提并论，说明在决狱中范应铃对春秋大义的灵活运用。

南宋判例集《名公书判清明集》记载有这样一个案例："《春秋》书莒人灭鄫，传者曰：立异姓为后，灭亡之道也。然春秋不罪鄫，而罪莒者，过莒之包藏祸心也。何存忠以子康功为黄氏后，而荡黄氏之业，何以异此。……

---

[1]《旧唐书》卷五〇《志第三十》，中华书局2010年版，第1454页。

[2]《五代会要》一六，"大理寺"。转引自瞿同祖：《瞿同祖法学论著集》，中国政法大学出版社2004年版，第368页。

[3] 曾哲主编：《中华法系寻根》，中国人民大学出版社2015年版，第31页。

[4]《宋史》卷四一〇《列传第一百六十九》，中华书局2010年版，第9695页。

现代法理学视野下的春秋决狱

倅厅所申,谓其家祸皆存忠之所自致,可谓得春秋诛心之义矣。"[1]何存忠自幼将儿子何康功送往妹夫黄县尉家作继子,自己过继了何斗焕当儿子,何康功将黄家家产败光,后来又想回归旧族何家,将何家家产也典卖过半,与何斗焕发生了讼争。官员对何康功想归宗的想法予以否决,"今黄康功既与其所生父荡黄氏之业,黄氏之种不存,乃为舍黄而为何,彼岂真有念父之心哉,不过以黄家已破,欲以其祸黄者而祸何矣,此其不可一也。康功身为姑夫黄县尉后二十有七年矣,为之后者,为之子也。康功之子,乃县尉之孙也,今欲舍黄而为何,乃以其子奉黄县尉之香火,是以孙承祖,彼以一人而包两家之业,天下岂有无父母之国哉!此其不可二也"。[2]判决中引用了"莒人灭鄫"的故事。《春秋》记载:襄公六年,莒人灭鄫。鄫国夫人是莒女,没有儿子有女儿,女儿后来又还嫁到莒国,有外孙。鲁襄公六年,立了莒国外孙为鄫国太子,这样莒国不费吹灰之力就控制了鄫国。所以春秋说:莒人灭鄫。其实莒国并没有灭鄫国,只因外姓主国祀,故以灭书。[3]此案涉及比较复杂的立嗣与过继的问题,由于法律规定得过于简单,判决中就引用了春秋之义,将何存忠过继儿子何康功给妹夫黄县尉比拟成莒国立鄫国夫人的外孙为鄫国太子的行为,认为其包藏祸心,并依据春秋精神进行决断。

清代著名幕友汪辉祖在《佐治药言》中说:"遇疑难大事,有必须引经以断者,非读书不可。"并且叙述了他据《礼经》决断秀水陶氏继承案和据《北溪字义》决断乌程冯氏争继案的心得:"昔在秀水时,有陶氏。某以长房独子,出继叔父。生五子,而长子故绝,例得以次子之子为后,其三子谋以己子,后其伯兄因乘父故,伪托遗命,令仲子归嗣本生。祖次房者,谓以孙祢祖,礼难归继。祖三房者,谓本生有子而无后,于情不顺,归继之说未为不可。荐绅先生纷如聚讼,上台檄下县议,余亦无能执中。长夜求索,忽记《礼经》'殇与无后者祔食于祖'之文,爰佐令君持议,谓祢祖之论必不可行。陶某既出继叔后,断难以子归继本宗,本宗有子而绝,情有莫安,请以其主附食,伊父听陶某子孙奉祀,大为上台所赏。后在乌程有冯氏子,因本宗无可序继,自抚姑孙为后,及其卒也,同姓不宗之冯氏出而争继,太守允

---

[1] 《名公书判清明集·出继子破一家不可归宗》,中华书局1987年版,第225页。
[2] 《名公书判清明集·出继子破一家不可归宗》,中华书局1987年版,第226页。
[3] 刘尚慈译注:《春秋公羊传译注》,中华书局2010年版,第446页。

焉。余佐令君持议，据宋儒陈氏《北溪字义》'系重同宗同姓，不宗即与异姓无殊'之说，绝其争端。"[1]陶某一案案情如下：乾隆二十七年（1762 年），江苏长洲县贡生陶世侃以巨富闻名，世侃父陶惠先虽然为长房独子，却出继惠先叔父，生下陶世侃兄弟五人。后惠先长子亡故无后，照例应该以惠先次子之子陶璋为后。陶世侃排行第三，却谋划以己子出继，于是乘陶惠先过世之机，托言有遗命令陶璋之父（即陶惠先之次子）归嗣本生之父（即惠先之生身父亲），这样陶世侃的儿子就可以出继给长兄以获得其财产。族内为此争执不休。汪辉祖认为，陶惠先既已出继叔父为后，绝对难以他的儿子归嗣本宗。他的本宗虽然有儿子，但却无人继嗣，于情理上来说都难以让人感到信服，因此根据《礼经》请求将陶惠先本生父之神主祔食于所嗣之叔父支下，由陶惠先之子孙奉祀。[2]

清朝时，对于法律没有明文规定的案件，有时也会引用礼来断案，且定为例，使其具有法律效力。如乾隆二十年（1755 年），继母之父母殴杀其婿前妻之子，如何治罪律无明文。刑部根据《礼记》，亲母死于其室则为其党服，而不为其继母之党服，是继母之父母、兄弟、姐妹皆以凡论。据经可以定例，嗣后凡于母党有犯，除亲母、嫡母、本身母党，仍按服制定罪外，其余均同凡论，定为例。[3]在这种情况下，引用《礼记》来断案，实际上也属于引经决狱的方式，但清朝做法不同于以前经义决狱之处，在于将所作之判决定为例，以后就可以直接引此例来判决，从而将以前经义决狱只是形成判例的方式，改为将经义决狱之案例定为判例法。

及至民国时期，在个别案例中仍可以看到经义决狱之影子。如民国初期许文濬在江苏句容担任县令和民政长，其晚年整理的《塔景亭案牍》收录了1908~1914 年之间判决的部分案件，其中余人俊案判词中还引用了春秋之义："此案余人俊初娶黄氏，生子守仁。续娶张氏，生子守义。妾竺氏，生子守礼。人俊年老多病，议为三子析爨分居。其妻弟张肖云倡为子以母贱之说，议欲九分其产。守仁、守义各得其三，守礼得其二。以其一为人俊养赡之资。人俊疑之，质之族长姻戚，类皆模棱两可之辞。独房长余人龙坚持不可。人

---

[1] 胡学亮编译：《从政心得》，中国文史出版社 2004 年版，第 95 页。
[2] 柏桦、袁红丽："户绝与财产继承：清代民事审判中的情理法"，载《天津师范大学学报》（社会科学版）2009 年第 3 期。
[3] 瞿同祖：《瞿同祖法学论著集》，中国政法大学出版社 2004 年版，第 441 页。

俊遂于本县道出该村,具禀请示……吾于是叹族长之不断,姻戚之不公,而房长余人龙之守正不阿也。《春秋》之法,子以母贵,母以子贵。未闻有子以母贱之说。子以母贵者,嗣位先嫡妻之子,防争也。母以子贵者,庶子嗣位,则母称夫人。庶子得嗣位者,同一公子,因其贵而贵之也。即如今制五等之封,有以庶子而承袭者。又如民间习尚,房族长不讲宗法,但论年辈,且有以庶子而为房族长者,又谁得而贱之也。三年之丧,庶出并称孤子,同服斩衰,未文以其贱而外之。外之是贱其所生也,而曰子以母贱,抑何谬戾至此?总之母有嫡庶,子无贵贱。该职为三子析产,除提出本身妻妾终老之资,并依从俗例酌提长孙产业外,其余应三股阄分,以昭平允……此判。"[1]在判决中,许文濬根据春秋之义中的"子以母贵,母以子贵",认为不存在所谓的"子以母贱",并在判词中对"子以母贵,母以子贵"的含义作了分析,最后判决对余人俊的财产"三股阄分"。

尽管在唐以后的王朝可以发现个别引经决狱之案例,但是由于礼法已经合一,依法断案成为司法主流,留给引经决狱的司法空间非常狭窄,前述几个与经义相关的案例大部分是由于立嗣引发的继承案件纠纷,其中的财产继承纠纷的解决实际取决于对立嗣问题的先期判断。这从一个侧面说明,在我国封建社会,由于立嗣问题过于复杂,尽管立法已经尽可能作出详细规定,还是不能解决现实生活中的纠纷,此时精明的司法官员或者幕僚就会引用《礼记》等儒家经义,结合人情风俗对案件作出判决。相对而言,经义通过司法排斥国家法律适用的情形已经基本不再发生。

六、司法排斥经义时期

进入民国,随着现代刑事法律制度的建立,传统的经义决狱完全失去了适用的空间。根据罪刑法定原则的要求,司法官员自然不能在法律之外别求经义精神断案。然而天理国法人情的理念在民间和司法层面影响甚大。对于涉及人情的案件,传统的经义精神仍然影响着人们对案件的评判。民国时期,由于政局动荡、军阀混战,很多政客军人死于暗杀、战乱之中,由此引发的后代复仇事例也时有发生,其中不免掺杂有政治对手借刀杀人之举。而当复仇事例发生后,大众对于复仇者往往持有同情心理,传统经义中的复仇理念

---

[1] (清)许文濬撰:《塔景亭案牍》,俞江点校,北京大学出版社2007年版,第118页。

与现代刑法制度不免发生冲突，其中最为著名的是施剑翘枪杀孙传芳一案。透过该案的判决，我们可以得出结论，民国时期的司法已经排斥经义决狱的运用。

1935年11月13日上午，在天津南马路清修院居士林，施剑翘替父报仇，枪杀了下野的前军阀孙传芳，此案一出，震惊中国。由于施剑翘的父亲施从滨十年前被孙传芳在蚌埠火车站斩首，施剑翘的复仇行为一时间在民间和舆论界都得到了极大同情，该案也成为近代中国涉及春秋之义中复仇制度的影响较大的案件。而施剑翘的辩护律师在庭审中也多次引用春秋之义为施剑翘辩护，传统法律文化中的经义精神在向现代转型的过程中，如何处理经义与法律的关系，在该案中得到了极为经典的体现。

1935年11月21日，天津地方法院对此案进行一审。12月17日，天津地方法院宣布对被告处以十年有期徒刑，判决考虑到了被告的主动自首，给予一定程度的宽大处理，但是否认被告为孝复仇的情形应当获得司法宽恕。1936年2月12日，河北高级法院推翻了天津地方法院的判决。高级法院认为，地方法院错误地承认了被告的自首动机，却没有裁决她的复仇是正义的并且应该得到司法悯恕。最后的结果是施剑翘的刑期从十年减到七年。1936年8月25日，最高法院维持了河北高级法院的七年轻刑判决，认为施剑翘的正义复仇构成了"情可悯恕"的减刑条件。[1]

在该案中，施剑翘的辩护律师胡学骞和余榮昌在辩护中，从以下五个方面试图通过复仇为施剑翘辩护：第一，律师援引《周礼》之文"凡报仇者，书于士，杀之无罪"，认为"盖即复仇者报官，则免其罪之义"；[2]第二，律师援引了《春秋公羊传》，"父不受诛，子复仇可也。父受诛，子复仇，推刃之道也，复仇不除害[3]"；第三，律师援引了王安石的话，"上不可告，辜罪，不常获之时，有父兄之仇而辄杀之者，君子权其势恕其情而与之可也"，认为在国家没有能力的时候，官方可以对有美德的复仇展示同情；[4]第四，律师追溯到唐朝这一古代法律的经典时期，引用了中古时期孝子徐元庆的案例；[5]第五，施剑翘出于孝心的激情动机和她正义的复仇行为构成了减刑的

---

〔1〕［美］林郁沁：《施剑翘复仇案》，陈湘静译，江苏人民出版社2011年版，第116~118页。
〔2〕［美］林郁沁：《施剑翘复仇案》，陈湘静译，江苏人民出版社2011年版，第130页。
〔3〕［美］林郁沁：《施剑翘复仇案》，陈湘静译，江苏人民出版社2011年版，第133页。
〔4〕［美］林郁沁：《施剑翘复仇案》，陈湘静译，江苏人民出版社2011年版，第134页。
〔5〕［美］林郁沁：《施剑翘复仇案》，陈湘静译，江苏人民出版社2011年版，第135页。

现代法理学视野下的春秋决狱

条件,因此应当得到司法的宽恕。《中华民国刑法》第59条规定:"犯罪之情状可悯恕者,得酌量减轻其刑。"[1]律师认为,报仇不仅在传统的中国法律中是被允许的,而且民国法律也同样包容这一正义的行为。通过"减轻其刑"的条款,现代法律可以采取一个道德的视角,考虑特殊的情况,并准予司法宽恕。

但是,原告律师对引用春秋之义来判断一个发生在现代的案件的做法提出了异议,他们认为,像《春秋公羊传》那样推崇报私仇的经典文本在今天已经不再适用了。与其遵守孝这种不合时宜的道德情操,法院更应该尊重国法。孙传芳的家人聘请的律师张绍曾强调:"倘不在依法严惩,将来有不知凡几,足以妨害国家之秩序,扰乱社会之安宁。"河北高级法院的公诉人徐九成也强调,容忍暴力复仇这一极具破坏性的行为所带来的代价是今天的社会所承受不起的,法院的责任是惩罚复仇行为并且驳回一切同情的情况。[2]最终法院在判决中声明:"而《周礼》所载'凡复仇者,书于士,杀之无罪'云云,已为现代法律所摒弃,亦当然为被告所明知。"[3]

法院在拒绝被告律师所提复仇的辩护理由时,在判决中也考虑了被告施剑翘的犯罪动机,并从现代刑法的角度对之进行了减轻刑罚处理,河北高级法院的判决书说:"施从滨之死,非司与法,亦可灼见。被告痛父惨死,含冤莫伸,预立遗嘱,舍身杀仇,以纯孝之心理发而为壮烈之行为,核其情状,实堪悯恕。"因此其复仇行为应当得到法律的宽恕。最高法院的判决中也说:"论法虽无可恕,衡情究有可原。"[4]

1936年10月14日,国民政府宣布给予施剑翘特赦:"据司法院呈称,施剑翘因其父施从滨曩年为孙传芳所残害,痛切父仇,乘机行刺,并即时坦然自承,听候惩处,论其杀人行为,固属触犯刑法,而以一女子发于孝思,奋身不顾,其志可哀,其情可原。现据各学校各民众团体纷请特赦,所有该施剑翘原判徒刑,拟请依法准免执行等语。兹依《中华民国训政时期约法》第六十八条之规定,宣告将原判处有期徒刑七年之施剑翘特予赦,以示矜恤,此令。"赦免孝义复仇将给政权的统治带来典型的两难困境:既要动员正义的

---

〔1〕[美]林郁沁:《施剑翘复仇案》,陈湘静译,江苏人民出版社2011年版,第132~133页。
〔2〕[美]林郁沁:《施剑翘复仇案》,陈湘静译,江苏人民出版社2011年版,第145页。
〔3〕[美]林郁沁:《施剑翘复仇案》,陈湘静译,江苏人民出版社2011年版,第147页。
〔4〕[美]林郁沁:《施剑翘复仇案》,陈湘静译,江苏人民出版社2011年版,第148~149页。

暴力力量，又要遏制这种暴力可能带来的秩序混乱。在特赦令中，政府援引了法典和美德情操为自己的行政权力辩护，由此掩盖了法律规定和道德情感两者之间的明显冲突。行政上的赦免成为了调和两难困境的手段。[1]

对施剑翘一案的判决引用了《中华民国刑法》第59条。该条规定"犯罪之情状可悯恕者，得酌量减轻其刑"。《中华民国刑法》中并没有规定复仇的问题，也没有规定对于复仇应该减轻刑罚。但是通过该法第59条所说的"情状可悯恕"将复仇行为作为犯罪行为的动机在量刑时予以考量，实际上将传统的经义精神纳入了现代刑法制度，但是现代法律制度不再允许法外开恩，即便后来国民政府对于施剑翘的特赦也是根据《中华民国训政时期约法》而为。对于《中华民国刑法》第59条含义的理解，必须结合上下条文，方能明白其在现代刑法中的作用。《中华民国刑法》第60条规定："依法律加重或减轻者，仍得依前条之规定酌量减轻其刑。"第61条规定："犯左列各罪之一，情节轻微，显可悯恕，认为依第五十九条规定减轻其刑仍嫌过重者，得免除其刑。一、犯最重本刑为三年以下有期徒刑、拘役或专科罚金之罪，但第一百三十二条第一项、第一百四十三条、第一百四十五条、第一百八十六条、第二百七十二条第三项及第二百七十六条第一项之罪，不在此限。二、犯第三百二十条之窃盗罪。三、犯第三百三十五条之侵占罪。四、犯第三百三十九条之欺诈罪。五、犯第三百四十九条第二项之赃物罪。"从第60条的规定分析，在刑法中规定了法定的加重或减轻情节，针对具体犯罪人的行为，除了法定减轻情节之外，如果犯罪人"情状可悯恕"，则属于酌定的减轻量刑情节，可以在法定减轻量刑的基础上再予以减轻。根据第61条的规定，对于一些犯罪"情节轻微，显可悯恕"的，如果应处三年以下有期徒刑、拘役或专科罚金的，或者属于一些财产性犯罪的，还可以根据其情节免除刑罚。[2]

根据我国现行刑法，国家不会因为犯罪嫌疑人是因复仇动机而犯罪就对其从轻、减轻或免除处罚，经义决狱在现代司法中没有存在的余地。2018年发生的张扣扣杀人案就是一起经典的案例。2018年2月15日，陕西汉中市南郑区新集镇王坪村发生一起杀人案件，犯罪嫌疑人张扣扣持刀将邻居王自新及其长子王校军、三子王正军杀死。案发后经查实，1996年8月27日，张扣

---

[1] [美]林郁沁：《施剑翘复仇案》，陈湘静译，江苏人民出版社2011年版，第162~164页。
[2] 吴经熊：《袖珍六法全书》，会文堂新记书局1941年版，第281页。

现代法理学视野下的春秋决狱

扣的母亲汪秀萍因日常琐碎与王家发生冲突,被王正军殴伤致死,王正军犯故意伤害(致人死亡)罪,因系未成年人,被判处有期徒刑7年。张扣扣一案辩护律师邓学军律师在一审辩护词中认为:复仇有着深刻的人性和社会基础,中国传统司法实践对复仇案例大多从轻发落。孔子有"以直报怨,以德报德"的著名论述,儒家经典《礼记·曲礼》甚至有"父之仇,弗与共戴天"的说法。复仇某种程度上就是民间版的自然法。这是一个典型的复仇案件,具备民间法的某些正义元素。但是司法机关并没有采纳律师的辩护意见,人民检察院在公诉意见书中指出:本案的被告人张扣扣实施其所谓"为母报仇"的杀人行为,是我国刑法严厉禁止的犯罪行为……以牙还牙,以暴制暴,只会让社会处于混乱和无序的状态,必须坚决杜绝。如果给连杀三人的张扣扣贴上"为母报仇"的"英雄"标签,那就混淆了一个法治社会基本的是非观念。2019年1月8日,汉中市中级人民法院一审公开开庭审理本案,法院以故意杀人罪、故意毁坏财物罪对张扣扣判处死刑。在二审辩护词中,邓学军律师除了其他辩护理由外,还提到了复仇的民意基础:为母复仇不被现代法律所认可,但不可否认在民间仍有相当的民意基础。为母复仇具备民间法的某些正义元素,应当为国家法所吸纳和兼顾。张扣扣为母复仇,符合传统的孝道伦理,其情可悯。法不外乎人情,不能完全逆道统而行,张扣扣案应当特案特判。但该理由亦未被司法机关采纳。2019年4月11日,陕西省高级人民法院二审公开开庭审理本案,当庭裁定驳回张扣扣的上诉,维持一审死刑判决,并依法报请最高人民法院核准。2019年7月6日,最高人民法院核准二审裁定。

  对于该案,我们认为,尽管张扣扣年幼时,其母亲被殴伤致死确实给张扣扣带来了巨大的心理伤害,但是其母遇害一案已经人民法院依法判决,当年对王正军的判决经人民法院复查没有量刑畸轻现象。退一步讲,即便该案判决存在畸轻现象,也应通过司法途径解决,而不能私力复仇。现代法治社会,法律上已经不允许复仇行为的存在,但是在司法实践中由于证据不足的原因或者法律规定的原因,受害人被杀身亡的案件,被告人不一定都会被判死刑,甚至被告人因为定罪证据不充分而逃脱法律惩罚的情况理论上也有可能存在,此时受害人的亲人能否复仇?我们认为在现代法治社会不应鼓励这样的复仇行为,对于复仇者仍应依法审判,其实对于像张扣扣这样因为对司法判决不满意或对法律不满意而选择复仇的人,古人曾给出建议,王安石在

· 104 ·

《复仇解》中提出："可以复仇而不复，非孝也；复仇而殄祀，亦非孝也。以仇未复之耻，居之终身焉，盖可也。仇之不复者，天也；不忘复仇者，己也。克己以畏天，心不忘其亲，不亦可矣。"[1]王安石认为，如果国家法律有禁止复仇的法令，子弟还是要约束自己以敬畏天意，就不要去复仇了。他认为，如果因为复仇导致家族灭绝子嗣，也是一种不孝。尽管王安石的观点带有一点封建色彩，但对于我们正确理解在公权力不能给予及时充分的救济情形下，受害人的亲人能否复仇这一难题，也具有很大的参考价值。

---

[1] 曾哲主编：《中华法系寻根》，中国人民大学出版社2015年版，第147页。

第六章
对春秋决狱的评析

一、维护中央权力集中统一

　　无论是孔子编写《春秋》一书还是董仲舒将经义运用于决狱当中,其主要目的都是维护中央集权的统一。中央权力的集中统一,即所谓"大一统"。"大一统"一词出自《春秋公羊传·隐公元年》,传文在解释《春秋》开篇第一句话"元年,春,王正月"时认为,"何言乎王正月?大一统也"。其含义即指尊崇周王室的一统天下,"一统"实际上是孔子关于世界大同理想的一种社会意识形态。"大一统"在《春秋公羊传》中只出现过一次,但其位置却是在开篇之首,其思想也贯穿于全传始终。董仲舒总结历史教训,认为包括地方上的诸侯在内的全国人民都必须服从国君,这样才能保障国家的统一。这就是政治上的"大一统",强调统一,反对分裂,这一理论为维护中央的集权和国家的统一提供了支撑。在中国传统社会,维护中央集权统一主要表现为维护以君主为代表的皇权,但也起到了维护国家统一的作用,这一积极作用不可忽视。

　　在中国古代,当然没有现代意义上的宪法内涵,但中国古代的政治运行也必然要遵守一些规则,如果违反了这些规则,封建社会的政治就会受到重大影响。从《春秋》一书写作的目的、内容和影响而言,它毫无疑问起到了为封建社会确立政治规则的作用,所谓"王道之大者""礼仪之大家"。在中国传统社会的权力运行中,涉及到的主体主要包括"天""君""臣""民"。其中"天"在现代法律意义上是不存在的,但"天"在古代对于"君权"确实起到了制约作用,"天"与"民"又有一定的联系,所谓"天视自我民视,天听自我民听"。由于董仲舒所本为《春秋公羊传》,其代表作《春秋繁露》又是阐释《春秋公羊传》的大作,我们即以《春秋》和《春秋繁露》为依据，对其中"天""君""臣""民"之间的关系进行分析，但是万变不离其宗，贯穿于《春秋》和《春秋繁露》的核心思想还是大一统思想，其主要内容如下：

（一）规范天与君的关系

1. 君权神授

董仲舒在《春秋繁露》中着力阐发"春秋大一统"的思想，用"天人感应""君权神授"之说来强调封建统治制度的合理性，并借以说明君权之所以不可违抗，是由于它体现了上天的意志。《春秋繁露·盟会要》说："王意虽难喻，盖圣人者贵除天下之患。贵除天下之患，故《春秋》重而书天下之患遍矣，以为本于见天下之所以致患，其意欲以除天下之患，何谓哉？天下者无患，然后性可善；性可善，然后清廉之化流；清廉之化流，然后王道举，礼乐兴，其心在此矣。"君权不仅是神授的，而且君主又是代表上天来统治人世的，这样就把"天"和"人"联系起来，建立起系统的理论。董仲舒解释"王"字的写法："三画而连其中，谓之王。三画者，天地与人也。而连其中者，通其道也。取天地与人之中，以为贯而参通之，非王者孰能当是？"[1]

2. 屈君而伸天

董仲舒的思想体系，用最简单的两句话来概括，就是"屈民而伸君，屈君而伸天"。董仲舒认为："《春秋》之法，以人随君，以君随天。"[2]"唯天子受命于天，天下受命于天子，一国则受命于君。"[3]儒家思想宣扬君权神授，有利于君主集权。但是集权下的君主又可能导致权力膨胀，为此必须防止君主权力的滥用。董仲舒在设计"大一统"理念时，试图通过设计制度方案限制君主权力。一方面，君主的权力来自神授，这为君主统治的合法性提供了依据；另一方面，由于君主权力来自"天"，所以君主不得违背"天"的意志。董仲舒总结了秦朝灭亡的教训，提出"天人感应""屈君而伸天"，用天的权威限制皇帝的权威。同时董仲舒又把"天意"与儒家传统的"德"

---

[1] （汉）董仲舒撰：《春秋繁露》之《王道通三第四十四》，张世亮、钟肇鹏、周桂钿译注，中华书局2012年版，第421页。

[2] （汉）董仲舒撰：《春秋繁露》之《玉杯第二》，张世亮、钟肇鹏、周桂钿译注，中华书局2012年版，第30页。

[3] （汉）董仲舒撰：《春秋繁露》之《为人者天第四十一》，张世亮、钟肇鹏、周桂钿译注，中华书局2012年版，第401页。

联系起来,天子的命运取决于上天,而上天是否眷顾天子则取决于天子是否有德,故曰:"故天子命无常,唯命是德庆。"[1]

3. 灾异谴告

"《春秋》之法,上变古易常,应是而有天灾者,谓幸国。"[2]在上位的执政者改变古代的制度和常规,上天响应这些而有天灾的,这样的国家是侥幸的。

(二)规范君与臣的关系

春秋之时,礼崩乐坏,诸侯不尊周王,卿大夫乱国政者时有发生,孔子为了恢复周礼而作《春秋》,书中对于春秋时的政治乱象以"微言大义"多有批判,后世在涉及君臣关系的政治事件中,也以《春秋》作为评判准则,从中我们可以归纳出《春秋》对于臣下的行为规范。

(1)诸侯不得专讨。其含义源自楚庄王杀陈夏征舒,《春秋》书曰"楚人杀陈夏征舒",以表示楚国国君越权惩治陈国大夫。但是该原则的适用也有例外情况,"上无天子,下无方伯,天下诸侯有为无道者,臣弑君,子弑父,力能讨之则讨之,可也"。[3]

(2)诸侯不得专封。其含义源自楚灵王杀齐庆封,庆封参与崔杼弑杀齐庄公的事,后出逃并在吴国被封,《春秋》仍称"齐庆封",以表示不承认诸侯专封。国家的"大一统"必然表现为政治上的"大一统",实行君主专政。所谓诸侯皆系天子,不得自专。董仲舒说:"《春秋》立义,……有天子在诸侯不得专地,不得专执天子之大夫,不得舞天子之乐,不得致天子之赋,不得适天子之贵。"[4]

(3)大夫不得专执。即卿大夫应遵守的道义之一,不可以擅自相拘捕。"三月,晋人执宋仲几于京师。仲几之罪何?不蓑城也。其言于京师何?伯讨也。伯讨则其称人何?贬。曷为贬?不与大夫专执也。曷为不与?实与而文不与。文曷为不与?大夫之义,不得专执也"。[5]

---

[1](汉)董仲舒撰:《春秋繁露》之《三代改制质文第二十三》,张世亮、钟肇鹏、周桂钿译注,中华书局2012年版,第229页。

[2](汉)董仲舒撰:《春秋繁露》之《二端第十五》,张世亮、钟肇鹏、周桂钿译注,中华书局2012年版,第177页。

[3] 刘尚慈译注:《春秋公羊传译注》,中华书局2010年版,第360页。

[4](汉)董仲舒撰:《春秋繁露》之《王道第六》,张世亮、钟肇鹏、周桂钿译注,中华书局2012年版,第114页。

[5] 刘尚慈译注:《春秋公羊传译注》,中华书局2010年版,第580页。

(4) 大夫不得用地。《春秋》之法，大夫不得用地。[1]即大夫不得擅动土地。

(5) 卿不忧诸侯，政不在大夫。国卿可以忧虑国事，不可以忧虑诸侯国之间的事，忧虑外事则与身份不符。何休在《春秋公羊传》中注："明大夫之义得忧内，不得忧外，所以抑臣道也。"政不在大夫则是因为孔子在《论语》中说过："天下有道，则政不在大夫。"

(6) 大夫不适君。[2]即大夫不能与君主等同，君臣之间存在贵贱差别，在平时的礼仪中应当表现出来，以防止臣下利用权势力量逼迫君主。

(7) 君不名恶，臣不名善，善皆归于君，恶皆归于臣。[3]即君主永远是正确的，错的都是臣下。

(8) 君亲无将，将而诛。即不能策划弑杀国君和父母亲，如果有弑杀的念头就要受到诛灭。

(9) 立适以长不以贤，立子以贵不以长，立夫人以适不以妾。[4]"适"和"嫡"同义，这句话即立嫡子继承王位，要立年龄大的，不立贤明的；立儿子要立出身高贵的，不立年龄大的；立夫人要立嫡妻，不要立妃妾。

(10) 《春秋》之义，臣不讨贼，非臣也；子不复仇，非子也。即大臣不讨伐弑君的贼子，就不是合格的臣子；儿子不为被害的父亲复仇，就不能算是合格的儿子。赵盾为晋国重臣，晋灵公不君，赵盾进谏，晋灵公欲杀赵盾，赵盾出奔，鲁宣公二年，赵穿杀晋灵公，赵盾返国。太史董狐因其返不讨贼，书曰："赵盾弑其君。"

(11) 君不君则臣不臣。董仲舒说："父不父则子不子，君不君则臣不臣。"[5]父子、君臣之间是对等的关系，双方都有权利和义务。

---

[1] （汉）董仲舒撰：《春秋繁露》之《玉英第四》，张世亮、钟肇鹏、周桂钿译注，中华书局2012年版，第84页。

[2] 刘尚慈译注：《春秋公羊传译注》，中华书局2010年版，第362页。

[3] （汉）董仲舒撰：《春秋繁露》之《阳尊阴卑第四十三》，张世亮、钟肇鹏、周桂钿译注，中华书局2012年版，第415页。

[4] （汉）董仲舒撰：《春秋繁露》之《王道第六》，张世亮、钟肇鹏、周桂钿译注，中华书局2012年版，第114页。

[5] （汉）董仲舒撰：《春秋繁露》之《玉杯第二》，张世亮、钟肇鹏、周桂钿译注，中华书局2012年版，第33页。

（三）规范君与民的关系

在"君"与"民"的关系上，《春秋》一书以及董仲舒对《春秋》的解释都体现了儒家的"民本"思想，在尊君的前提下，要求君主"重民"。认为"天之立君，以为民也"。

（1）屈民而伸君。董仲舒的思想体系，用最简单的两句话来概括，就是"屈民而伸君，屈君而伸天"。董仲舒认为：《春秋》之法，以人随君，以君随天；[1]"唯天子受命于天，天下受命于天子，一国则受命于君。君命顺，则民有顺命；君命逆，则民有逆命"。[2]在君与民的关系上，《春秋》首要的也是维护君主权威。

（2）敬贤重民。"秦穆侮蹇叔而大败，郑文轻众而丧师；……且春秋之法，凶年不修旧，意在无苦民尔；苦民尚恶之，况伤民乎！伤民尚痛之，况杀民乎！"[3]文中所引两个事例，一例是公元前627年，蹇叔劝阻秦穆公派兵偷袭郑国，秦穆公不但不听，反而侮辱蹇叔，结果秦军大败于殽。一例是《春秋》中记载，闵公二年，郑文公轻视民意而丧失了军队。董仲舒由此得出结论，《春秋》敬贤重民。"重民"是《春秋》处理"君"与"民"关系的另外一项规则，由此形成了《春秋》处理君民关系的完整规则，一方面君主有最高的权威，人民有对应的服从的义务；另一方面君主也应当"重民"。"重民"思想当然不同于现代的"人权"，但是在客观上对于维护人民的权利起到了一定的积极作用。

（3）天子命无常。董仲舒引用《荀子·大略》所言"天之生民，非为君也。天之立君，以为民也"得出结论："故其德足以安乐民者，天予之，其恶足以贼害民者，天夺之。""故夏无道而殷伐之，殷无道而周伐之，周无道而秦伐之，秦无道而汉伐之。有道伐无道，此天理也。"[4]"天之生民，非为君也。天之立君，以为民也。"这些论述涉及到"天""君""民"之间的关系，

---

[1]（汉）董仲舒撰：《春秋繁露》之《玉杯第二》，张世亮、钟肇鹏、周桂钿译注，中华书局2012年版，第30页。

[2]（汉）董仲舒撰：《春秋繁露》之《为人者天第四十一》，张世亮、钟肇鹏、周桂钿译注，中华书局2012年版，第401页。

[3]（汉）董仲舒撰：《春秋繁露》之《竹林第三》，张世亮、钟肇鹏、周桂钿译注，中华书局2012年版，第48页。

[4]（汉）董仲舒撰：《春秋繁露》之《尧舜不擅移汤武不专杀第二十五》，张世亮、钟肇鹏、周桂钿译注，中华书局2012年版，第277页。

其中所反映的思想仍然没有超出"民本"的范围,虽与现代的"人民主权"思想不可同日而语,但"天之立君,以为民也"在"君"与"民"的关系上认为"君为民",而非"民为君",在某种程度上体现了"君主为民"的思想,对正确认识封建社会君主应发挥的作用具有一定意义。"故其德足以安乐民者,天予之,其恶足以贼害民者,天夺之。"以儒家的"德"为判断标准,证明了"革命"的正当性,并且运用殷代夏、周代殷、秦代周、汉代秦的历史事实说明了这样做符合"天理",这从另一方面说明了"天""君""民"之间的关系,"天意"即"民意",在某种程度上将"天"与"民"统一起来。我们在理解《春秋》时,将处理"天"与"君"的规则和处理"君"与"民"的规则联系起来,即可发现儒家试图假借"天意"之名,以"民意"来限制"君意",并为"民"革"恶君"之命找到理论依据,认为此符合"天理"。从中国政治运行的历史实践来看,这与人民主权理论中所倡导的"当政府不能维护人民利益时人民即有权起来推翻政府"的思想具有异曲同工之妙。

在经义决狱的司法实践中,精通经义精神的司法官员善于运用经义处理棘手的案件,维护中央集权。在经义运用于决狱不长时间后发生的隽不疑断假冒卫太子案就是其中的著名案例:"始元五年,一男子乘黄犊车,建黄旗,衣黄襜褕,著黄冒,诣北阙,自谓卫太子。公车以闻,诏使公卿将军中二千石杂识视。长安中吏民聚观者数万人。右将军勒兵阙下,以备非常。丞相御史中二千石至者立莫敢发言。京兆尹不疑后到,叱从吏收缚。或曰:'是非未可知,且安之。'不疑曰:'诸君何患于卫太子!昔蒯聩违命出奔,辄距而不纳,春秋是之。卫太子得罪先帝,亡不即死,今来自诣,此罪人也。'遂送诏狱。天子与大将军霍光闻而嘉之,曰:'公卿大臣当用经书明于大谊。'繇是名声重于朝廷,在位者皆自以不及也。"[1]在该案中,隽不疑面对真假难辨的卫太子,不是去查证其真实身份,而是依据《春秋》精神,认为卫太子犯下罪行,应首先被作为罪人来处理,从而当机立断处理此案,隽不疑也因对于经义的准确把握而名噪一时。

---

[1]《汉书》卷七一《隽疏于薛平彭传》,中华书局2010年版,第2278~2279页。

二、影响封建法律制度

经义决狱中所引用的有关经义精神，在封建法律儒家化的进程中，大部分都被融入了封建法律制度，作为断案依据的许多儒家经义被载入法律，或者在法律条文中有所反映。追本溯源，在汉朝以后的封建法律制度中，有很多制度都能上溯到经义决狱中所引用的原则，这一点在"礼法合一"的唐律中体现得尤为明显。

（一）亲亲相隐制度

"亲亲相隐"在汉朝就被写入法律，确定亲属相隐为法律所允许。汉宣帝地节四年，诏曰："自今子首匿父母，妻匿夫，孙匿大父母，皆勿坐。其父母匿子，夫匿妻，大父母匿孙，罪殊死，皆上请廷尉以闻。"意思是：自今以后，子女帮助父母、妻子帮助丈夫、孙子女帮其祖父母隐匿犯罪事实的，一律不追究其法律责任；反之，父母帮助子女、丈夫帮助妻子、祖父母帮助孙子女隐匿犯罪事实的，一般情况也不予追究，死刑案件则上请廷尉，由其决定是否追究首匿者刑责。这就是汉朝所谓的"亲亲得相首匿"。

到了唐代，"亲亲相隐"的原则已完全被法典吸收，转变为全面、完备的法律规范。唐律《名例律》规定："诸同居，若大功以上亲及外祖父母、外孙，若孙之妇，夫之兄弟及兄弟妻，有罪相为隐；部曲奴婢为主隐，皆勿论。即漏露其事及摘语消息，亦不坐。其小功以下相隐，减凡人三等。"大意为：凡同财共居，或大功服以上的亲属以及外祖父母、外孙、孙之妻、丈夫的兄弟以及兄弟的妻子相互隐匿犯罪行为的，不予处罚；奴仆为主人隐匿罪行的，也不论处；即使是给罪犯泄露情况及通报消息也不论罪；如果小功级以下服制的亲属相互隐匿犯罪，比照普通人犯罪降三等处罚。唐律中亲属相隐的范围进一步扩大，除了直系亲属和配偶外，只要是同居的亲属，不论有服无服，都可以援用此律。即便是外祖父母、外孙、孙媳妇、夫之兄弟以及兄弟妻，都可以容隐。

为了保障亲属相隐制度的落实，还必须从法律上禁止子孙告发父祖。历代法律都将子孙告发父祖的行为列为犯罪并严厉制裁。《唐律疏议·斗讼》规定："诸告祖父母、父母者，绞。谓非缘坐之罪及谋叛以上而故告者。"在解释立法理由时，"【疏】议曰：父为子天，有隐无犯。如有违失，理须谏诤，起敬起孝，无令陷罪。若有忘情弃礼而故告者，绞"。其立法理由源于三纲中的"父为子纲"。《大清律例·刑律·诉讼·干名犯义》条规定:"凡子孙告祖父母、父母,妻妾告夫及告夫之祖父母、父母者,(虽得实亦)杖一百、徒三年。(祖父母等同自首者,免罪)。"清朝法律的规定,相较于唐朝为轻。

由法律上禁止子孙告发父祖的犯罪行为,延伸出法律上禁止亲属作证。东晋元帝时卫展曾经上书批评当时刑讯亲属的行为:"今施行诏书,有考子正父死刑,或鞭父母问子所在。近主者所称《庚寅诏书》,举家逃亡家长斩。若长是逃亡之主,斩之虽重犹可。设子孙犯事,将考祖父逃亡,逃亡是子孙,而父祖婴其酷。伤顺破教,如此者众。相隐之道离,则君臣之义废。君臣之义废,则犯上之奸生矣。"[1]唐以后的法律明文规定,对于容隐范围内的亲属不得令其作证,官员违反这一规定的要予以制裁。如《唐律疏议·断狱》规定:"其于律得相容隐,即年八十以上,十岁以下及笃疾,皆不得令其为证,违者,减罪人罪三等。"即如果属于按照律条有罪可相隐者,不得令其作证,违反的,比照罪犯之本罪减三等处罚。这就从法律上禁止了容隐范围内的亲属证明亲人犯罪,也避免了人的基本情感与法律的冲突。

然而正如前文所述,由于亲亲原则与尊尊原则之间会发生矛盾,亲亲相隐与儒家主张的公正执法在价值理念上也有一定冲突,即便是同一思想家在这一问题上也会出现前后不一的主张。董仲舒主张"亲亲相隐",但他同时也说过"正刑天法"[2],执行刑罚要像上天一样公平。孟子也说过,瞽叟杀人,执之而已。《孟子·尽心上》载,桃应问曰:"舜为天子,皋陶为士,瞽瞍杀人,则如之何?"孟子曰:"执之而已矣。""然则舜不禁与?"曰:"夫舜恶得而禁之?夫有所受之也。""然则舜如之何?"曰:"舜视弃天下犹弃敝蹝也。窃负而逃,遵海滨而处,终身䜣然,乐而忘天下。"[3]从孟子的言论分析,他认为瞽瞍犯罪,也应该接受处罚,"执之而已",舜对此是不能禁止的,因为皋陶的行为是有法律依据的。只不过舜会背着瞽瞍逃跑。文中实际上是包含了公正执法的思想的。

与儒家相对的法家是反对亲属相隐的。《韩非子》中也记载了直躬告发父亲一事:"楚之有直躬,其父窃羊,而谒之吏。令尹曰:'杀之!'以为直于君

---

[1]《晋书》卷三〇《志第二十》,中华书局2010年版,第611~612页。
[2](汉)董仲舒撰:《春秋繁露》之《三代改制质文第二十三》,张世亮、钟肇鹏、周桂钿译注,中华书局2012年版,第253页。
[3]《孟子·尽心上》,中华书局2006年版,第308页。

而屈于父,报而罪之。"在该案中,令尹处死了告发父亲犯罪的直躬,但这样导致的结果是"故令尹诛而楚奸不上闻"[1]。对于亲属间相互容隐犯罪的行为,韩非子评价其为"枉法曲亲谓之有行""'有行'者,法制毁也"。[2]

(二) 收养制度

董仲舒在春秋决狱案例一中对养父与养子关系的认定奠定了后来收养关系的理论基础。唐朝法律规定:"即养异姓男者,徒一年;与者,笞五十。其遗弃小儿三岁以下,虽异姓,听收养,即从其姓。"[3]按照法律规定,原则上不准收养异姓男,若属于被遗弃的三岁以下婴幼儿,即使是异姓,也允许收养,并从其所姓。之所以要将收养异姓男的年龄界限定在三岁以下,《唐律疏议》作了立法解释:"其小儿年三岁下,本生父母遗弃,若不听收养,即性命将绝,故虽异姓,仍听收养,即从其姓。"立法理由一方面是考虑到人道主义,另一方面与董仲舒断案时所说的"振活养乙"的思想完全一致,都表达了儒家伦理法律观中认定收养关系的一个主要原则,即收养者对被收养者要尽"养"的义务。根据唐律的规定,养子女与养父母之间的关系同亲生父母一样,《唐律疏议·名例》规定:"其嫡、继、慈母,若养者,与亲同。【疏】议曰:嫡谓嫡母,左传注云:'元妃,始嫡夫人,庶子于之称嫡。'继母者,谓嫡母或亡或出,父再娶者为继母。慈母者,依礼:'妾之无子者,妾子之无母者,父命为母子,是名慈母。'非父命者,依礼服小功,不同亲母。'若养者',谓无儿,养同宗之子者。慈母以上,但论母;若养者,即并通父。故加'若'字以别之,并与亲同。"即嫡母、继母、慈母,只限于母亲而言。如果属于收养关系,那么此服制地位,也包括养父在内,养父母与亲生父母同。

(三) 八议制度

董仲舒在《春秋繁露》中说:"正刑多隐,亲戚多讳。"[4]即君王的亲戚贵族犯罪,一般要加以隐讳而不说出去。根据议贵之法,从轻处罚。董仲舒的这一思想,对后世建立八议制度有一定影响。八议,是从法律上公开维护贵族、官僚、地主的等级特权,使他们在违法犯罪时得以减轻或者免除其处

---

[1] 张觉译注:《韩非子全译》,贵州人民出版社1992年版,第1042页。
[2] 张觉译注:《韩非子全译》,贵州人民出版社1992年版,第378页。
[3] 刘俊文:《唐律疏议笺解》,中华书局1996年版,第941页。
[4] (汉)董仲舒撰:《春秋繁露》之《三代改制质文第二十三》,张世亮、钟肇鹏、周桂钿译注,中华书局2012年版,第249页。

罚的一种法律制度。包括议亲、议故、议贤、议能、议功、议贵、议勤、议宾。我国封建社会是典型的等级社会,一方面把刑事镇压的锋芒直接指向广大的被统治阶级;另一方面则对贵族、官僚和地主规定了种种特权和优待的办法,保障他们即使在违法犯罪的情况下也可以在大部分情况下合法地逃脱法律的惩罚而逍遥法外,八议即其中的一项制度。

八议一说,最早见于《周礼》中的八辟,在汉朝的有关文献中,虽然有适用八议的案例,但在法律上并没有这样的制度。但是汉朝有上请的制度,对于贵族以及六百石以上官吏犯罪,须先请才能逮捕审问。到曹魏统治时期,八议作为一项刑法原则正式入律。正如《唐六典》所说:"八议自魏、晋、宋、齐、梁、陈、后魏、北齐、后周及隋,皆载于律。"

晋时,羊聃初辟元帝丞相府,累迁庐陵太守。刚克粗暴,恃国戚,纵恣尤甚,睚眦之嫌辄加刑杀。疑郡人简良等为贼,杀二百余人,诛及婴孩,所髡锁复百余。庾亮执之,归于京都。有司奏聃罪当死,以景献皇后是其祖姑,应八议。成帝诏曰:"此事古今所无,何八议之有!犹未忍肆之市朝,其赐命狱所。"兄子贲尚公主,自表求解婚。诏曰:"罪不相及,古今之令典也。聃虽极法,于贲何有!其特不听离婚。"琅邪太妃山氏,聃之甥也,入殿叩头请命。王导又启:"聃罪不容恕,宜极重法。山太妃忧戚成疾,陛下罔极之恩,宜蒙生全之宥。"于是诏下曰:"太妃惟此一舅,发言摧咽,乃至吐血,情虑深重。朕往丁荼毒,受太妃抚育之恩,同于慈亲。若不堪难忍之痛,以致顿弊,朕亦何颜以寄。今便原聃生命,以慰太妃渭阳之思。"于是除名。顷之,遇疾,恒见简良等为祟,旬日而死。[1] 本案中羊聃所犯罪行严重,涉及两百多人性命,按故杀即应判死刑,确实属于罪不可赦。所以虽然主管部门首先提出因为景献皇后是羊聃祖姑,羊聃应在八议之列,但是晋成帝却认为其罪行太严重,不能宽恕,不能适用八议。后来又有羊聃的外甥女山太妃为其求情,而山太妃对皇帝有养育之恩,最终皇帝还是因为羊聃皇亲国戚的身份而同意适用了八议。

唐朝时,凡属于八议之人,犯死罪,要逐条写明所犯之罪的情况,以及应该进入八议的条件,先奏请皇帝批准,由尚书都省进行都堂集议,集议作出决定后再报请皇帝裁决。明清时,八议之人犯罪,官吏不能擅自逮捕,必

---

[1]《晋书》卷四九《列传第十九》,中华书局2010年版,第915页。

须将所犯案情实封奏闻,报请皇帝同意,奉旨推问,才能逮捕。如果皇帝下令免于追究,便不再追究。

(四)过失犯罪

现代刑法中有故意犯罪和过失犯罪的区别,我国封建刑法在具体罪名中也区分了故意和过失,当然其概念与现代刑法不尽相同。如杀人行为中就有故杀、误杀。对于误杀一般减轻处罚或者免于处罚,其依据也渊源于《春秋》。《春秋》记载:襄公二十五年"十有二月,吴子谒伐楚,门于巢卒。"《公羊传》云:"门于巢卒者何?入门乎巢而卒也。入门乎巢而卒者何?入巢之门而卒也。"[1]何注云:"吴子欲伐楚过巢,不假涂,卒暴入巢门,门者以为欲犯巢而射杀之。君子不怨所不知,故与巢得杀之,使若吴为自死文,所以强守御也。"在伐楚的过程中,吴王谒没有经过允许进入巢,守门人不知其是借道,以为是侵略巢,将吴王谒射杀,对此不能归责于守门人。

唐朝法律规定对于过失伤人者,可以适用赎刑。如《唐律疏议·斗讼》规定:"诸过失杀伤人者,各依其状,以赎论。谓耳目所不及,思虑所不到;共举重物,力所不制;若乘高履危足跌及因击禽兽,以致杀伤之属,皆是。"对于误杀人,大清律也规定了勿论或者减等处罚,以区别故意犯罪与过失犯罪的处罚结果。根据大清律例的规定,对于误杀人,有勿论、有论减等,相关规定见于"良贱相殴""奴婢殴家长""殴期亲尊长""殴祖父母父母"等条。

(五)秋冬行刑制度

秋冬行刑在我国传统司法制度中曾引起极大争论,尽管历代封建王朝基本贯彻了这一制度,个别统治者不遵守秋冬行刑的做法还遭到了儒学思想家的批判,但是该制度在儒家经义中也有不同的说法。正如前文所说,孔子也曾于盛夏杀人。

董仲舒根据儒家"天人合一""天人感应"的理论,指出人取法于天的常道,天道的表现跟人身相同,君主的好恶喜怒必须符合义才能表现出来。"人主立于生杀之位,与天共持变化之势,物莫不应天化……然则人主之好恶喜怒,乃天之暖清寒暑也,不可不审其处而出也。当暑而寒,当寒而暑,必为恶岁矣;人主当喜而怒,当怒而喜,必为乱世矣。是故人主之大守,在于

---

[1] 刘尚慈译注:《春秋公羊传译注》,中华书局2010年版,第485页。

第六章　对春秋决狱的评析

谨藏而禁内，使好恶喜怒必当义乃出，若暖清寒暑之必当其时乃发也"。[1]汉武帝接受董仲舒的学说，规定春夏不执行死刑，除谋反大逆决不待时以外，一般对死刑犯须在秋天霜降以后、冬至以前行刑。汉章帝时，下诏："春秋于每月书'王'者，重三正，慎三微也。律十二月立春不以报囚，月令冬至之后有顺阳助生之文，而无鞫狱断刑之政。朕咨访儒雅，稽之典籍，以为王者生杀宜顺时气，其定律无以十一月、十二月报囚。"[2]

隋朝时延续了秋冬行刑的做法，因此隋文帝盛夏杀人的做法才遭到了批评。"（文）帝尝发怒，六月棒杀人，大理少卿赵绰固争曰：'季夏之月，天地成长庶类，不可以此时诛杀。'帝报曰：'六月虽曰生长，此时必有雷霆；天道既于炎阳之时，震其威怒，我则天而行，有何不可！'遂杀之。"[3]

唐朝的行刑时间，也以《春秋》经义为依据。《唐律疏议》规定，从立春至秋分，除犯恶逆以上及部曲、奴婢杀主外，余罪皆不得奏决死刑，违者徒一年。唐《狱官令》也规定："从立春至秋分，不得奏决死刑。"如唐高宗"永徽二年，洛阳人李弘泰诬告太尉长孙无忌谋反，有诏不待时斩之"。高宗下令不待秋冬行刑时间，立即予以斩杀。但侍中于志宁就上疏谏曰："方春少阳用事，不宜行刑，且诬谋非本恶逆，请依律待秋分乃决。"[4]这是于志宁根据《春秋》的思想，建议高宗不能"不待时"而斩人行刑，即不能在万物生长发育的春夏行刑。而高宗也接受了于志宁的意见，就是根据《春秋》的经义行刑，即所谓"从之"。

但是董仲舒"天人合一"的观念更为全面，他指出，君主在治理政事时，应当根据实际情况采取相应的措施，而不必拘泥于天人结合的死板理论，更重要的是符合天地之道的根本。"若留德而待春夏，留刑而待秋冬也，此有顺四时之名，实逆于天地之经"，"天非以春生人，以秋杀人也。当生者曰生，当死者曰死，非杀物之必待四时也"。[5]他认为，天在一年之中经过春夏秋冬

---

[1]（汉）董仲舒撰：《春秋繁露》之《王道通三第四十四》，张世亮、钟肇鹏、周桂钿译注，中华书局2012年版，第427页。

[2]《后汉书》卷三《肃宗孝章帝纪第三》，中华书局2010年版，第105页。

[3]《隋书》卷二五《志第二十》，中华书局2010年版，第484页。

[4]《新唐书》卷一〇四《列传第二十九》，中华书局2010年版，3206页。

[5]（汉）董仲舒撰：《春秋繁露》之《如天之为第八十》，张世亮、钟肇鹏、周桂钿译注，中华书局2012年版，第643页。

四季而运行一周,但是君主一天之内处理的事情远远超过四件,一天就可能有喜怒哀乐四种情绪,按照常理也不可能等到特定的季节才去办理对应的事情。况且,去除污秽都不必等到一定的时候,何况是铲除恶人呢?

(六)复仇制度

复仇出自原始社会的习惯,在国家产生以后,由于原始习惯的影响,相当长时期内依然保留了同态复仇的习惯,这一点见之于中外古代的法律规定和复仇实践。《孟子·尽心下》曾说:"吾今而后知杀人亲之重也。杀人之父,人亦杀其父;杀人之兄,人亦杀其兄。然则非自杀之也,一间耳。"[1]《孟子》的记载表明当时社会生活中常见复仇。孟子认为,这和自己亲手杀死自己的父亲和哥哥只有一点点差别罢了。说明孟子反对任意仇杀以避免引起冤冤相报,虽然孟子没有明确反对复仇,但至少孟子对复仇没有持赞同态度。复仇问题长期影响着我国古代社会的法律。一方面中国古代实行以家族为本位的社会结构和法律制度,另一方面儒家思想的影响及其与国家法律之间的矛盾使得这一问题长期难以得到解决。儒家的经典著作是支持复仇的。如《礼记·曲礼上》说:"父之仇,弗与共戴天;兄弟之仇,不反兵;交游之仇,不同国。"但此后在儒家著作中对于复仇的限制也逐渐增加,《周礼》已经提出可以用迁居外地的办法来对复仇加以调解,并且限制了复仇的范围,如果杀了应该杀的人,不允许复仇。《春秋公羊传》也提出如果父亲罪不当死而被错判枉杀就可以复仇;如果官府判决正确则不许复仇,否则被复仇者的子弟又将复仇,必然导致反复相杀。此外,在《周礼》和《春秋公羊传》中还提出"凡复仇者,书于士,杀之无罪"和"复仇不除害"的观点,前者指复仇必须先向法官呈报;后者指复仇只能杀仇人本人,不能因为害怕仇人的子弟再复仇而杀其子弟。

法家是反对复仇的,商鞅在秦国变法时就曾经规定:"为私斗者,各以轻重被刑。"不允许私人复仇,以免扰乱社会秩序。秦汉以后情况有所变化,民间一般肯定复仇,官方则举棋不定,但在汉朝,由于推行春秋决狱,儒家的经典往往高于法律,因而复仇成为习惯,官方一般对其减免罪刑,而民间则极力支持。

东汉时,桓谭曾上书:"今人相杀伤,虽已伏法,而私结怨仇,子孙相

---

[1]《孟子》,中华书局2006年版,第321页。

报，后忿深前，至于灭户殄业，而俗称豪健，故虽有怯弱，犹勉而行之，此为听人自理而无复法禁者也。今宜申明旧令，若已伏官诛而私相伤杀者，虽一身逃亡，皆徙家属于边，其相伤者，加常二等，不得雇山赎罪。如此，则仇怨自解，盗贼息矣。"[1]桓谭上奏皇帝"申明旧令"，说明汉朝曾经有过禁止复仇的法令。但是皇帝并没有采纳桓谭的建议。东汉章帝建初年间，"有人侮辱人父者，而其子杀之，肃宗贳其死刑而降宥之，自后因以为比。是时遂定其议，以为《轻侮法》。"该法的颁布实际上纵容了复仇事件。到汉和帝时，尚书张敏对此明确表示反对，"夫轻侮之法，先帝一切之恩，不有成科班之律令也。夫死生之决，宜从上下，犹天之四时，有生有杀"，"春秋之义，子不报仇非子也。而法令不为之减者，以相杀之路不可开故也"。张敏认为尽管《春秋》之义肯定复仇，但是历代很少有法律规定对复仇行为减免处罚，就是因为担心引起民间反复仇杀。复仇导致司法实践的混乱："今托义者得减，妄杀者有差，使执宪之吏得设巧诈，非所以导'在丑不争'之义。又《轻侮》之比，浸以繁滋，至有四五百科，转相顾望，弥复增甚，难以垂之万载。"同时，张敏还依据儒家思想经典，提出废除《轻侮法》，"臣愚以为天地之性，唯人为贵，杀人者死，三代通制。今欲趣生，反开杀路，一人不死，天下受敝。记曰：'利一害百，人去城郭。'夫春生秋杀，天道之常。春一物枯即为灾，秋一物华即为异。王者承天地，顺四时，法圣人，从经律"。[2]《轻侮法》由此废止不用。此处需要引起注意的是，张敏建议废除《轻侮法》时也依据了儒家的经典著作《礼记》中的话"利一害百，人去城郭"。同时，张敏的思想中还包含了儒家重视人命的人道思想，"天地之性，唯人为贵"，如果允许复仇实际会导致更多的人被仇杀。这也给我们一个启发：在掌握儒家思想时，一定要全面把握，不能因为儒家经典中的一言一语就轻易引为精神，定为制度。

三国时期军阀混战，互相杀戮，在民间造成无数仇恨，因此私人复仇盛行。曹操在平定袁绍后为了稳定社会秩序，于建安十年（公元205年）发布命令："令民不得复私仇，禁厚葬，皆一之于法。"魏黄初四年春正月，文帝正式下诏："丧乱以来，兵革未戢，天下之人，互相残杀。今海内初定，敢有

---

[1]《后汉书》卷二八《桓谭冯衍列传》，中华书局2010年版，第641页。
[2]《后汉书》卷四四《邓张徐张胡列传》，中华书局2010年版，第1014页。

私复仇者皆族之。"[1]从法律上正式对复仇加以严格禁止,说明曹魏政权已看到允许复仇带来的危害。到魏明帝修律时,把复仇纳入法律调整范围以内,据《晋书·刑法志》记载:"贼斗杀人,以劾而亡,许依古义,听弟子得追杀之。会赦及过误相杀,不得报仇,所以止杀害也。"明确规定什么情况允许复仇,什么情况下禁止复仇。

晋律对复仇又有新规定,《宋书·傅隆传》记载:"旧令云:杀人父母,徙之二千里外。"此"旧令"所指系当时依然适用之《晋令》。依《晋令》,杀人父母,而罪不及死者,应徙二千里。傅隆解释如此规定是为避免被害者后人复仇。但在司法实践中,对复仇者却往往原情论罪,屈法而申情,由皇帝特别赦免复仇杀人者。

至南朝,儒家礼经与国家法令就复仇问题之内在分歧,并未随时间流逝而消弭。《南齐书·孝义·朱谦之传》记载了朱谦之复仇而后又被仇家所杀的案件,即反映了这种内在分歧。史载:朱谦之,字处光,吴郡钱唐人也。父昭之,以学解称于乡里,谦之年数岁,所生母亡,昭之假葬田侧,为族人朱幼方燎火所焚。同产姊密语之,谦之虽小,便哀戚如持丧。年长不婚娶。永明中,手刃杀幼方,诣狱自系。县令申灵勖表上,别驾孔稚珪、兼记室刘琎、司徒左西掾张融笺与刺史豫章王曰:"礼开报仇之典,以申孝义之情;法断相杀之条,以表权时之制。谦之挥刃斩冤,既申私礼;系颈就死,又明公法。今仍杀之,则成当世罪人;宥而活之,即为盛朝孝子。杀一罪人,未足弘宪;活一孝子,实广风德。张绪、陆澄,是其乡旧,应具来由。融等与谦之并不相识,区区短见,深有恨然。"豫章王言之世祖,时吴郡太守王慈、太常张绪、尚书陆澄并表论其事,世祖嘉其义,虑相复报,乃遣谦之随曹虎西行。将发,幼方子恽于津阳门伺杀谦之,谦之之兄选之又刺杀恽,有司以闻。世祖曰:"此皆是义事,不可问。"悉赦之。吴兴沈凯闻而叹曰:"弟死于孝,兄殉于义。孝友之节,萃此一门。"[2]这件血亲复仇案件就死亡人数、影响来讲在当时都是非常大的,上至皇帝,下至大小官僚,对复仇大多持肯定态度,而且不惜违背法律赦免罪犯,复仇者也借此一举成名。但实际上法律的权威荡然无存,而从案件的社会效果来看,只是导致更多的人被杀,并没有取得

---

[1]《三国志》卷二《文帝纪第二》,中华书局2010年版,第61页。
[2]《南齐书》卷五五《列传第三十六》,中华书局2010年版,第654页。

好的效果。

北周保定三年夏四月戊午，初禁天下报仇，犯者以杀人论。[1]隋朝时，根据《隋书·刑法志》记载：初除复仇之法，犯者以杀论。唐朝法律没有复仇的规定，正如前文所述，唐朝发生了多起复仇案件，每次对案件的处理都引发争议。唐律虽然没有明确规定复仇免罪或减轻处罚，但其在立法上明确规定，对于祖父母、父母或夫为人所杀的案件禁止私和，《唐律疏议·贼盗》"父祖或夫及主为人杀私和"条规定："诸祖父母、父母及夫为人所杀，私和者，流二千里。【疏】议曰：祖父母、父母及夫为人所杀，在法不可同天。其有忘大痛之心，舍枕戈之义，或有窥求财利，便即私和者，流二千里。"疏议所云"在法不同天""枕戈之义"出于《礼记·檀弓上》："子夏问于孔子曰：'居父母之仇，如之何？'夫子曰：'寝苫枕干，不仕，弗与共天下也！遇诸市朝，不反兵而斗！'"从疏议引用礼记内容而言，至少在立法精神方面，唐律对于复仇是持理解甚至赞同态度的。另一方面，为了避免复仇案件的发生，唐律规定了"杀人会赦免罪者移乡"制度，《唐律疏议·贼盗》规定："诸杀人应死会赦免者，移乡千里外……【疏】议曰：杀人应死，会赦免罪，而死家有期以上亲者，移乡千里外为户。其有特敕免死者，亦依会赦例移乡。"移乡制度的建立，能在一定程度上防止受害人亲属对杀人罪犯的复仇，保证赦免等国家司法制度的落实，避免国家因为复仇案件陷入情法冲突。

唐朝时，发生了几起有影响力的复仇案件，引发大臣对于复仇的讨论。《旧唐书·文苑中·陈子昂传》记载："时有同州下邽人徐元庆，父为县尉赵师韫所杀。后师韫为御史，元庆变姓名于驿家佣力，候师韫，手刃杀之。议者以元庆孝烈，欲舍其罪。"陈子昂为此专门撰写了《复仇议状》，他认为："然按之国章，杀人者死，则国家画一之法也。法之不二，元庆宜伏辜。又按《礼》经，父仇不同天，亦国家劝人之教也。教之不苟，元庆不宜诛。"他最后提出建议："谓宜正之国法，置之以刑，然后旌其闾墓，嘉其徽烈。可使天下直道而行。编之于令，永为国典谨议。"[2]该案最终按照陈子昂的观点判决结案，判决徐元庆死刑，并褒奖了他的孝行。但是后来柳宗元写了《驳复仇议》，反驳了陈子昂的观点，柳宗元认为法和礼的目的是一致的，只是适用的

---

[1]《周书》卷五《帝纪第五》，中华书局2010年版，第48页。
[2] 曾哲主编：《中华法系寻根》，中国人民大学出版社2015年版，第166页。

场合和对象不同，法和礼不能同时适用："旌与诛莫得而并焉。诛其可旌，兹谓滥；渎刑甚矣。旌其可诛，兹谓僭；坏礼甚矣。果以是示于天下，传于后代，趋义者不知所向，违害者不知所立，以是为典，可乎？"柳宗元建议以《春秋公羊传》作为判断复仇行为的标准，即"父不受诛，子复仇可也。父受诛，子复仇，此推刃之道，复仇不除害"，"今若取此以断两下相杀，则合于礼矣"。[1]

（唐宪宗）元和六年（公元811年）九月，又发生了梁悦复仇案。富平县人梁悦，为父杀仇人秦果，投县请罪，后特从减死之法，决杖一百，配流循州。韩愈对此有不同意见，撰写了《复仇状》，他认为复仇事例中存在礼法矛盾，"复仇，据礼经则义不同天，征法令则杀人者死。礼法二事，皆王教之端，有此异同，必资论辩"。在司法实践中，"复仇之名虽同，而其事各异"，不能一概而论，"然则杀之与赦，不可一例"，并提出对复仇者"宜定其制曰：凡有复父仇者，事发，具其事由，下尚书省集议奏闻，酌其宜而处之"。[2]此后唐朝处理类似案件正是按照韩愈的建议，由中央对这类案件作出裁决，使复仇案件通过较为特殊的审判程序处理。

宋朝法律沿袭唐朝，但在法律中增加规定，对于子孙复仇的案件由官府上奏具体案件请取敕裁。《大明律·刑律·斗殴·父祖被殴》规定："若祖父母、父母，为人所杀，而子孙擅杀行凶人者，杖六十。其即时杀死者，勿论。"从明律的规定来看，明律基本是反对复仇的，而子孙"即时杀死者"，更多带有正当防卫的特点。清朝法律沿袭明朝，又增加条例规定：对于祖父母、父母为人所杀，罪犯判刑后遇到恩赦免除死刑，而子孙为了报仇将罪犯杀死者，杖一百、流三千里。可见后世对于复仇基本持反对态度。

复仇案件处理的难点在于，按照法律一般朝代对于复仇行为都是禁止的，但为了自己的亲人尤其是父母而复仇又符合统治者所提倡的"孝道"，符合儒家经典著作中的理念。如果按照法律处理，将违背礼教之情；如果放任不管，则国家法律的尊严难以体现。所以历史上的复仇案件在历朝历代都有，并往往引发很大争论，这是封建法律与儒家理念所固有的矛盾。

（七）"过制"犯罪制度

在中国传统社会中，将人划分为不同的等级，各等级之间在服饰、车马、

---

〔1〕 曾哲主编：《中华法系寻根》，中国人民大学出版社2015年版，第173~174页。
〔2〕 《旧唐书》卷五〇《志第三十》，中华书局2010年版，第1453页。

宅邸、丧葬等方面有着明显的区别，君与臣之间、臣与民之间都相差悬殊。这种差别最早是礼的要求，因此在《春秋》中对于大臣僭越的行为持批判态度，后世对于"过制"的行为则要予以处罚。如"晋灵厚赋以雕墙，《春秋》以为非君。华元、乐吕厚葬文公，《春秋》以为不臣。况于群司士庶，乃可僭侈主上，过天道乎？明帝时，武原侯卫不害坐葬过律夺国。明帝时，桑民摋阳侯坐冢过制髡削"。[1]

这些最早源于礼仪的差异，逐步在具有法律效力的令或者式当中得以明确，如唐朝在《营缮令》《仪制令》《衣服令》中对此都有规定，对于违反礼制的，则予以刑事制裁。《唐律疏议·杂律》规定："诸营造舍宅、车服、器物及坟茔、石兽之属，于令有违者，杖一百。虽会赦，皆令改去之；（坟则不改）其物可卖者，听卖。若经赦后百日，不改去及不卖者，论如律。"

（八）主婚制度

董仲舒经义决狱案例六"夫死无男可更嫁"指出，改嫁之女系受母命而嫁，因此无罪。在中国传统社会中，直系尊亲属具有主婚权，父母可以命令子女与一定的人结婚，法律上对父母的权利予以保障，父母的意志是婚姻合法成立的要件之一。后世法律中对于父祖的主婚权也作了规定，如《唐律疏议·户婚》规定："诸卑幼在外，尊长后为定婚，而卑幼自娶妻，已成者，婚如法；未成者，从尊长。违者，杖一百。"并且父祖违律主婚的也要承担法律责任。如《唐律疏议·户婚》规定："诸嫁娶违律，祖父母、父母主婚者，独坐主婚。本条称以奸论者，各从本法，至死者减一等。【疏】议曰：'嫁娶违律'，谓于此篇内不许为婚，祖父母、父母主婚者，为奉尊者教命，故独坐主婚，嫁娶者无罪。"

（九）保辜制度

保辜制度是中国古代处理伤害案件的一种特殊制度，对于殴人致伤案件，验明伤人者所用之器物，并根据造成伤害的严重程度，规定一定的期限，期限届满时根据其伤情定罪量刑。如果被害人在保辜期限内死亡，则认为殴伤是死亡的直接原因，对伤人者应以殴人致死论罪。如果受伤者在保辜期限之外死亡，则认为殴伤与死亡没有直接因果关系，对加害人应以殴人致伤论罪。保辜制度中包含了在伤情没有确定之时，由侵犯人调治被害人的伤情，以减

---

[1] 程树德：《九朝律考》，中华书局2003年版，第173页。

免犯罪者罪责的内在意图。

保辜制度源于《春秋》,《春秋公羊传·襄公七年》经文记载:十有二月,公会晋侯、宋公、陈侯、卫侯、曹伯、莒子、邾娄子于鄬,郑伯髡原如会,未见诸侯,丙戌,卒于操。传文记载:"郑伯将会诸侯于鄬,其大夫谏曰:'中国不足归也,则不若与楚。'郑伯曰:'不可。'其大夫曰:'以中国为义,则伐我丧;以中国为强,则不若楚。'于是弑之。郑伯髡原何以名?伤而反,未至乎舍而卒也。"[1]东汉何休注曰:"古者保辜,诸侯卒名,故于如会名之。明如会时为大夫所伤,以伤辜死也。君亲无将,见辜者,辜内将以弑君论之,辜外当以伤君论之。"据《汉书》功臣表记载,嗣昌武侯单德打伤的人在20天内死亡,他因此在元朔三年(公元前126年)被判处死刑。

后世法律多规定有保辜制度,如《唐律疏议·斗讼》在"以兵刃斫射人不着及刃伤等"条规定:"若刃伤,刃谓金铁,无大小之限,堪以杀人者。及折人肋,眇其两目,堕人胎,徒二年。堕胎者,谓辜内子死,乃坐。若辜外死者,从本殴伤论……注云'堕胎者,谓在辜内子死,乃坐',谓在母辜限之内而子死者。子虽伤而在母辜限外死者,或虽在辜内胎落而子未成形者,各从本殴伤法,无堕胎之罪。"又如《大清律例·刑律·斗殴上·保辜期限》规定:"凡保辜者,(先验伤之重轻,或手足,或他物,或金刃,各明白立限),责令犯人(保辜)医治,辜限内皆须因(原殴之)伤死者,(如打人头伤,风从头疮而入,因风致死之类),以斗殴杀人论(绞)。其在辜限外,及虽在辜限内,(原殴之)伤已平复,官司文案明白,(被殴之人)别因他故死者,(谓打人头伤,不因头疮得风别因他病而死者,是为他故),各从本殴伤法(不在折命之律)。若折伤以上,辜内医治平复者,各减二等。(下手理直,减殴伤二等,如辜限内平复,又得减二等,此所谓犯罪得累减也。)辜内虽平复,而成残废笃疾,及辜限满日不平复(而死)者,各依律全科(全科所殴伤残废笃疾之罪,虽死亦同伤论)。"

(十) 父祖杀子孙的处罚

尽管中国古代父祖对于子孙具有一定的权力,但这种权力受到很大限制,如父祖不得杀子孙,一方面是为了保证司法权集中于国家之手,另一方面也是受到儒家思想的影响,认为人命至贵,即便是父祖,也不得无故杀死子孙。

---

[1] 刘尚慈译注:《春秋公羊传译注》,中华书局2010年版,第448页。

《春秋·僖公五年》记载:"五年,春,晋侯杀其世子申生。"《公羊传》曰:"曷为直称晋侯以杀?杀世子、母弟直称君者,甚之也。"[1]。申生是晋献公的长子,晋献公的宠妃骊姬欲立自己的儿子奚齐为太子,设计以弑君罪名诬陷申生,迫使申生自杀。《春秋》直接称是晋侯杀死申生的,《公羊传》认为这是因为杀太子、杀同母弟做得太过分了。由此在儒家思想中引申出父祖也不能故杀子孙。《白虎通·诛伐·父杀子》载:父煞其子死,当诛何?以为天地之性人为贵,人皆天所生也,托父母气而生耳。王者以养长而教之,故父不得专也。北魏时法律规定,祖父母父母忿怒以兵刃杀子孙者处五岁刑,殴杀者四岁刑,若心有爱憎而故杀者各加一等。[2]唐朝法律规定:"若子孙违犯教令,而祖父母、父母殴杀者,徒一年半;以刃杀者,徒二年。故杀者,各加一等。即嫡、继、慈、养杀者,又加一等。过失杀者,各勿论。"从条文可知,如果子孙并没有违反教令而杀之,就是故杀。即便是子孙违反教令,父祖杀之也要承担责任。由此,国家在法律上剥夺了父祖对于子孙的生杀之权。

(十一) 子孙殴父祖的处罚

董仲舒在春秋决狱案例五中就子误伤父案在判词中指出,"臣愚以父子至亲也,闻其斗,莫不有怵怅之心,扶杖而救之,非所以欲诟父也",因此"不当坐"。董仲舒的这一判决在我们今天看来是符合现代刑法学原理的,因为甲在该案中是缺乏伤害父亲的犯罪故意的,这一判决也符合董仲舒在流传下来的春秋决狱的六个案例中贯彻的轻刑思想。遗憾的是,在这一具体罪名的处罚上,封建社会法律并没有吸收董仲舒春秋决狱的精华。由于封建社会法律认为殴父祖属于恶逆重罪,因此大部分朝代法律都规定不分故伤误伤、不分有伤无伤、不分伤轻伤重,只要有殴的行为就构成犯罪,判处死刑。在清朝,甚至有父母被人殴打,子女为了救助父母,误伤父母致死,也要按照法律判处凌迟的案例。相比之下,春秋决狱中对于主观心理状态的重视以及轻刑思想就显得更为难能可贵。当然,封建社会法律也会考虑到这类案件中"人情"的特殊性,上报皇帝予以核减。如清朝的一个案例:"邓逢达被戚兴按扑在地,戚拾石欲殴,邓子光维用刀将戚兴戳伤,戚兴仍抵住邓逢达不放,邓光维情急用刀向戳,不意戚将腿挪开,收手不及,误将父右腹戳伤毙命。有司

---

[1] 刘尚慈译注:《春秋公羊传译注》,中华书局2010年版,第207页。
[2] 《魏书》卷一一一《刑罚志七》,中华书局2010年版,1929页。

现代法理学视野下的春秋决狱

以父被殴势在危急,救父误伤,情有可悯,照子殴杀父律拟凌迟,奏请减为斩立决,奉旨照准。"[1]但是这样的判决与董仲舒"不当坐"的判决相比可谓有天壤之别。

(十二) 数罪罚重制度

龚自珍在《春秋决事比答问第四》中,以问答的形式探讨了大清律中数罪并罚时从一重论处与《春秋公羊传》之间的关系。《大清律例·名例律·二罪俱发以重论》规定:"凡二罪以上俱发,以重者论。罪各等者,从一科断。若一罪先发,已经论决,余罪后发,其轻若等,勿论。重者,更论之,通计前(所论决之)罪,以充后(发之)数。"龚自珍以为,这一规定与《春秋》相符。庄公十年二月,公侵宋。《公羊传》云:"曷为或言侵?或言伐?粗者曰侵,精者曰伐。战不言伐,围不言战,入不言围,灭不言入,书其重者也。"侵、伐、战、围、入、灭,是周礼将征战规模及深入程度进行分类,依次递进的六个等级,《春秋》记载战争规模时,一般举重者言之,不并举,即言战不言伐,言围不言战,言入不言围,言灭不言入。这与大清律中规定数罪只处重罪是对应的。

(十三) 受赃犯罪的处罚

大清律中,对于官吏受赃犯罪划分很细,根据犯罪情节分别有官吏受财、事后受财、官吏听许财物等罪名。其中官吏听许财物,因为原未接受财物,所以与事后受财处罚不同。根据《大清律例·刑律·受赃·官吏听许财物》规定:"凡官吏听许财物,虽未接受,事若枉者,准枉法论;事不枉者,准不枉法论;各减(受财)一等。所枉重者,各从重论。"龚自珍认为,这一做法与《春秋》不合。《春秋》记载:宣公元年,六月,齐人取济西田。《公羊传》云:"外取邑不书,此何以书?所以赂齐也。曷为赂齐?为弒子赤之赂也。"[2]又根据《春秋》记载:"文公十八年,冬,十月,子卒。"太子赤是鲁文公的嫡长子,文公死后,公子遂杀赤,立宣公。《春秋》因为公子赤是被弒杀而不忍言,所以只是记载"子卒"。宣公弒立后几次纳赂于齐国以稳定王位,甚至割让国土给齐国。但是根据《春秋》记载,宣公十年,"齐人归我济西田"。《公羊传》云:"齐已取之矣,其言我何?言我者,未绝于我也。曷

---

[1] 瞿同祖:《瞿同祖法学论著集》,中国政法大学出版社2004年版,第43~44页。
[2] 刘尚慈译注:《春秋公羊传译注》,中华书局2010年版,第334页。

为未绝于我？齐已言取之矣，其实未之齐也。"[1]因为济西田的税收贡赋仍然属于鲁国，所以齐国并没有实际取得济西田。尽管如此，《春秋》仍然对齐国的行为予以谴责，因为其已经许受赂。龚自珍认为《春秋》对于齐国许受鲁国贿赂济西田一事持批评态度。因此清律将实受赂与许受赂区别开来是不恰当的，是与《春秋》不一致的，"犹律行言许受赂"。[2]我们认为，如果从《春秋》强调主观恶性来分析，龚自珍的理解是正确的，许受贿和实际接受贿赂在主观恶性上都是贪图利益。但是如果考虑到具体的犯罪情节，龚自珍的理解就有些偏差，官吏听许财物和官吏受财，在犯罪情节上有所不同，一个没有实际取得贿赂，一个已经接受贿赂，为了体现罪责刑相适应，对官吏听许财物减轻一等处罚也是合理的。这里的矛盾实质上是在追究法律责任的时候是否需要坚持主客观相一致的原则。

（十四）年幼犯罪不坐制度

《大清律例·名例律下·老小废疾收赎》规定："凡年七十以上，十五以下，及废疾，犯流罪以下，收赎。犯杀人，应死者，议拟奏闻，取自上裁；盗及伤人者，亦收赎；余皆勿论。九十以上，七岁以下，虽有死罪不加刑；其有人教令，坐其教令者；若有赃应偿，受赃者偿之。"龚自珍认为，根据《春秋》记载：昭公二十三年，尹氏立王子朝。尹氏是周景王、敬王年间的尹氏大夫，王子朝是周景王的长庶子，周景王的太子寿早亡，未立王储周景王就崩了，尹氏拥立王子朝与刘子拥立的王子猛相互攻杀，导致王室大乱。何休注云：贬言尹氏者，著世卿之权。尹氏贬，子朝不贬者，年未满十岁，未知欲富贵，不当坐，明罪在尹氏。因此年幼者犯罪不坐的法律规定来自《春秋》。西周时期也有"三赦之法"，《周礼·秋官·司刺》记载："一曰幼弱，二曰老耄，三曰蠢愚。"郑玄在注解《周礼》这一规定时曾引用汉律："年未满八岁，八十以上，非手杀人，他皆不坐。"

（十五）非夫若子不得捕奸

《大清律例·刑律·人命·杀死奸夫》规定："凡妻妾与人奸通，而（本夫）于奸所亲获奸夫、奸妇，登时杀死者，勿论。若止杀死奸夫者，奸妇依（和奸）律断罪，当官嫁卖，身价入官。（或调戏未成奸，或虽成奸已就拘执，

---

[1] 刘尚慈译注：《春秋公羊传译注》，中华书局2010年版，第356页。
[2] （清）龚自珍：《龚自珍全集》，王佩净校，上海古籍出版社1999年版，第61页。

或非奸所捕获，皆不得拘此律。）"此外，条例中还规定："本夫之兄弟，及有服亲属，皆许捉奸。"但是在他人捉奸的场合，"如有登时杀伤者，并依已就拘执而擅杀伤律。若非登时杀伤，依斗杀伤论……但卑幼不得杀尊长，犯，则依故杀伯、叔母、姑、兄、姊律科罪。"[1]从大清律例的规定分析，本夫、本夫之兄弟及有服亲属均可捉奸，但并未规定本夫之子可以捉奸，同时对于本夫其他亲属还规定"卑幼不得杀尊长"，对其进行限制。这一规定赋予了本夫于奸所当场亲手杀死奸夫奸妇的权利，在当时的历史条件下符合大众的情感需求，有其存在的合理性。但是在法条中并没有规定本夫之子捉奸的问题，也有其礼制和人情方面的考虑。

龚自珍对之解释认为源于《春秋》："《春秋》于内女淫佚者，深没其文。齐人执单伯、齐人执子叔姬是也。内小恶不讳，惟淫讳，非讳也。《春秋》非讨淫之书也。外小恶本不书，《春秋》三世，又无讥外相淫者。《礼》：天子内屏，诸侯外屏，不察人之闺门也。难之曰：蔡人杀陈佗，不以其外淫贱之乎？答：蔡之当讨者也，非《春秋》讨之也。"[2]

"齐人执单伯、齐人执子叔姬"见于《春秋·文公十四年》记载："冬，单伯如齐，齐人执单伯，齐人执子叔姬。执者曷为或称行人？或不称行人？称行人而执者，以其事执也。不称行人而执者，以己执也。单伯之罪何？道淫也。恶乎淫？淫乎子叔姬。然则曷为不言齐人执单伯及子叔姬？内辞也，使若异罪然。"[3]文公十四年冬天，单伯到齐国去，齐国人捉拿了单伯。齐国人捉拿了子叔姬。这是因为单伯在途中与子叔姬行淫。《春秋》在记载此事之时，没有把单伯和子叔姬并提，这是鲁国内部的讳辞，好像他们的被抓是因为不同的罪行（其实是因为同一件事）。单伯是鲁国的大夫，子叔姬是鲁文公同母的妹妹，子叔姬夫死子被杀，鲁国通过周天子求取子叔姬，鲁大夫单伯到齐国去请子叔姬归鲁，根据《公羊传》和《谷梁传》的记载，两人路途行淫，结果齐人执单伯，又休弃子叔姬。但是因为他们是鲁国人，《春秋》记载此事时就避讳了。龚自珍认为这是因为"内小恶不讳，惟淫讳，非讳也。《春秋》非讨淫之书也"。

---

[1]《大清律例》，田涛、郑秦点校，法律出版社1999年版，第424~425页。
[2]（清）龚自珍：《龚自珍全集》，王佩净校，上海古籍出版社1999年版，第61~62页。
[3] 刘尚慈译注：《春秋公羊传译注》，中华书局2010年版，第320页。

有人对此提出质疑："蔡人杀陈佗，不以其外淫贱之乎？"根据《春秋·桓公六年》记载："蔡人杀陈佗。陈佗者何？陈君也。陈君则曷为谓之陈佗？绝也。曷为绝之？贱也。其贱奈何？外淫也。恶乎淫？淫于蔡，蔡人杀之。"[1]陈佗是陈国国君，名佗，陈桓公死了以后，陈佗杀死太子免自立，国家陷入动乱，陈佗数次到蔡国行淫乱之事，即位当年即被蔡人所杀，《春秋》对其采用了对诸侯最重的贬损"绝"，即贬绝其诸侯的爵位，直呼其名陈佗。龚自珍认为，《春秋》贬绝陈佗，是因为蔡人讨伐陈佗，并非《春秋》讨伐淫乱之事。这一观点未必正确。对于淫乱之事，《春秋》在记载时采用了不同的笔法，大概是根据当事人是鲁国人还是其他诸侯采取的区别对待，与《春秋》是否讨淫之书无关。

（十六）犯罪区分首从

据清律，犯罪分首从。《大清律例·名例律下·共犯罪分首从》规定："凡共犯罪者，以（先）造意（一人）为首，（依律断拟。）随从者，减一等……若本条言皆者，罪无首从，不言皆者，依首从法。"[2]龚自珍以为，这一律文也源于《春秋》。《春秋·隐公元年》记载："隐元年，公及邾娄仪父盟于昧。"《公羊传》云："及，犹汲汲也；暨，犹暨暨也。及，我欲之；暨，不得已也。"[3]《春秋》中会、及、暨，都用于旁及对象之前，但各自的含义不同。会，用于通常情况下；及，含有鲁国心情急迫的意思；暨，含有不得已的意思。何注云：举及、暨者，明当随意善恶而原之。欲之者，善重恶深；不得已者，善轻恶浅，所以原心定罪。

当然，犯罪区分首从也有例外，正如《大清律例·名例律下·共犯罪分首从》规定：若本条言皆者，罪无首从。《大清律例·刑律·贼盗上·强盗》规定："凡强盗已行而不得财者，皆杖一百、流三千里。但得（事主）财者，不分首从，皆斩。（虽不分赃，亦坐。其造意不行又不分赃者，杖一百、流三千里。伙盗不行又不分赃者，杖一百）……"龚自珍认为，大盗不分首从皆死也源于《春秋》。《春秋·昭公二十二年》记载："刘子、单子以王猛居于皇。"[4]周景王喜爱庶子朝，打算立朝为太子，因此计划在打猎时杀掉厌恶朝

---

[1] 刘尚慈译注：《春秋公羊传译注》，中华书局 2010 年版，第 71 页。
[2] 《大清律例》，田涛、郑秦点校，法律出版社 1999 年版，第 118 页。
[3] 刘尚慈译注：《春秋公羊传译注》，中华书局 2010 年版，第 4 页。
[4] 刘尚慈译注：《春秋公羊传译注》，中华书局 2010 年版，第 551 页。

的刘子和单子，结果自己却死于打猎中。周景王死了后，单子和刘子拥立王子猛，并与其他王子结盟，周景王的长庶子朝不服，带领一部分官员和族人作乱，双方发生攻伐作战，王室陷入混乱。《春秋》记载此事时说，刘子、单子拥立王猛居于皇邑。何休注云：不举猛为重者，时猛尚幼，以二子为计势，故加以。以者，行二子意辞也。二子不举重者，尊同权等。《春秋》记载此事，没有区分单子和刘子的首从地位，是因为两人的地位和权力相当。由此引申出，共犯罪本来区分首犯、从犯，然至于强盗之罪，则不分首从，俱死也。

（十七）再犯三犯加重处罚

《春秋·庄公七年》记载："秋，大水，无麦、苗。"《公羊传》云："无苗，则曷为先言无麦，而后言无苗？一灾不书，待无麦，然后书无苗。"[1]《春秋》记载此次灾害时，先言无麦，然后才言无苗，是因为一般受灾不作记载，等麦子没有了收成，然后才书写禾苗没有了。何休曰："不登二谷乃书。天不以一灾儆人，君子不以一过责人。"[2]《春秋》对于一般的灾害不予记载，如果伤害二谷才记载，是因为其灾害为重，因此法律中也要规定以再犯为重。后世法律中对于再犯的处罚体现了《春秋》精神。如《唐律疏议·贼盗》在"盗经断更行前后三犯徒或流"条中规定："诸盗经断后，仍更行盗，前后三犯徒者，流二千里；三犯流者，绞。三盗止数赦后为坐。其于亲属相盗者，不用此律。"当然这也符合"原心定罪"的原则，因为"行盗之人，实为巨蠹。屡犯明宪，罔有悛心。前后三入刑科，便是怙终其事，峻之以法，用惩其罪"。清律对于很多犯罪规定初犯处罚较轻，再犯三犯处罚较重。如《大清律例·刑律·贼盗中·窃盗》规定：凡窃盗，已行而不得财，笞五十，免刺；但得财，以一主为重，并赃论罪，为从者，各减一等。初犯，并于右小臂膊上刺窃盗二字。再犯，刺左小臂膊。三犯者，绞（监候）。[3]龚自珍认为再犯加重处罚与《春秋》笔法也有关系。从何休的注解"君子不以一过责人"可以看出，此说具有一定道理。

三、天理国法人情相互结合

中国古代司法追求天理国法人情的统一，这是中国古代司法的最高标准。

---

[1] 刘尚慈译注：《春秋公羊传译注》，中华书局2010年版，第120页。
[2] （清）龚自珍：《龚自珍全集》，王佩诤校，上海古籍出版社1999年版，第62页。
[3] 《大清律例》，田涛、郑秦点校，法律出版社1999年版，第391~392页。

天理国法人情的统一在《春秋》中亦有体现，董仲舒说："孔子作《春秋》，上揆之天道，下质诸人情，参之于古，考之于今。"法律与天理的统一表明司法应顺从天意，法律与人情的统一表明司法要符合人之常情。

（一）法律与人情相统一

儒家认为，立法的目不在于设立各种罪名用以害人，所以法律要顺应人情风俗而制定。"法者，缘人情而制，非设罪以陷人也。"[1]法律的内容必须反映人情。董仲舒在春秋决狱的过程中，并不拘泥于法律，而是根据案件的具体情况，注重人情和法律的统一。比如在案例五的判词中，董仲舒论及"臣愚以父子至亲也，闻其斗，莫不有怵惕之心，扶杖而救之，非所以欲诟父也"，就是对人情的极好概括。再结合春秋大义"《春秋》之义，许止父病，进药于其父而卒，君子原心，赦而不诛"，因此得出对甲的行为不应定罪的结论。又如"父子相隐"的出发点也是遵循人的天性。孔子说："父为子隐，子为父隐，直在其中矣。"朱熹对这句话注释说："父子相隐，天理人情之至也。故不求为直，而直在其中矣。"[2]家庭成员之间基于血缘关系或长期共同生活的情感，当有亲人违法时，出于本能会相互隐瞒，在法律上确立"亲亲相隐"之前，这是违反法律的，但却是符合人情的。董仲舒之所以将"父子相隐"作为断案依据，就是把法律与人情相结合。

（二）法律与天理相统一

法律与人情相统一处理的是法律与人类社会之间的关系，法律与天理相统一，处理的则是法律与自然规律的关系。对于违背自然规律的事情，法律不能强人所难。西方法学流派中一直存在着丰富的自然法思想，中国古代的天理其实就类似于西方学者眼中的自然法。如在董仲舒春秋决狱的案例六中，丈夫在出海时掉入大海，该女子由父母做主改嫁他人。按照当时的法律，在丈夫的尸体未安葬前改嫁应判处死刑。然而在茫茫大海中打捞尸体显然是不现实的，是违背自然规律的，如果因此就不让该女子改嫁也与理不符。董仲舒利用"《春秋》之义，夫人归于齐"，引申出"夫死无男，有更嫁之道"的结论，由此判决该女子可以改嫁。"夫人归于齐"出自《春秋·文公十八年》"夫人姜氏归于齐"的记载，在鲁文公去世后，太子赤被杀，宣公即位，太子

---

[1]（西汉）桓宽：《盐铁论·刑德第五十五》，华夏出版社2000年版，第293页。
[2] 李泽厚：《论语今读》，三联书店2004年版，第363页。

现代法理学视野下的春秋决狱

赤的母亲姜氏无所去留，因此回到其母国齐国。[1]

因此，在董仲舒春秋决狱过程中，追求的是天理、国法与人情的统一，在立法时法律的内容应当符合天理人情，司法判决的结果应当符合人性常理，最终做到一种实质正义。后世在法律中也明确规定包括天理在内的"理"属于量刑时考虑的因素。如《唐律疏议·杂律》规定：诸不应得为而为之者，笞四十；谓律、令无条，理不可为者。事理重者，杖八十。此处所谓的"理不可为""事理重者"的"理"指的就是以儒家思想为核心的天理、法理、礼法、道德等方面的评价标准。

然而，天理国法人情的统一势必对封建法制的严肃性和执法的严格性带来消极影响，尤其是在人情与法律不一致的情况下，而在儒家经典中也有强调法律统一性和严肃性的思想，这就使得不同官员对于同一案件可能产生不同的认知。如前文所述应劭断尹次、史玉杀人案，应劭认为虽然次兄初、玉母军已经自缢，仍应依法严惩尹次、史玉，他认为春秋决狱之原心定罪，并非代死可以生也。但是沈家本先生从"情法两尽"出发，对此案作出了不同的判断："次、玉杀人，本无可疑，乃初、军诣官自缢，将许其代死乎？不许其代死乎？许之违法，不许伤情，事处两难，遂生疑义。以法论，则次、玉无可生之理；以事论，则初、军有已死之情。"沈家本分析了此案中存在的情法矛盾，他认为应当考虑到该案中的人情，"今初、军不经官许而自死，其爱子爱弟之深，亦出于天理人情之不自已，与自经沟渎者不同，乌得置之不论"，执法过程必须做到情法统一，"制刑之本，必协情理，若不问情理，而但云执法，恐未足以餍人心也"。具体到本案，既要执行法律，"夫杀人而无偿命之人，则法废，今有一命以偿，以全法也"，又不能处死尹次、史玉，"一家之中，若偿命者一人，徒死者又一人，则不平，不平则争端不息。今但以一命偿之，以息争也"。他建议："唯次、玉阻兵安忍，贷其命已幸矣。若仍得安处乡里，亦非所以禁暴之道。减死而戍之边，则情法两尽。"[2] 沈家本先生认为对于这两个案件的判决，不能单纯考虑法律的规定，要考虑到一案中凶手的兄长、另一案中凶手的母亲已经自杀，如果再将凶手处死，则可能导致凶手家庭认为不平，从而引发新的争端，所以他提出一个折中的建议，

---

[1] 刘尚慈译注：《春秋公羊传译注》，中华书局2010年版，第330页。
[2] （清）沈家本撰：《历代刑法考》，中华书局2006年版，第1777~1778页。

将凶手成边。当然,从现代法治主义的视角出发,沈家本先生的建议并不符合法治的原则。

四、减缓封建刑法的严酷

《春秋》一书为孔子手订,尽管其出发点是为了维护周天子的统治,为了维护礼治。但是由于孔子思想中的"仁政"思想,在《春秋》经义中也有所体现,如"善善及子孙""恶恶止其身""以功覆过""慎刑""反对株连"等。后世经义决狱时这些精神的运用在很大程度上减少了封建刑法的残酷。

如,北魏时,廷尉少卿袁翻以犯罪之人,经恩竞诉,枉直难明。遂奏曾染风闻者,不问曲直,推为狱成,悉不断理。诏门下、尚书、廷尉议之。辛雄议曰:"《春秋》之义,不幸而失,宁僭不滥。僭则失罪人,滥乃害善人。今议者不忍罪奸吏,使出入纵情,令君子小人,薰莸不别,岂所谓赏善罚恶,殷勤隐恤者也?古人唯患察狱之不精,未闻知冤而不理。"诏从雄议。[1]

又如,太和初,怀州民伊祁苟初三十余人谋反,将杀刺史。文明太后欲尽诛一城之民。白泽谏曰:"臣闻上天爱物之生,明王重民之命,故杀一人而取天下,仁者不为。且《周书》父子兄弟,罪不相及,今群凶肆虐,辄烈诛尽,合城无辜,奈何极辟?不诬十室,而况一州?或有忠焉,或有仁者,若淫刑滥及,杀忠与仁,斯乃西伯所以叹息于九侯,孔子所以回轮于河上。伏惟圣德昭明殷鉴,水镜前礼,止迅烈之怒,抑雷霆之威,则溥天知幸矣。昔厉防民口,卒灭宗姬;文听舆颂,终摧强楚。愿不以人废言,留神省察。"太后从之。[2]

五、春秋大义限制君权滥用

儒家思想宣扬君权神授,有利于君主集权。但是集权下的君主又可能导致权力膨胀,为此必须防止君主权力的滥用。董仲舒在设计"大一统"的理念时,试图通过设计制度方案限制君主权力。一方面,董仲舒总结了秦朝灭亡的教训,提出"天人感应""屈君而伸天",用天的权威限制皇帝的权威。天子的命运取决于上天,而上天是否眷顾天子则取决于天子是否有德,故曰:

---

[1]《北史》卷五〇《列传第三十八》,中华书局2010年版,第1203~1204页。
[2]《魏书》卷二四《列传第十二》,中华书局2010年版,第414页。

现代法理学视野下的春秋决狱

"故天子命无常,唯命是德庆。"[1]董仲舒在其理论体系中提出了"灾异谴告论",认为上天通过灾异对当政者的行为进行警告。董仲舒在《春秋繁露》中说:"天地之物有不常之变者,谓之异,小者谓之灾。灾常先至而异乃随之。灾者,天之谴也;异者,天之威也。谴之而不知,乃畏之以威。《诗》云:'畏天之威。'殆此谓也。凡灾异之本,尽生于国家之失。国家之失乃始萌芽,而天出灾害以谴告之;谴告之而不知变,乃见怪异以惊骇之;惊骇之尚不知畏恐,其殃咎乃至。"[2]另一方面,在司法上提出"经义决狱"。在封建社会,皇帝有最高的立法权和司法权,如果没有制度上的约束,君主既可以"言出法随",又拥有"生杀予夺"的大权,就可能滥用权力。而在经义决狱中,所引用的是儒家经典著作中的精髓,对皇帝会产生道义上的约束,使其不得不按照儒家经义行事。这实际上相当于在天意之外,又通过儒家经义对皇帝施加了一种道德上的约束。例如,东汉明帝时,"广陵王荆有罪,帝以至亲悼伤之。诏(樊)儵与羽林监南阳任隗杂理其狱。事竟,奏请诛荆,引见宣明殿。帝怒曰:诸卿以我弟,欲诛之,即我子,卿等敢尔耶?儵仰而对曰:天下,高帝天下,非陛下之天下也。春秋之义,'君亲无将,将而诛焉'。是以周公诛弟,季友鸩兄,经传大之。臣等以荆属托母弟,陛下留圣心,加恻隐,故敢请耳。如令陛下子,臣等专诛而已"。[3]在该案中,樊儵以《春秋》之义,迫使汉明帝改变自己想庇护其严重侵统治阶级利益的弟弟的过分行为。[4]当然,正如前文所述,经义决狱中皇帝是否接受儒家经义的约束,完全取决于个人意愿,在政治案件中,最高统治者任意裁决的情况也时有发生。

---

[1] (汉)董仲舒撰:《春秋繁露》之《三代改制质文第二十三》,张世亮、钟肇鹏、周桂钿译注,中华书局2012年版,第229页。
[2] (汉)董仲舒撰:《春秋繁露》之《二端第十五》,张世亮、钟肇鹏、周桂钿译注,中华书局2012年版,第176~177页。
[3] 《后汉书》卷三二《樊宏阴识列传》,中华书局2010年版,第753~754页。
[4] 吕志兴:"春秋决狱新探",载《西南师范大学学报(人文社会科学版)》2000年第5期。

第七章
对春秋决狱的现代法理分析

一、儒家经义精神的性质

对于儒生或者司法官经义决狱性质的理解,首先要判断的是经义决狱属于立法还是司法。在现代英美法系国家法律的主要渊源是判例法,所以有学者认为经义决狱实际上是创制判例法的过程。我们认为,经义决狱本质上是司法活动,而不是立法活动。诚然,经义决狱在形式上由于运用了新的原则,带有判例的性质。德沃金在分析西方国家运用原则断案时曾分析道:"法令和普通法规往往是模糊的,在他们可以被运用到新奇案例之前必须给予重新解释。而且,有些案例所提出的问题十分新颖,以致于通过扩张或重新解释现存规则的方法也不能决定。所以,有时,法官必须或明或暗地创设新的法律。但是,当他们这样做时,他们的行为只应当是适当立法机关的代表,制定那种在他们看来一旦立法机关意识到这个问题也会制定的法律……这种观点实际上是错误的。"[1]我们认为,尽管所处时代不同,中西法律制度不同,但是德沃金对于法官运用原则断案性质的分析仍然可以用来指导对经义决狱性质的分析,即经义决狱本质上是司法活动,而不是立法活动。

在司法活动中,经义决狱引用儒家经典中的精神或者故事作为断案的依据,实际上使儒家经义发挥了法律的作用。在现代法理学上,这一儒家精神究竟相当于法律渊源或者法律要素中的哪一种,学者之间认识不一。

有学者认为经义精神相当于法的要素中的法律原则。如瞿同祖先生在著作中将其比拟为法理,"儒者为官既有司法的责任,于是他常于法律条文之

---

[1] [美]德沃金:《认真对待权利》,信春鹰、吴玉章译,中国大百科全书出版社1998年版,第116~117页。

现代法理学视野下的春秋决狱

外,更取决于儒家的思想。中国法律原无律无正文不得为罪的规定,取自由裁量主义,伸缩性极大。这样,儒家思想在法律上一跃而为最高的原则,与法理无异"。[1]

但是也有一些学者从法理学的角度进行分析,认为经义决狱中所引用的儒家经典仅仅是政治原则或者道德原则,并非法律原则,认为"儒家经典"不具有法律规范的属性。其主要理由如下:德沃金提出法律规范由法律原则和法律规则组成。因此,法律原则首先应具有法律规范的基本特征,法律原则也需明文规定。一般来说,法律原则存在三种表现形式:一是作为法律明文规定的原则,是指直接存在于宪法、其他制定法甚至习惯法之中的原则规定;二是作为法律基础的原则,这类原则并不以原则的形态被宪法或其他法律所明确规定,而是宪法或其他法律的规范基础;三是作为法哲学基本价值的法律原则,如正义、自由、公平等,这些原则既不在宪法或其他法律的明文规定中,也不能从宪法或其他法律规定中推导而出。而"春秋决狱"中引用的"儒家经典"并不具有法律规范的属性,不能称为"法律原则",而应该是道德原则或政治原则。[2]

对于经义精神的分析必须从法律原则的含义出发。人们必须把法律原则与非法律原则区别开来。法律原则是那些由法官作出判决时使用的原则,或者是由发展立法以供法官使用的人们所使用的原则。[3]对于经义决狱所适用的道德原则或者政治原则是否合乎法理,我们可以从法律与道德的关系、法律与政策的关系角度进行分析。国家已经制定的法律原则在内容上应当符合道德原则,而在缺乏法律原则或者法律原则与道德原则相冲突的情况下,司法官也可以依据道德原则进行判断。德沃金对于法律原则和政治原则之间的关系评价道:"通过把我们的法律原则建筑在道德原则的基础之上,我们允许法律在面对一个问题时考虑道德因素。在此问题上,权利理论给那些主张即使在明显违背道德时也应该服从法律的法学家们提供了一个答案。当法律规则和道德看起来是相互矛盾的时候,法律必须权衡所有有关的原则,而不是应该机械地服从法律规则。权利理论也给以牺牲道德判断来促进法律思考,

---

[1] 瞿同祖:《瞿同祖法学论著集》,中国政法大学出版社2004年版,第365页。
[2] 高源:"春秋决狱的法理辨析",载《中共山西省直机关党校学报》2012年第6期。
[3] [美]迈克尔·D·贝勒斯:《法律的原则》,张文显等译,中国大百科全书出版社1996年版,第14页。

因而对法律的运用具有疑问的怀疑论者提供了一个答案。法律原则允许我们把法律思想和道德思想联系起来，它们允许我们保证我们的法律发展和道德发展携手共进。"〔1〕

在现代司法中，政治原则和道德原则依然发挥着重要的作用。德沃金《认真对待权利》一书中讨论的"政策"相当于政治原则，"原则"相当于道德原则。德沃金评论道："通过表明一项政治决定促进或保护了作为整体的社会的某些集体性目标，政策的论点证明这项政治决定的合理性。""通过说明决定尊重或维护了某些个人或集体的权利，原则的论点证明了一项政治决定的合理性。""如果手边的案件是一个疑难案件，而且又没有明确的规则指示应如何判决，那么，似乎可以说一个适当的判决既可以来自政策也可以来自原则。"〔2〕

二、现代司法中的"天理国法人情"

春秋决狱中体现的"天理国法人情"相统一，贯彻于中国传统社会的司法。进入现代法治社会后，国家的司法政策不认可所谓"天理国法人情"，尤其是其中的"天理"，因其具有抽象性甚至带有迷信色彩，在社会主义司法中更是无法适用。但这并非意味着春秋决狱中蕴含的司法原则就已经失去了影响力。国家虽不再宣传天理、人情，但在法律适用中，在国家法律体系之外，还存在对司法发挥影响的因素，这些因素有的表现为国家的司法政策，有的表现为抽象的司法原则，有的表现为学理，从法律渊源来分析，政策、原则和学理都不是法律明确规定的可以适用的成文法，但它们却实实在在地发挥了作用，实际上发挥了相当于传统司法中"天理"的作用。至于人情，无论在传统社会还是现代社会，"法律不外乎人情"，人情对司法的影响无处不在，当然此处所说的人情指的是案件中所体现出的人情，并非在案件以外影响独立公正司法的所谓"人情"。因此，"天理国法人情"相统一在现代司法中仍然具有影响力，只不过其中的"天理"不再是上天的理，而是国家的"理"，体现为国家的政策、原则以及得到国家司法机关认可的学理。在我国现代司

---

〔1〕［美］德沃金：《认真对待权利》，信春鹰、吴玉章译，中国大百科全书出版社1998年版，第20页。

〔2〕［美］德沃金：《认真对待权利》，信春鹰、吴玉章译，中国大百科全书出版社1998年版，第117~118页。

法中,"天理""人情"对司法发生影响主要有以下几种情形。

(一)司法机关依据融入"天理""人情"因素的法律断案

立法时考虑道德人情因素,将道德人情中与法律相容的内容融入法律,法律的规定符合人情,司法机关在判决中严格依照法律断案,既符合法律规范,同时又体现了人情,实现了"天理国法人情"的统一。在这种情形下,司法机关并不需要特意对"天理""人情"予以考量,由于法律规定自身就与司法政策、法律原则、人之常情一致,司法机关只要依法判决即可体现三者的结合。由于国家立法机关在制定法律时就要考虑到国家政策、法律原则对于立法的指导作用,考虑到法律与道德的关系,因此在大部分法律规范中"天理国法人情"就是统一的,表现在司法机关所作出的大部分判决中都体现了天理国法人情的结合,如判决拒绝支付父母赡养费的子女支付抚养费,既符合国家法律,也符合人之常情,同时也符合自然规律和社会规律。这些案件中"天理"与"国法"的关系、"国法"与"人情"的关系并没有引起人们和理论界的关注,是因为人们更习惯于从法律的角度对案件进行分析,认为判决内容是符合法律的,而忽视了其与"理""情"的关系。有些引起社会重大关注的案件,其判决书或决定书中所体现的"天理"和"人情"因素比较浓,引起社会关注,但实际上司法机关是严格依法作出判决或决定的。如震惊全国的陆勇购买假药案。

陆勇是江苏无锡一名私营企业主,2002年,他被查出患有慢粒性白血病,需要长期服用抗癌药品。2004年9月起,陆勇走上了代购国外仿制药的道路,他还帮助病友购买印度廉价抗癌同类药品。其因此被称为"抗癌药代购第一人"。2014年7月22日,湖南省沅江市人民检察院以"妨害信用卡管理"和"销售假药罪"对陆勇提起公诉。2015年1月27日,沅江市人民检察院向沅江市人民法院撤回起诉。2015年2月26日,沅江市人民检察院对涉嫌销售假药和妨害信用卡管理的陆勇依法作出不起诉决定。检察机关在网络上公开了《对陆勇不起诉决定书》《对陆勇决定不起诉的释法说理书》。以下是《对陆勇决定不起诉的释法说理书》的主要内容。

第一,陆勇的行为不构成销售假药罪。

(1)陆勇的行为不是销售行为。首先,全面系统分析该案的全部事实,陆勇的行为是买方行为,并且是白血病患者群体购买药品整体行为中的组成行为,寻求的是印度赛诺公司抗癌药品的使用价值。其次,陆勇提供账号的行为不构成印度赛诺公司销售假药的共犯。根据我国《药品管理法》第四十八条第三款第（二）项规定，依照该法必须批准而未经批准生产、进口，或者依照该法必须检验而未经检验即销售的药品，以假药论处。也就是法律拟制的假药。印度赛诺公司在我国销售未经批准进口的抗癌药品，属于销售假药的行为。根据最高人民法院、最高人民检察院发布的《关于办理危害药品安全刑事案件适用法律若干问题的解释》第八条第（一）项规定，明知他人生产销售假药而提供账号的，以共同犯罪论处。本案中，陆勇先后提供罗树春、杨慧英、夏维雨3个账号行为的实质是买方行为，而不能认为是共同销售行为。设置这3个账号就是陆勇为病友提供购药服务的，是作为白血病患者的求药群体购买药品行为整体中的组成行为。根据我国刑法的规定，共同犯罪是指二人以上共同故意犯罪，具体到本案，如果构成故意犯罪，应当是陆勇与印度赛诺公司共同实施销售假药犯罪，更具体地说，应是陆勇基于帮助印度赛诺公司销售假药而为印度赛诺公司提供账号。而本案，购买印度赛诺公司抗癌药品的行为是白血病患者群体求药的集体行为，陆勇代表的是买方而不是卖方，印度赛诺公司就设立账号与陆勇的商谈是卖方与买方之间的洽谈，陆勇作为买方的代表至始至终在为买方提供服务。

2. 陆勇的行为没有侵犯他人的生命权、健康权。犯罪行为的社会危害性表现为对刑法所保护的客体的侵害。关于销售假药罪，我国1997年刑法规定为"生产、销售假药，足以严重危害人体健康的"；刑法修正案（八）将本罪去掉了"足以严重危害人体健康"的要求，其宗旨是强化对民生的保障，以避免司法实践中出现的尴尬，这就是因"足以严重危害人体健康"的取证困难而影响对该罪的惩治，对此，前述《关于办理危害药品安全刑事案件若干问题的解释》第十一条第二款规定："销售少量未经批准进口的国外、境外药品，没有造成他人伤害后果或者延误诊治，情节显著轻微危害不大的，不认为是犯罪。"这些说明，保护人的生命权、健康权是销售假药罪立法的核心意旨。本案中的假药是因未经批准进口而以假药论处的法律拟制型假药，根据本案证据，得到陆勇帮助的白血病患者购买、服用了这些药品后，身体没有受到任何伤害，有的还有治疗效果，更有的出具证言，感谢陆勇帮助其延续了生命。

第二，陆勇购买和使用假冒他人身份信息开设的借记卡的行为不构成犯罪。陆勇通过淘宝网从郭梓彪处购买3张以他人身份信息开设的借记卡、并使用其中户名为夏维雨的借记卡的行为，违反了金融管理法规，但因情节显著轻微危害不大，不认为是犯罪。根据《刑法修正案（五）》第一条第（四）项规定，购买以虚假的身份证明骗领的信用卡的行为，属于妨害信用卡管理行为。按照最高人民检察院、公安部关于该条的追诉标准规定的解释，违背他人意愿使用其居民身份证等身份证明申领信用卡的，应当认定为使用虚假的身份证明骗领信用卡。根据全国人大常委会《关于〈刑法〉有关信用卡规定的解释》，借记卡属于刑法意义上的信用卡范围。陆勇上述购买和使用借记卡的行为属于购买使用虚假的身份证明骗领信用卡的行为，但情节显著轻微，危害不大，根据《刑法》第13条的规定，不认为是犯罪。①陆勇所购买的是借记卡，虽然借记卡与贷记卡、准贷记卡都属于刑法意义上的信用卡，但借记卡不具有透支功能。同时，陆勇所购买的3张借记卡能够使用的只有1张，客观上也只使用了1张。②陆勇购买借记卡的动机、目的和用途是方便白血病患者购买抗癌药品。③陆勇购买和使用借记卡的行为客观上为白血病患者提供了无偿的帮助。

第三，如果认定陆勇的行为构成犯罪，将背离刑事司法应有的价值观。具体而言，会引起以下三大困境。

（1）与司法为民的价值观相悖。陆勇的行为虽然在一定程度上触及了国家对药品的管理秩序和对信用卡的管理秩序，但其行为对这些方面的实际危害程度，相对于白血病群体的生命权和健康权来讲，是难以相提并论的。如果不顾及后者而片面地将陆勇在主观上、客观上都惠及白血病患者的行为认定为犯罪，显然有悖于司法为民的价值观。

（2）与司法的人文关怀相悖。本案中，陆勇及其病友作为白血病群体，也是弱势群体，陆勇的上述违反药品管理法和妨害信用卡管理的行为发生在自己和同病患者为维持生命而进行的寻医求药过程中，并且一方面这些行为发生在其实有能力难以购买合法药品的情形下，另一方面这些行为给相关方面并未带来多少实际危害，如果对这种弱势群体自救行为中的轻微违法行为以犯罪对待，显然有悖于刑事司法应有的人文关怀。

（3）与转变刑事司法理念的要求相悖。随着"国家尊重和保障人权"的宪法原则载入修改后的刑诉法，保障人权成为刑诉法的基本任务之一，与惩治犯罪共同构成刑事诉讼的价值目标。从保障人权出发转变刑事司法理念，就是要重视刑事法治、慎用刑事手段、规范刑事司法权运行。

综上，陆勇有违反国家药品管理法的行为，如违反了《药品管理法》第 39 条第 2 款有关个人自用进口的药品，应按照国家规定办理进口手续的规定等，但陆勇的行为因不是销售行为，故而根本不构成销售假药罪；陆勇通过淘宝网从郭梓彪处购买 3 张以他人身份信息开设的借记卡，并使用了其中户名为夏维雨的借记卡的行为，属于购买使用以虚假的身份证明骗领的信用卡的行为，违反了金融管理法规，但其目的和用途完全是支付白血病患者因自服药品而买药的款项，且仅使用 1 张，情节显著轻微危害不大，不认为是犯罪；从本案的客观事实出发，全面考察本案，根据司法为民的价值观，也不应将陆勇的行为作犯罪处理。[1]

《对陆勇决定不起诉的释法说理书》的内容总共三部分，第一部分解释陆勇的行为为什么不构成销售假药罪，其中详细解释了陆勇的行为是买方行为而非销售行为，陆勇的行为与印度赛诺公司不构成共同犯罪，陆勇的行为不具有社会危害性；第二部分解释陆勇购买和使用假冒他人身份信息开设的借记卡的行为不构成犯罪，主要是因为其情节显著轻微危害不大，所以不认为是犯罪；第三部分解释如果将陆勇的行为界定为犯罪，将与司法为民、人文关怀、保障人权的理念不符合。前两部分的释法说理引用的有刑法规范、立法解释、司法解释，这两部分说理都是对相关立法和法律解释的引用和说明，其中并没有涉及天理和人情，检察院也没有考量相关天理和人情因素。仅有这两部分内容即可以清晰说明陆勇的行为不构成犯罪，完全没有必要写第三部分的说理。但释法说理书通过第三部分说明，人民检察院的不起诉决定与司法为民、人文关怀、保障人权的理念是一致的。保障人权的理念来自于宪法中规定的国家尊重和保护人权的义务，可以理解为是更高层次的宪法规范的指导作用，由于刑事诉讼法也规定了保护人权原则，也可以理解为法律原则发挥作用。而司法为民属于国家司法政策的内容，人文关怀则体现的是人情。释法说理书用一大段篇幅说明其作出决定的理由，其中或许包含了通过引用更高层次的司法政策来为不起诉决定寻求正义性的依据，或许还包含了通过法律价值的追求来说明作出不起诉决定的原因。恰恰是第三部分的释法，

---

[1] 湖南省沅江市人民检察院："《我不是药神》原型陆勇案不起诉决定书全文及释法说理书"，载中国法律评论微信公众号，https://mp.weixin.qq.com/s/WGSxxOQFbkhpbKugh3iVYA，最后访问日期：2019 年 5 月 23 日。

使得不起诉决定的内容更多体现了新形势下的"天理"即司法政策，使得不起诉决定彰显出"天理国法人情"的统一。其实该案完全是严格依据法律作出的决定。《关于办理危害药品安全刑事案件若干问题的解释》第十一条第二款规定："销售少量未经批准进口的国外、境外药品，没有造成他人伤害后果或者延误诊治，情节显著轻微危害不大的，不认为是犯罪。"法律解释之所以作出这样的规定，就是考虑到了现实生活中人情的因素，明确规定没有造成他人伤害后果或者延误诊治的，不应作为犯罪处理。

（二）司法机关在自由裁量范围内考虑"天理""人情"

法律明确规定了犯罪行为的罪名及其适用的刑罚，但在量刑范围内，"天理""人情"因素发生作用，成为法官自由裁量时必然考虑的内容，从而对案件的结果发生影响。如在震惊全国的"于欢案"中，于欢的行为属于防卫过当，构成故意伤害罪。对于于欢行为定性的依据是我国刑法的规定，但法院量刑时就考虑到了人情。山东省高级人民法院在二审判决书中指出：

经查，在吴某、赵某1指使下，杜某2等人除在案发当日对于欢及其母亲苏某实施非法拘禁、侮辱，及对于欢间有推搡、拍打、卡项部等肢体行为，此前也实施过侮辱苏某、干扰源大公司生产经营等逼债行为。于欢及苏某连日来多次遭受催逼、骚扰、侮辱，导致于欢实施防卫行为时难免带有恐惧、愤怒等因素。对于欢及其辩护人所提本案被害方存在严重过错、原判量刑畸重等上诉意见和辩护意见，法院予以采纳。

法院还查明，本案系由吴某等人催逼高息借贷引发，苏某多次报警后，吴某等人的不法逼债行为并未收敛。案发当日被害人杜某2曾当着于欢之面公然以裸露下体的方式侮辱其母亲苏某，虽然距于欢实施防卫行为已间隔约二十分钟，但于欢捅刺杜某2等人时难免不带有报复杜某2辱母的情绪，在刑罚裁量上应当作为对于欢有利的情节重点考虑。杜某2的辱母行为严重违法、亵渎人伦，应当受到惩罚和谴责，但于欢在实施防卫行为时致一人死亡、二人重伤、一人轻伤，且其中一重伤者系于欢持刀从背部捅刺，防卫明显过当。于欢及其母亲苏某的人身自由和人格尊严应当受到法律保护，但于欢的防卫行为超出法律所容许的限度，依法也应当承担刑事责任。认定于欢行为属于防卫过当，构成故意伤害罪，既是严格司法的要求，也符合人民群众的公平正义观念。

根据刑法规定，故意伤害致人死亡的，处十年以上有期徒刑、无期徒刑或者死刑；防卫过当的，应当减轻或者免除处罚。于欢的防卫行为明显超过必要限度造成重大伤亡后果，减轻处罚依法应当在三至十年有期徒刑的法定刑幅度内量刑。上诉人（原审被告人）于欢犯故意伤害罪，判处有期徒刑五年。

从该案的判决书中我们可以看出，法官在量刑时明显考虑到了案件中的人情，指出受害人的行为"亵渎人伦"，从而在感情上对于于欢的行为给予了理解。二审法院在将于欢行为定性为防卫过当时认为这"既是严格司法的要求，也符合人民群众的公平正义观念"，在定性时考虑到人民群众的切身感受，应当说就是考虑人情，而判决书中指出的"公平正义观念"，如果我们将其理解成"天理"也无不可。判决书还指出将于欢行为界定为故意伤害罪是严格司法的要求，可见在该案中"天理国法人情"得到了相互统一。当然，用我国当下的司法政策来说，这就是做到了案件的法律效果和社会效果相统一。

（三）"天理""人情"因素的考量优于"国法"

法律对案件的性质有明确的规定，对案件也应在法定范围内量刑。但是由于"天理""人情"因素的影响，也存在法官在量刑时突破常规情况下的判决结果，对案件社会效果的考量超越对于法律效果的考量的情况。量刑时应考虑的因素有法定因素和酌定因素。综合一个案件的法定因素和酌定因素，法官应在自由裁量的范围内量刑，法律对于自由裁量范围内的具体刑罚标准虽然没有明确规定，但就一个案件而言，考虑其犯罪行为的情节和社会危害程度，尤其是在财产性犯罪中根据其犯罪数额，人民法院内部在裁量基准中对此有量刑的范围。但就特定案件而言，由于人情等因素的影响，法官有可能在类似案件正常量刑范围之外量刑，以求得较好的社会效果。这方面影响较大的是发生在北京的"刻章救妻案"。

41岁的北京男子廖某因家境困难，为给患有尿毒症的妻子做透析，私刻北京医院财务章骗取17.2万元。2012年6月，廖某被北京市东城区人民检察院以诈骗罪提起公诉。7月11日，东城区人民法院开庭审理此案，未当庭宣判。案发后，广东某企业家委托某媒体记者为廖某偿还了17.2万元的欠款，社会各界为廖某一家捐款50余万元。12月7日东城区法院以诈骗罪判处被告人廖某有期徒刑三年，缓刑四年，并处罚金3000元。对于此案的量刑，中国青年政治学院法律系教授林维表示，廖某私刻医院公章骗取17.2万元的行为构成诈骗罪，且属于《刑法》第266条规定的"数额巨大"情形，当处三年以上十年以下有期徒刑。法院的定罪并无不当。但之所以适用了缓刑，极有可能是基于这起案件的特殊性。清华大学法学院教授黎宏则从刑法学中"期待可能性理论"的角度，对法院的从轻判决进行了法理解释。黎宏认为，单纯考虑廖某的诈骗行为和数额，当判实刑，但他的犯罪具有非常特殊的情形。根据媒体对廖某案的相关报道，当时的情形下不能期待廖某会实施合法行为，适用"期待可能性理论"不为过。期待可能性是指根据行为时的具体情况，能够期待行为人实施合法行为的可能性。如果有期待可能性，即能够期待行为人在行为时实施合法行为，行为人违反此期待实施了违法行为，即产生责任；如果无期待可能性，即行为人在行为时只能实施违法行为，不能期待其实施合法行为，此为阻却责任事由，行为人不负（或减轻）刑事责任。[1]

就该案的犯罪事实和情节而言，廖某的诈骗犯罪行为已经既遂，而且诈骗数额巨大，应在三年以上十年以下有期徒刑范围内量刑，廖某的行为不属于法定的从宽情节，只是量刑情节中的酌定情节，考虑其犯罪的动机，可在三年以上十年以下范围内从轻处罚，但正常情况下不应处以缓刑。但是根据"期待可能性理论"，在妻子病危的情况下，不可能期待廖某实施合法行为，所以应该减轻其刑事责任。该案中适用的"期待可能性理论"即属于得到司法机关认可的学理，在量刑中发挥了作用，但综合该案情节而言，量刑结果偏轻。当然这也是考虑到该案被告人的具体情况，判处缓刑以便于其在家照顾生病的妻子。从案件的社会效果而言无疑是好的，但纯粹从司法技术层面而言，对案件社会效果的追求无疑超越了对于案件法律效果的考量。

在该案判决前，周永坤教授曾建议法官适用《刑法》第13条的规定：情节显著轻微危害不大的，不认为是犯罪。他认为，刑事处罚这样的人有违法律精神，理由如下：第一，廖某的动机是为了救人，这一特殊动机在法律解释时应予考量。第二，廖某维护的是基本人权——他妻子的生存权。为使他的妻子能够活下来，廖某在实施行为时已经尽了他最大的努力，但是遗憾的是，他还是无能为力。第三，对于廖某的尴尬，社会是有责任的。第四，对廖某处刑，不符合刑罚目的。我国刑罚的目的是综合性的，包括教育、惩罚、预防。无论这三项中的哪一项，对廖某都没有意义。[2]周永坤教授的建议是

---

[1] 杨波："廖丹获缓刑是不是'法外容情'"，载《检察日报》2012年12月11日，第1版。
[2] 赵蕾："法不容情？法本容情！"，载《南方周末》2012年7月19日，第5版。

否合理，是一个刑法学上的问题，在此我们不予讨论，但是毫无疑问的是，周永坤教授考虑的因素都是我们所说的"人情"，实际上这些因素在法官量刑中也得到了考虑，可见在该案中"天理国法人情"都发挥了作用，而"天理""人情"的影响超过了"国法"的影响。

"刻章救妻"案体现了人情与法律的冲突，如果要维护法律的尊严，势必要伤害到人情，如果要照顾到人情，势必对法律的尊严有所损害，但是法律最终是要在社会中发生作用的，如果法律的判决结果有违人情，对于法律的权威也是一种损害。从该案的判决结果而言，肯定了廖某行为的违法性，但是鉴于其犯罪的动机中体现的人性的光辉，对其判处了缓刑，解决了法律与人情的冲突，做到了法律与人情的统一，既体现了司法的权威，又彰显了人情的温暖，二者相得益彰。

从刑法上分析该案判决结果，由于根据其犯罪数额，应在三年以上十年以下有期徒刑的量刑档次内量刑，法官考虑本案的具体情况，选择了最低刑罚，根据刑法规定，对于判处三年有期徒刑的罪犯符合法定情节的可以适用缓刑，因此该案的结果虽然与正常案件的判决结果相比偏轻，但也符合刑法的相关规定，既不能说是违法，也不能说是"法外开恩"。

对于有些案件而言，即便在法定最低刑量刑仍然显得刑罚过重，此时有可能需要在法定最低刑以下判决。我国刑法对此也有所考虑，《刑法》第63条第2款规定，犯罪分子虽然不具有本法规定的减轻处罚情节，但是根据案件的特殊情况，经最高人民法院核准，也可以在法定刑以下判处刑罚。该条的规定，在正常判决范围之外，根据特殊情况，减轻处罚，从而做到法律与人情的统一。学界有些学者认为该条规定属于"法外开恩"，我们认为，由于该规定在刑法中有明确的规范，因此是符合刑法的，不属于"法外开恩"，而是"法本容情""法内之情"。《刑法》第63条第2款的规定，既从实体上保证了法律的权威，又从人情上考虑到了案件的特殊情况，还从程序上设置了必要的约束，要求经最高人民法院核准，从而将"人情"因素吸收进法律，在法律范围内做到"天理国法人情"的统一，这既是对传统社会优秀司法经验的总结和传承，也是现代社会中对于传统经验的升华。

（四）"天理""人情"弥补法律缺位

法律对诉讼事项缺乏明确规定，司法机关可以依据"天理""人情"对案件作出判决。由于法律规定的局限性和滞后性，随着社会生活的日新月异，

现代法理学视野下的春秋决狱

对于新出现的社会关系,法律规范中可能缺乏明确的规定,而对于因该新型社会关系发生的纠纷,法院又必须本着"司法最终救济"的原则受理,不能拒之门外。而在我国缺乏判例法的情况下,法官不能"造法",此时法官就需要依据相关的司法政策、法律原则、伦理亲情作出判决。需要注意的是,由于刑法实行"罪刑法定原则",因此对于刑法没有明确规定为犯罪的行为,司法机关不能对其定罪。

这方面最为经典的案例即"无锡冷冻胚胎案"。沈某与刘某于2010年10月13日登记结婚,于2012年4月6日取得生育证明。2012年8月,沈某与刘某因"原发性不孕症、外院反复促排卵及人工授精失败",要求在南京市鼓楼医院(以下简称鼓楼医院)施行体外受精——胚胎移植助孕手术;鼓楼医院在治疗过程中,获卵15枚,受精13枚,分裂13枚;取卵后72小时为预防"卵巢过度刺激综合征",鼓楼医院未对刘某移植新鲜胚胎,而于当天冷冻4枚受精胚胎。2012年9月3日,沈某、刘某与鼓楼医院签订《胚胎和囊胚冷冻、解冻及移植知情同意书》,鼓楼医院在该同意书中明确,胚胎不能无限期保存,目前该中心冷冻保存期限为一年,2013年3月20日23时20分许,沈某驾驶苏B5U858车途中在道路左侧侧翻,撞到路边树木,造成刘某当日死亡,沈某于同年3月25日死亡的后果。后沈父、沈母因对上述4枚受精胚胎的监管权和处置权发生争议,遂诉至法院,认为其子沈某与儿媳刘某死亡后,根据法律规定和风俗习惯,胚胎的监管权和处置权应由其行使,要求法院判如所请。

一审法院认为:公民的合法权益受法律保护。沈某与刘某因自身原因而无法自然生育,为实现生育目的,夫妻双方至鼓楼医院施行体外受精——胚胎移植手术。现夫妻双方已死亡,双方父母均遭受了巨大的痛苦,沈父、沈母主张沈某与刘某夫妻手术过程中留下的胚胎作为其生命延续的标志,应由其负责保管。但施行体外受精——胚胎移植手术过程中产生的受精胚胎为具有发展为生命的潜能,含有未来生命特征的特殊之物,不能像一般之物一样任意转让或继承,故其不能成为继承的标的。同时,夫妻双方对其权利的行使应受到限制,即必须符合我国人口和计划生育法律法规,不违背社会伦理和道德,并且必须以生育为目的,不能买卖胚胎等。沈某与刘某夫妻均已死亡,通过手术达到生育的目的已无法实现,故两人对手术过程中留下的胚胎所享有的受限制的权利不能被继承。

二审法院认为，在我国现行法律对胚胎的法律属性没有明确规定的情况下，结合本案实际，应考虑以下因素以确定涉案胚胎的相关权利归属：一是伦理。施行体外受精——胚胎移植手术过程中产生的受精胚胎，具有潜在的生命特质，不仅含有沈某、刘某的 DNA 等遗传物质，而且含有双方父母两个家族的遗传信息，双方父母与涉案胚胎亦具有生命伦理上的密切关联性。二是情感。白发人送黑发人，乃人生至悲之事，更何况暮年遽丧独子、独女！沈某、刘某意外死亡，其父母承欢膝下、纵享天伦之乐不再，"失独"之痛，非常人所能体味。而沈某、刘某遗留下来的胚胎，则成为双方家族血脉的唯一载体，承载着哀思寄托、精神慰藉、情感抚慰等人格利益。涉案胚胎由双方父母监管和处置，既合乎人伦，亦可适度减轻其丧子失女之痛楚。三是特殊利益保护。胚胎是介于人与物之间的过渡存在，具有孕育成生命的潜质，比非生命体具有更高的道德地位，应受到特殊尊重与保护。在沈某、刘某意外死亡后，其父母不但是世界上唯一关心胚胎命运的主体，亦应当是胚胎之最近最大和最密切倾向性利益的享有者。综上，判决沈某、刘某父母享有涉案胚胎的监管权和处置权于情于理是恰当的。当然，权利主体在行使监管权和处置权时，应当遵守法律且不得违背公序良俗和损害他人之利益。法院判决，沈某、刘某存放于南京鼓楼医院的 4 枚冷冻胚胎由上诉人沈父、沈母和被上诉人刘父、刘母共同监管和处置。

二审法院判决作出后，无锡中院院长时永才在接受记者采访时说，此案从"顺天意、存人伦、敬法律"三方面综合考虑，力求融合"法""情""理"，判决书不仅仅是冰冷的条文，背后有法官温暖的智慧，有智慧的结晶。[1]

该案涉及到的纠纷是受精胚胎的监管权。受精胚胎的性质是随着科学技术的发展出现的新的法律难题。我国法律对此没有明确规定，世界其他国家也鲜有可供参考的立法和判例。一审法院在判决中认识到了受精胚胎的性质不同于一般的物，认为其是"含有未来生命特征的特殊之物"，因此不能成为继承的标的。应该说一审法院看到了受精胚胎与一般作为法律关系客体的"物"的区别，但是仍然将其界定为"特殊之物"，判决其不能成为继承的标

---

[1] 蓝天彬："中国好判决是怎么出炉的？无锡中院称冷冻胚胎案法情理融合"，载东方法眼网，http://www.dffyw.com/fayanguancha/sh/201409/37101.html，最后访问日期：2019 年 5 月 23 日。

现代法理学视野下的春秋决狱

的，应该说在我国现行法律规定之下，一审法院的判决也合法合理。但是综合案件情况分析，一审判决内容虽然不能说违背法律，还是欠缺了一些人情的考虑。二审法院则从"天意""人伦"方面考虑，既没有将受精胚胎界定为作为法律关系客体的"物"，也没有将其界定为作为法律关系主体的"人"，而是创造性地认为其属于"介于人与物之间的过渡存在"，特别是判决书中说明理由的第二部分强调了原告和被告老年丧子丧女的悲痛之情，从而使判决书充满了浓浓的人情味。同时判决书的内容并不违反现行法律，法院判决，沈某、刘某存放于南京鼓楼医院的4枚冷冻胚胎由上诉人沈父、沈母和被上诉人刘父、刘母共同监管和处置。判决书明确上诉人和被上诉人共同行使的是监管和处置权，并非继承权。即根据判决书的内容，受精胚胎的性质并非"物"，因此不能由上诉人和被上诉人继承。同时受精胚胎也不是人，因此上诉人和被上诉人行使的并非"监护权"，而是监管和处置。从而在判决书中实现了"天理国法人情"的完美统一。

三、以犯罪构成理论解释原心定罪

原心定罪，即主要根据犯罪人的犯罪动机、主观恶性对其定罪量刑。作为制度的原心定罪形成于汉朝。但原心定罪的司法理念在古书中早有记载。《尚书·尧典》中有"眚灾肆赦；怙终贼刑"[1]的记载。眚灾，指因过失误致危害；肆赦，即缓刑赦免。怙终，指故意犯罪；贼刑，轻者判刑，重者处死。刑罚的轻重与主观心理状态是故意还是过失是对应的。西周时期有"三宥之法"，"壹宥曰不识，再宥曰过失，三宥曰遗忘"。[2]其中第二种即宽宥过失犯罪的人，可见当时对过失犯罪在惩罚时已经有了从轻处罚。《尚书·康诰》中周公教导康叔："人有小罪，非眚，乃惟终自作不典；式尔，有厥罪小，乃不可不杀。乃有大罪，非终，乃惟眚灾；适尔，既道极厥辜，时乃不可杀。"[3]眚是过失的意思，非眚是故意的意思。惟终是惯犯的意思，非终是偶犯的意思。意即有的人犯罪危害结果虽小，但属于故意犯罪或者惯犯，就不可不杀；有的人虽然犯了大罪，但属于过失犯罪或者是偶犯，也可以不杀。

---

[1] 钱宗武、杜纯梓：《尚书新笺与上古文明》，北京大学出版社2004年版，第36页。
[2] 《周礼》，岳麓书社2001年版，第340页。
[3] 钱宗武、杜纯梓：《尚书新笺与上古文明》，北京大学出版社2004年版，第167页。

秦朝法律以严酷著称，但在秦律中仍然很重视犯罪主观方面的区别。表现在：第一，注意区别故意与过失。如："甲告乙盗牛若贼伤人，今乙不盗牛，不伤人，问甲可（何）论？端为诬人；不端为告不审。"[1]即甲的行为如果是故意，就是诬告他人；如果不是故意，就是控告不实。第二，在确认犯罪方面注重有无犯罪故意。如秦简记载："甲盗不盈一钱，行乙室，乙弗觉，问乙论可（何）也？毋论。其见智（知）之而弗捕，当赀一盾。"乙对甲的行为是否知情，成为判断乙是否构成犯罪的标准。又如："甲盗钱以买丝，寄乙，乙受，弗智（知）盗，乙论可（何）也？毋论。"[2]

延至汉朝，司法实践中秉承这一传统，仍然重视犯罪主观方面对量刑的影响。如：陈国有赵祐者，酒后自相署，或称亭长督邮，祐复于外骑马将降幡，云我使者也。司徒鲍昱决狱云，骑马降幡，起于戏耳，无他恶意。[3]鲍昱对该案的处理就考虑到了赵祐无犯罪故意，只是起于戏言。又如：汝南张妙，酒后相戏，逐缚杜士，捶二十下，又悬足指，遂至死。鲍昱决事云，原其本意无贼心，宜减死。[4]此案中因为张妙没有杀人的故意，所以不应判处死刑，鲍昱在此案中已经注意到了犯罪故意和过失的区别。

董仲舒亲自春秋决狱的案例二，全文如下："甲有子乙以乞丙，乙后长大，而丙所成育。甲因酒色谓乙曰：汝是吾子。乙怒，杖甲二十。甲以乙本是其子，不胜其忿，自告县官。仲舒断之曰：甲生乙，不能长育，以乞丙，于义已绝矣。虽杖甲，不应坐。"

根据我国现代的刑法理论，判断某一行为是否构成犯罪，应依据犯罪构成理论。所谓犯罪构成，是指依照刑法的规定，决定某一具体行为的社会危害性及其程度，而为该行为构成犯罪所必需的一切主观要件和客观要件的有机统一。根据学界通说，任何一种犯罪的成立都必须具备四个要件：犯罪主体、犯罪主观方面、犯罪客体和犯罪客观方面。如果缺乏其中一个要件，就不能构成特定的犯罪。犯罪主体是指应当为犯罪行为承担刑事责任的人；犯罪主观方面指行为人主观上的故意或者过失，在有的犯罪中还包括犯罪的动机和目的；犯罪客体指为犯罪行为所侵犯的社会关系；犯罪客观方面指犯罪行为

---

[1] 睡虎地秦墓竹简整理小组：《睡虎地秦墓竹简》，文物出版社1978年版，第169页。
[2] 睡虎地秦墓竹简整理小组：《睡虎地秦墓竹简》，文物出版社1978年版，第155页。
[3] 程树德：《九朝律考》，中华书局2003年版，第33页。
[4] 程树德：《九朝律考》，中华书局2003年版，第33页。

现代法理学视野下的春秋决狱

的客观表现，包括危害行为、危害结果及两者间的因果关系。犯罪构成理论为罪与非罪的区分提供了明确而具体的法律标准，也为划分此罪与彼罪的界限提供了法律标准。

在案例二中，乙伤己父，依当时的法律应当枭首。根据犯罪构成四要件说进行分析，乙的行为具备了犯罪主体、犯罪客体和犯罪客观方面，但是乙并不知道甲是自己的父亲，因此没有"殴父"的故意，缺乏犯罪主观方面的要件，因此不构成"殴父"罪。而董仲舒的断案结果也是"不当坐"。从以上分析可知，董仲舒春秋决狱的结果与现代刑法犯罪构成要件理论并无不同。董仲舒并没有提出犯罪构成要件的理论，但是其分析犯罪行为时不自觉地与现代刑法理论中的主观方面要件相吻合。

犯罪的主观方面与犯罪的客观方面作为犯罪构成的两大必备要件，就其内容而言是相互对立的，但从犯罪构成的整体性要求考虑，犯罪的主观方面与犯罪的客观方面又是相互联系的统一体。根据我国刑法的规定，确认某人构成犯罪并追究其刑事责任，在客观上必须具备刑法所禁止的危害社会的行为，在主观上也必须具备犯罪的故意或者过失。就两者之间的关系而言，犯罪主观方面与犯罪客观方面不可分割，考察犯罪的客观方面，可以为正确判定犯罪的主观方面提供可靠的客观基础。犯罪主观方面具有内在性，犯罪客观方面具有外在性，犯罪主观方面支配犯罪客观方面，犯罪客观方面是犯罪主观方面的外化，犯罪意图只有通过犯罪行为才能实现，对行为人外在活动的考察，可以帮助我们确定行为人的主观意图。

董仲舒在春秋决狱时原心定罪，但并非完全依据主观方面定罪而不考虑案件的客观事实。在传下来的六则案例中，董仲舒对行为人主观方面的分析实际上是建立在客观事实的基础上，具体而言，案例一中甲对乙有养育关系，因此其"父为子隐"的行为在主观动机上就具有了合法性；案例二中甲作为乙生父，对乙没有履行抚养的义务，乙对甲是其生身父亲也不知情，因此乙在殴打甲的时候就缺乏殴打父亲的犯罪故意；案例三中从大夫对待幼麑的行为中得出其具有仁义之心；案件四中犯罪人甲盗窃武库，因此具有犯罪的故意；案例五中甲杖击与其父乙争斗的丙，尽管误伤了乙，但"非所以欲诟父也"；案例六中根据事件发生的真实情况以及行为人甲的一惯表现，得出其"无淫行之心"。因此，董仲舒虽然没有提出犯罪主观方面、犯罪客观方面的理论，其所倡导的"原心""原其志"与刑法上的犯罪故意和过失也不能等

第七章 对春秋决狱的现代法理分析

同,但在经义决狱时,能够从客观事实出发,对行为人的主观心理状态作出判断,综合主客观方面进行定罪量刑,与现代刑法理论中的犯罪构成要件说有异曲同工之妙。

春秋决狱时重视犯罪主观方面的做法对后世司法影响很大,尤其是涉及一些有疑义的案例时,就不能拘泥于法律条文的规定,而要探究犯罪人的主观动机。北宋给事中苏寀担任大理寺详断官时,有个老百姓父亲去世,母亲改嫁。后来,他听说母亲死了,并已埋葬,便去盗取了母亲的棺柩,合葬在父亲的墓穴中。官府依法判处他死刑。唯独苏寀说:"儿子盗取母亲的棺柩,放到父亲的墓穴中,怎能和发掘坟墓、盗取钱财的人相比!"上请御裁,得减死刑。[1]按照《宋刑统》,"诸发冢者,加役流;已开棺椁者,绞"。在该案中,案犯将其母亲的尸骨从坟墓中偷出来,与其父亲合葬在一起。如果从犯罪事实来看,完全符合宋代法律中规定的"发冢"罪的事实构成,应当判处绞刑。但是这样的判决就完全忽略了案犯的犯罪动机,当然《宋刑统》中并没有对犯罪动机作出明确规定,但完全忽视犯罪动机,机械地按照法律条文判刑必然带来判决的不公。苏寀则没有拘泥于法律条文,而是沿用了春秋决狱中的"原情定罪",把法律条文没有明确规定的犯罪动机也考虑在内,他所提出的请求自然也得到了皇帝的批准。

在现代犯罪构成理论中,犯罪主观方面包括犯罪的故意与过失、犯罪的目的与动机等因素。在这些要件中,行为人的罪过即犯罪的故意与过失,是一切犯罪都必须具备的主观要件。犯罪的目的只是某些犯罪构成所必须具备的主观要件。犯罪动机不是犯罪构成所必备的主观要件,它一般不影响定罪,但却影响量刑。所谓犯罪动机,是指刺激犯罪人实施犯罪行为以达到犯罪目的的内在动机或者内心起因,犯罪目的以犯罪动机为前提和基础,而犯罪动机对犯罪目的的形成具有促进作用。犯罪动机作为犯罪主观方面的构成因素,是犯罪的重要情节之一,由于不同的犯罪情节对量刑有着非常重要的影响,因此不同的犯罪动机会影响量刑的轻重。以现代的犯罪动机来考察苏寀所办理的上述案件,即可得出结论,在该案中,罪犯为了将其母亲与父亲合葬而盗取母亲的棺柩,其犯罪动机与一般的"发冢"不同,不应按照法律条文判处绞刑,因此苏寀提出从轻处罚的建议,而最终罪犯也得到了"减死刑"的

---

[1] (宋)郑克编撰:《折狱龟鉴》,刘俊文译注点校,上海古籍出版社1988年版,第219页。

现代法理学视野下的春秋决狱

结果。

与此同时，我们也要看到春秋决狱并没有系统的犯罪构成理论作为基础，也未能完全做到主客观相统一，对于有些复杂的案件，在处理结果上并不能符合现代的刑法理论，对此我们不能苛求古人。如：上洛男子张卢，死二十七日，人盗发其冢。卢得苏，起问盗人姓名，郡县以盗元意奸轨，卢复由之而生，不能决。豫州牧呼延谟以闻。诏曰，以其意恶功善，论笞三百，不齿终身。[1]在该案中，罪犯主观故意是盗墓，但意外救活了假死的张卢，对此行为如何处罚，郡县都不能决。

四、以证人资格制度解释亲亲相隐

由于中国传统法律实行亲亲相隐，由亲亲相隐引申出禁止容隐范围内的亲属相互指证犯罪。这一规定确立相对较晚，但最晚在唐朝就有了法律的明文规定。南朝时，梁武帝天监三年，"建康女子任提女，坐诱口当死，其子景慈对鞫辞云，母实行此。是时法官虞僧虬启称：'案子之事亲，有隐无犯，直躬证父，仲尼以非。景慈素无防闲之道，死有明目之据，陷亲极刑，伤和损俗。凡乞鞫不审，降罪一等，岂得避五岁之刑，忽死母之命！景慈宜加罪辟。'诏流于交州"。[2]在该案中，任提女犯诱拐人口死罪，其子景慈为免受株连，在案件审理时亲口证实其母之罪，结果被法官判决流放交州。

我国现行《刑法》第310条规定了窝藏罪和包庇罪，指明知是犯罪的人而为其提供隐藏处所、财物，帮助其逃匿或者作假证明包庇的行为。在这两个罪名的犯罪主体中，并没有排除亲属之间的窝藏和包庇行为，因而古代的"亲亲相隐"在我国现代刑法中已经被摒弃。如果按今天的刑法审判匿子案，无论甲与乙的关系是否为父子关系，甲明知乙杀了人而为其提供隐藏处所，都构成窝藏罪。"亲亲相隐"原则与现代刑法是相互排斥的，但是这并非意味着董仲舒创立的"亲亲得相首匿"缺乏合理性。自从汉代法律确立"亲亲相隐"原则后，历代法典中几乎都有类似的规定，说明这一制度符合封建家族制度和伦理亲情的需要，在传统社会的历史条件下，起到了稳定封建社会基本秩序的作用，也促进了法律的儒家化。

---

[1] 程树德：《九朝律考》，中华书局2003年版，第111页。
[2] 《隋书》卷二五《志第二十》，中华书局2010年版，第474页。

第七章　对春秋决狱的现代法理分析

我国法律在刑法中排斥了"亲亲相隐",但在刑事诉讼法的证人作证制度中,吸收了"亲亲相隐"的一定合理内核。证人证言是指证人将自己所知道的有关案件的事实情况向司法机关所作的陈述。证人证言是证人直接或间接了解的有关案件的情况。证人资格,也就是证人的范围,是指哪些人能够作为证人,哪些人不能作为证人的问题。我国《刑事诉讼法》第62条规定,凡是知道案件真实情况的人,都有作证的义务。生理上、精神上有缺陷或者年幼,不能辨别是非、不能正确表达的人,不能作证人。从该条的规定来分析,"知道案件情况"、能够"辨别是非"、能够"正确表达",是取得证人资格的绝对条件。是否作为证人,并不受是否与犯罪嫌疑人、被告人、被害人有亲属关系或其他利害关系的影响,只要符合证人的条件,就可以作为证人。因此犯罪嫌疑人、被告人的配偶、父母、子女在符合法定条件的情况下,是具有证人资格的。

但是在强制出庭制度方面,《刑事诉讼法》第193条规定:经人民法院通知,证人没有正当理由不能出庭作证的,人民法院可以强制其到庭,但是被告人的配偶、父母、子女除外。即强制出庭制度不适用于被告人的配偶、父母和子女。根据司法解释,经人民法院通知,证人没有正当理由拒绝出庭或者出庭后拒绝作证,法庭对其证言的真实性无法确认的,该证人证言不得作为定案的根据。因此,被告人的配偶、父母、子女如果不出庭作证,即便提供了证言,其证人证言也不能作为定案的根据。如果被告人的配偶、父母、子女的证言是有罪证据中的关键证据,则很可能导致无法对被告人定罪的结果发生。需要注意的是,我国刑诉法的这一规定,并非对被告人配偶、父母、子女证人资格的例外,根据《刑事诉讼法》第62条第2款,生理上、精神上有缺陷或者年幼,不能辨别是非、不能正确表达的人,不能作证人。因此,被告人的配偶、父母、子女是否出庭作证,其选择权由自己决定,但是人民法院不得强制其出庭作证。这一规定照顾到了家庭内部伦理亲情的影响,避免使被告人的配偶、父母、子女陷入法律与亲情的两难境界,应该说是吸收了古代"亲亲相隐"制度的合理内核。在理解《刑事诉讼法》第193条时要注意,这一强制出庭制度的例外仅适用于被告人的配偶、父母、子女,被告人的其他近亲属如兄弟姐妹、祖父母、外祖父母不适用,同时被告人配偶、父母、子女拒绝作证的权利仅在审判阶段适用,法律没有规定在侦查与起诉阶段能否拒绝作证的问题,因此我国法律规定的还仅仅是对特定对象免于强

现代法理学视野下的春秋决狱

制出庭,并非赋予犯罪嫌疑人或被告人的配偶、父母、子女拒绝作证的特权。

五、以法律推理过程观察司法技术

引经断狱既是一种价值建构活动,同时又是技术改进的过程。[1]这种技术改进用现代法理学上的术语就是法理推理方法的运用。法律推理是法律方法的重要体现,是法律职业者将逻辑思维方法在法律领域予以应用。法律的实施过程离不开法律推理,尤其是司法过程。在制定法国家,法律适用的逻辑一般是三段论,即一个完整的法律规范构成大前提,具体的案件事实是小前提,根据法律规范给予特定案件事实的后果则是结论。在大陆法系国家和以制定法为主要法律渊源的国家,三段论是常用的法律推理方式,其适用的前提条件是必须有比较完善的制定法。在典型的三段论推理方法中似乎很难看到司法官发挥的作用,司法官只是查清案件事实,将对应的法律规范适用于该案,作出合乎法律的判决即可。但是无论是作为大前提的法律规范还是作为小前提的案件事实,都具有一定的模糊性,法律规范与案件事实之间可能存在不对应的关系,此时司法官的法律推理就发挥了重要作用。法律概念是构成法律规范的基本单位,是解决法律问题的重要工具。法律概念以其高度的抽象性对现实生活中纷繁复杂的同类现象进行概括。在对法律概念精准掌握的基础上,立法者在立法实践中根据自己的经验运用法律概念形成法律规范。但是一方面由于法律概念不可避免具有一定的模糊性,法律概念的边缘含义并不明确,如"母亲"是否包括"继母"?另一方面立法者在制定法律规范时,由于经验的有限性,只能在自己认知范围内确定法律规范的含义,法律规范所调整的对象往往是普通的情况,对于特殊情形应否适用法律规范往往产生争议。尽管这些引起争议的案件在数量上占据少数,但其在司法上具有重大意义,此时构成对司法官法律素养的极大考验,而法律推理就应运而生。法律推理的具体方法包括形式推理和实质推理,这两种方法在经义决狱中都有适用。

形式推理又称分析推理,即运用形式逻辑进行推理。这种推理的前提是"法院可以获得表现为某一规则或原则的前提,尽管该原则或规则的含义和适用范围并不是在所有情形下都是确定无疑的,而且调查事实的复杂过程也必

---

[1] 梁治平:《寻求自然秩序中的和谐》,中国政法大学出版社2002年版,第275页。

须先于该规则的适用"。[1]形式推理包括演绎推理、归纳推理和类比推理。在经义决狱中主要运用的是归纳推理。归纳推理是从特殊到一般的推理。当法官处理特定案件时,没有成文法律规则可以适用,甚至没有法律原则可供适用,此时如果可以在以前的判例中总结出相关的法律规则或原则,则法官可以遵循以前的判例来审理现有案件。现代司法实践中运用归纳推理比较多的是英美法系国家,由于实行判例法制度,故归纳推理运用较多。经义决狱中有的案件没有现成的法律可以适用,此时作为司法官的儒生或者被咨询的学者往往从相关经义中寻找儒家的原则,因此和判例法国家的归纳推理有一定相似之处。但必须明确的是,经义决狱所遵循的有关原则往往出自儒家经典著作中记载的政治事件,而非典型的司法案例,这是其与判例法国家的重要区别,经义决狱也不能称为判例法,只是在推理方式上类似。

现代的判例法制度由于对案件的处理体现了同案同判的原则,因此更加公正,但在司法实践中要找到两个完全相同的案件是非常少见的。法官在运用判例时,需要事先将本案事实与先前判例确定的事实加以比较,最终决定能否适用判例法。另外一方面,由于判例发生在以前,如果一直遵循先例,将导致法律不能适应社会的发展从而日趋保守,法官会通过司法技术来发展法律,其中最重要的是区别技术。

在英美法系国家适用判例法的过程中,区别技术是非常重要的一项技术,法官审查清楚案件事实后,如果认为自己所审判的案件与此前的判例在事实上存在差别,就可以拒绝适用先例从而为创制新的判例提供理由。在春秋决狱的过程中,由于《春秋》叙述的故事情节非常简单,有的内容又很隐晦,很难确定其与后来的案件事实是否完全一致,这也导致法官运用春秋故事引申出的"大义"断案时具有不确定性。法官可以运用"区别技术"拒绝适用相关"大义"。

据《汉书·终军传》记载,汉武帝时博士徐偃矫制命胶东鲁国鼓铸盐铁,被御史大夫张汤弹劾,张汤以"矫制大害罪"判其死刑,徐偃即引用"《春秋》之义,大夫出疆,有可以安国家,则专之可也"来为自己辩驳,张汤无法驳倒他,汉武帝命终军去问罪,终军亦以《春秋》之义相诘问,说:"古时

---

[1] [美]博登海默著:《法理学:法律哲学与法律方法》,邓正来译,中国政法大学出版社1999年版,第491页。

现代法理学视野下的春秋决狱

诸侯国异俗分，百里不通，时有聘会之事，安危之势，呼吸成变，故有不受辞造命专己之宜。今天下为一，万里同风，故《春秋》王者无外，偃巡封域之中，称以出疆，何也？"[1]终军认为徐偃是在封国内巡视，不能称为"出疆"，徐偃只好认罪。在该案中，终军就找到了徐偃在封国内巡视与春秋时期"大夫出疆"的不同。春秋时期诸侯国"国异俗分"，而汉朝是一个大一统的王朝。因此就应当适用"王者无外"的春秋大义。

实质推理，又称辩证推理，是指在两个相互矛盾的、都有一定道理的陈述中选择其一的推理。[2]辩证推理适用的情形或者是缺乏明确的法律规范，或者是缺乏清晰的事实，此时由于三段论推理中的大前提或者小前提不明确，无法得出结论。在现代司法实践中，如果缺乏清晰的事实，意味着控方或者辩方缺少足够的证据，此时法官一般不宜对事实进行实质推理，以避免对任何一方的偏袒，尤其是在刑事案件中由于适用"排除合理怀疑"的标准，更不宜进行案件事实的推理。但在中国古代的司法实践中，由于地方司法行政合一，司法裁量权过大，实际存在着对于案件事实的推理，地方官员会依据自己的认知或者人之常情作出推测。对于案件事实的推理不在本文研讨范围之内，本文只探讨由于法律规范不清楚导致无法得出结论时司法官进行的实质推理。

司法过程中的实质推理一般产生于下述具体情况：其一，法律没有明文规定，但对如何处理存在着两种对立的理由。其二，法律虽然有规定，但它的规定过于原则、模糊，以至可以根据同一规定提出两种对立的处理意见，需要法官从中加以判断和选择。其三，法律规定本身就是矛盾的，存在两种相互对立的法律规定，法官同样需要从中加以选择。其四，法律虽然有规定，但是，由于新的情况的出现，适用这一规定明显不合理，即出现合法与合理的冲突。[3]在上述情况中，法官必须做出选择，而对立的两种观点都有一定的道理，都有自己的法律依据或者情理依据，此时法官往往依据其价值观念进行选择。用法理学上的术语而言，法官实际上运用到了法的价值冲突时的判断规则，在两个相互冲突的法的价值中选择处于优先地位的价值。影响法

---

[1]《汉书》卷六四《严朱吾丘主父徐严终王贾传》，中华书局2010年版，第2127页。
[2] 张文显主编：《法理学》，高等教育出版社、北京大学出版社2007年版，第278页。
[3] 张文显主编：《法理学》，高等教育出版社、北京大学出版社2007年版，第278~279页。

官选择的因素包括了原则、政策、习惯、道德等。在经义决狱的个案中，实际也存在着法官运用实质推理的情形。在法律没有明文规定、相关法律规定相互冲突、法律规定落后于司法实践等情形下，法官运用自己从儒家经义中总结出来的"大义"作出价值判断和选择，只不过在当时没有法的价值的概念，也没有法律推理的概念而已。

从现代法理学的角度分析，在法律规范不清晰的情况下，法官并不能以"无法可依"为由而拒绝审判，这也违背司法最后救济的原则，法官必须对诉讼作出裁决，因此实质推理的存在符合当事人需求和司法客观规律，这一点无论是在古代还是现代都是一样的，所以经义决狱中司法官员运用儒家经义断案无可厚非，相反还起到了保护当事人权利和促进法律完善的作用。当然为了防止法官滥用权力，对实质推理必须进行严格的限制，其一即建立严格的法律程序，如在中国汉朝，董仲舒在经义决狱时会将案件上报皇帝批准，从而使裁决结果不会严重偏离最高统治者的司法意向。其二即对司法官提出较高的要求，在实质推理的过程中，司法官员不可避免会受到情感因素的影响，同时司法官员对法律价值的判断还会受到自身经验的限制，因此在现代司法中可以要求实质推理的结果由具有丰富司法经验的较高级别的法官进行审核。而在中国传统的经义决狱中，像董仲舒这样的大儒自然能够正确理解和适用儒家大义，但有些儒生则会发生理解错误的情况。

六、以法律解释视角观察法官释法

法律解释是对具有法律效力的规范性法律文件的内容和含义所作的说明。任何法律在实际运用中都面临解释的问题，其主要原因有三个方面。其一，任何法律规范都具有抽象性和普遍适用性。法律规范总是针对一般的人或事而制定的，法律的实施即将抽象的规定转化为对具体行为的指导。由于法律规范的抽象性，将其适用于具体案件的过程中，有可能出现法律的一般规定与具体案情不完全一致的情况，此时需要对其解释才能具有可操作性。其二，法律具有稳定性与滞后性。稳定性是制定法的一个特征，法律制定出来后，必须保持相对的稳定性，不能频繁修改。而社会生活是不断发展的，法律一经制定即具有一定程度的滞后性。法律又是用来调整具体的社会关系的，对于法律与社会生活之间的这一矛盾，可以通过法律解释来弥补其间的差距。只有在法律与社会脱节十分严重的情况下，才对法律进行修改或者重新制定。

现代法理学视野下的春秋决狱

其三,法律具有缺陷性。人类总是试图制定出来完美的法律,但是由于人类对于自然和社会现象的认识需要一个过程,立法者不可能掌握所有的自然规律和社会规律,同时由于立法者立法技术的局限,法律规范之间相互矛盾、冲突、表述不清、立法漏洞等现象时有发生,通过法律解释可以弥补法律的上述缺陷。因此,从法理学上分析,法律解释是人类立法史上的必然现象,在中国古代,法律的上述性质同样存在,因此就有了法律解释的空间。早在秦朝,我国就有了类似于法律解释的《法律答问》。

现代法理学上将法律解释分为有权解释和无权解释。有权解释指享有法定法律解释权的人或组织所作的具有法律效力的解释,这种解释只能由特定的国家机构和人进行。无权解释是指不具有法定解释权的个人和组织对法律所作的解释,包括学理解释和任意解释。学理解释是法学研究者对法律所作的说明,学理解释在我国只具有说服力而没有约束力。任意解释是指公民、法人、当事人、律师等对法律进行的解释,这种解释同样不具有法律效力。

董仲舒作为儒学大师,其对法律的解释本应属于学理解释,不具有法律效力。但董仲舒在春秋决狱的过程中,实际上发挥了自己的主观性,对案例中涉及的法律问题进行了解释,并提出了判决的意见,其解释类似于现代法理学上的司法解释,当然董仲舒并非最高司法者,其解释也有待皇帝批准才能生效,但其做法与司法解释在实际上没有太大区别。

按照法律解释的尺度不同,法律解释可以分为字面解释、扩充解释和限制解释。字面解释是指对法律所做的忠于法律文字含义的解释。扩充解释是指当法律条文的字面含义过于狭窄,不足以表现立法意图或体现社会需要时,对法律条文所作的宽于其文字含义的解释。限制解释是指当法律条文的字面含义相对于立法意图较宽时,对法律条文所作的窄于其文字含义的解释。董仲舒在解释时以儒家经典著作中的伦理思想作为指导,具体运用的方法包括了扩充解释和限制解释。

比如,在董仲舒亲自春秋决狱的案例一中就涉及到复杂的法律解释方法,董仲舒运用春秋大义"父为子隐"对甲排除首匿罪的适用,实际上对首匿罪的主体进行了限制解释,认为其犯罪主体不应该包括罪犯的父亲。即便如此,甲乙之间没有血缘关系,甲并非乙的亲生父亲,此时表面上看甲还符合首匿罪的主体条件。董仲舒又对父子关系作了扩充解释,乙虽然并非甲亲生,没有血缘关系,但因收养关系的存在而被董仲舒认定为"父子",此时就可以适用"父为子隐"了。在对父子关系的解释上，董仲舒又运用了扩充解释的方法，将父子关系扩大到包括养父子关系。如果我们将董仲舒的扩充解释与《秦律》作一对比，就更能发现其解释的意义所在。《法律答问》记载："父盗子，不为盗。今假父盗假子，可（何）论？当为盗。"[1]即根据《秦律》，父亲盗窃儿子的财产不按盗窃罪处理，但在养父盗窃养子财产时，他们之间的关系不适用父子关系，仍然按照盗窃罪处理。董仲舒在首匿罪的主体解释中，对父子关系作了扩充解释，养父养子之间的关系也属于父子关系，从而既使当事人免于刑罚，也符合人之常情。相比于秦朝的《法律答问》，董仲舒的做法更能体现儒家的宽刑思想。

又如董仲舒春秋决狱的案例四武库卒盗弩案，在该案中董仲舒对"弩"的解释为限制解释。在该案中，甲是负责武库的士兵，盗窃了强弩上的弦，对于甲应该如何定罪处罚出现了不同的意见。一种观点认为，存放武器的地方属于军事要地，按皇宫对待，擅自进入者都要处髡刑，表明国家对于武备非常重视，因此应当按照"盗武库兵"论罪，即应当判处弃市。持该论者还引用了《论语》中的话："大车无輗，小车无軏，何以行之？"这句话出自《论语·为政》，原文是："人而无信，不知其可也。大车无輗，小车无軏，其何以行之哉？"强调信用对于人的重要性，认为人没有信用，就像车没有驾车的横木木销，没有办法行走。主张按照"盗武库兵"定罪的人引用论语，是为了说明弦对于弩非常重要，因此盗弦也应该按照盗弩来定罪处罚。董仲舒则认为，武器上的零件与武器不同，弦与弩不一样，没有弦的弩不能叫弩，"矢射不中，与无矢同，不入与无簇同"，此句出自《管子》，原文为："射而不能中，与无矢者同实；中而不能入，与无簇者同实。"[2]意思是箭发不能中的，和没有箭矢实质相同；射中而不能穿透，和没有箭头实质相同。董仲舒引用该语，是为了说明弦和弩是不一样的，没有弦的弩就不是弩，对于甲不能按"盗武库兵"罪定罪，应当按照一般盗窃罪处罚，根据甲所盗赃值决定其处罚，超过一百钱才能判处弃市，不值一百钱者就不能弃市。按照董仲舒的判决，则甲还有可能免于一死。这也充分说明，董仲舒作为儒学大师，在其亲自审理的春秋决狱案件中，贯彻了轻刑原则，试图通过儒学原理为当事

---

[1] 睡虎地秦墓竹简整理小组：《睡虎地秦墓竹简》，文物出版社1978年版，第159页。
[2] 谢浩范、朱迎平译注：《管子全译》，贵州人民出版社1996年版，第393页。

人寻求最有利的判决。董仲舒在此则事例中并没有以儒家经义代替实在法律，而只是在以儒家经义解释实在法律。这一解释后来为《唐律》采纳，《唐律疏议·卫禁律》"宫殿作罢不出"条注曰："弓、箭相须，乃坐。"

参考文献

一、古籍

1. 简体字本《二十四史》,中华书局 2010 年版。
2. 《孟子》,中华书局 2006 年版。
3. 《春秋左氏传注疏》,吉林出版集团有限责任公司 2005 年版。
4. (汉)董仲舒:《春秋繁露》,张世亮、钟肇鹏、周桂钿译注,中华书局 2012 年版。
5. 《盐铁论》,乔清举注释,华夏出版社 2000 年版。
6. (南朝宋)刘义庆:《世说新语》,杜聪点校,齐鲁书社 2007 年版。
7. 《名公书判清明集》,中华书局 1987 年版。
8. (宋)郑克编撰:《折狱龟鉴》,刘俊文译注点校,上海古籍出版社 1988 年版。
9. 《大清律例》,田涛、郑秦点校,法律出版社 1999 年版。
10. (清)龚自珍:《龚自珍全集》,王佩诤校,上海古籍出版社 1999 年版。
11. 许文濬:《塔景亭案牍》,俞江点校,北京大学出版社 2007 年版。

二、著作

1. (清)沈家本撰:《历代刑法考》,中华书局 2006 年版。
2. 程树德:《九朝律考》,中华书局 2003 年版。
3. 陈寅恪:《隋唐制度渊源略论稿》,三联书店 2001 年版。
4. 冯友兰:《中国哲学史新编》,人民出版社 2004 年版。
5. 杨鸿烈:《中国法律思想史》,商务印书馆 1998 年版,影印本。
6. 瞿同祖:《瞿同祖法学论著集》,中国政法大学出版社 2004 年版。
7. 萧公权:《中国政治思想史》,新星出版社 2005 年版。
8. 陈顾远:《陈顾远法律史论集》,中国政法大学出版社 2006 年版。
9. 余英时:《中国思想传统及其现代变迁》,广西师范大学出版社 2004 年版。
10. 张晋藩:《中华法制文明的演进》,中国政法大学出版社 1999 年版。
11. 刘泽华:《中国政治思想史》,浙江人民出版社 1996 年版。
12. 饶鑫贤:《中国法律史论稿》,法律出版社 1999 年版。

13. 乔伟主编：《中国法制通史》第 3 卷，法律出版社 1999 年版。
14. 张国华：《中国法律思想史新编》，北京大学出版社 1998 年版。
15. 张国华主编：《中国法律思想史》，法律出版社 1982 年版。
16. 杨鹤皋主编：《中国法律思想史》，北京大学出版社 2000 年版。
17. 杨鹤皋：《中国法律思想通史》，湘潭大学出版社 2011 年版。
18. 武树臣等：《中国传统法律文化》，北京大学出版社 1994 年版。
19. 马小红：《礼与法：法的历史连接》，北京大学出版社 2017 年版。
20. 刘广安：《中国法律思想简史》，高等教育出版社 2011 年版。
21. 梁治平：《寻求自然秩序中的和谐》，上海人民出版社 1991 年版。
22. 江必新：《中国法文化的渊源与流变》，法律出版社 2003 年版。
23. 俞荣根：《文化与法文化》，法律出版社 2003 年版。
24. 李泽厚：《论语今读》，三联书店 2004 年版。
25. 张文显主编：《法理学》（第三版），高等教育出版社、北京大学出版社 2007 年版。
26. 钱宗武、杜纯梓：《尚书新笺与上古文明》，北京大学出版社 2004 年版。
27. 钱玄等译注：《周礼》，岳麓书社 2001 年版。
28. 谢浩范、朱迎平译注：《管子全译》，贵州人民出版社 1996 年版。
29. 张觉译注：《韩非子全译》，贵州人民出版社 1992 年版。
30. 承载译注：《春秋穀梁传译注》，上海古籍出版社 2004 年版。
31. 刘尚慈译注：《春秋公羊传译注》，中华书局 2010 年版。
32. 陆心国译注：《晋书刑法志注释》，群众出版社 1986 年版。
33. 叶光大等译注：《贞观政要全译》，贵州人民出版社 1991 年版。
34. 胡学亮编译：《从政心得》，中国文史出版社 2004 年版。

三、译著

1. ［美］迈克尔·D. 贝勒斯：《法律的原则》，张文显等译，中国大百科全书出版社 1996 年版。
2. ［美］德沃金：《认真对待权利》，信春鹰、吴玉章译，中国大百科全书出版社 1998 年版。
3. ［美］博登海默：《法理学：法律哲学与法律方法》，邓正来译，中国政法大学出版社 1999 年版。
4. ［美］林郁沁：《施剑翘复仇案》，陈湘静译，江苏人民出版社 2011 年版。

四、论文

1. 何勤华："秦汉时期的判例法研究及其特点"，载《法商研究》1998 年第 5 期。

2. 吕志兴:"'春秋决狱'新探",载《西南师范大学学报(人文社会科学版)》2000年第5期。
3. 朱宏才:"春秋决狱及其对传统文化的危害",载《攀登》2001年第2期。
4. 封志晔:"汉代春秋决狱的重新解读",载《中州学刊》2003年第5期。
5. 朱宏才:"'春秋决狱'研究述评",载《青海社会科学》2005年第6期。
6. 柏桦、袁红丽:"户绝与财产继承:清代民事审判中的情理法",载《天津师范大学学报》(社会科学版)2009年第3期。
7. 何剑:"董仲舒春秋决狱原心定罪之再认识",载《边缘法学论坛》2009年第12期。
8. 柴春元:"春秋决狱的法学价值",载《检察日报》2012年4月13日,第6版。
9. 高源:"春秋决狱的法理辨析",载《中共山西省直机关党校学报》2012年第6期。
10. 方勇:"春秋决狱与英国衡平法的比较及启示",载《广西社会科学》2012年第12期。
11. 姚中秋:"儒家宪政论申说",载《天府新论》2013年第4期。
12. 朱宏才:"董仲舒与'春秋决狱'",载《攀登》2015年第4期。
13. 张梅:"春秋决狱:道德与法律耦合的现代价值",载《牡丹江大学学报》2015年第12期。
14. 吕志兴:"《春秋》决狱与中国古代法制的真实关系",载《政法论坛》2016年第3期。
15. 曾亦、申占稳:"论龚自珍的春秋学",载《杭州师范大学学报(社会科学版)》2018年第1期。
16. 赵建林:"魏晋春秋决狱研究",清华大学硕士论文,2004年。
17. 龚海静:"春秋决狱与汉代法制",天津师范大学硕士论文,2012年。
18. 张菁:"《公羊春秋》法律思想研究",西南政法大学硕士论文,2014年。

后 记

本书是我 2017 年承担的河北省社会科学基金项目"现代法理学视野下的春秋决狱"（项目编号：HB17FX027）的最终成果。参加工作以来，我主要承担了法理学、中国法制史、中国法律思想史课程的教学。在教学中对春秋决狱产生了浓厚的学术兴趣，作为春秋决狱的主要倡导者，董仲舒的法律思想在中国法律思想史上有着重大的影响，而以春秋决狱为开端的法律儒家化最终奠定了中国传统法律的基础。法史学界对于春秋决狱的评价不尽一致，这也促使我对该专题进行深入的研究。2017 年我以该专题申请了河北省社会科学基金，并获得批准。研究真正起步后才发现法史学研究的艰难，由于自己的法学功底和史学功底都较弱，在史料的收集和法理分析方面遇到不少困难。经过两年多的努力，我从史书中整理出春秋决狱的相关案例，对这些案例进行了初步研究，形成了自己对春秋决狱的观点，并运用法学理论对春秋决狱中蕴含的法制发展规律进行了探讨。对于法史学界的学者而言，这本小书也许显得单薄浅显，但却是我两年辛苦的成果，所谓"敝帚自珍"，希望其中的观点能有助于我们全面认识董仲舒和春秋决狱的历史影响。

2009 年我有幸到中国人民大学做访问学者，师从著名法史学家马小红教授，期间在学术上得到马老师的热心指导，才逐步走上法史研究之路，如果说我取得了一点点成绩的话，这与马老师的关爱是分不开的。中国政法大学出版社作为法学界知名的出版机构，选中本书予以出版，张琮军主任为该书的编辑、修改、出版做了大量工作，在此谨表谢忱！

最后，感谢我的先生冯江峰陪我度过平淡岁月，与我相互切磋，共同研习。感谢我的孩子冯义煊，他以他的阳光健康和不时带给我的惊喜使我感受到了生活的快乐！

续晓梅

2019 年 5 月 23 日